해양사와 해양문화

강봉룡 · 김경옥 · 박종철
문병채 · 이덕안   지음

景仁文化社

이 책은 2003년도 한국학술진흥재단의 지원에 의하여 출간되었음.
(KRF-2003-005-A00007)

서 문

이 책은 목포대학교 도서문화연구소의 한국학술진흥재단 중점연구소 지원과제 제3단계(2003년 12월∼2005년 11월) 연구 성과를 간추린 것이다. 도서문화연구소는 서남해지역을 중심으로 유형문화자원과 무형문화자원으로 나누어 6년 동안 중점연구소 사업을 수행하였다. 「서남해 도서·연안지역 문화자원 개발과 지역활성화 방안 연구」라는 과제를 '문화론적 지역활성화론', '현장론적 연구론', '학제간의 공동연구방법론'의 3대 원칙을 기조로 삼아 연구를 진행해 왔다. 그 결과물의 일부는 이미 『다도해 사람들』, 『섬과 바다』라는 제목으로 출간한 바 있고, 이번 『해양사와 해양문화』는 그 마지막 세 번째 결과물에 해당한다.

서남해의 바다는 한국 해양사와 해양문화의 보고이다. 한반도의 서해와 남해를 연결하는 결절점에 위치할 뿐만 아니라 서해로 중국과 통하고 남해로 일본과 동하여 동아시아 해양문화교류의 요충지에 해낭한다. 그리하여 일찍부터 동아시아 해양활동의 중심지로 각광받았다. 거기에다 2,000개에 달하는 유·무인도가 집중 분포하고 있어, 이곳의 섬과 바다에는 해양인들의 삶의 문화가 오랜 세월 두텁게 축적되어 왔다. 해양사와 해양문화의 관점에서 그들의 흔적을 일부나마 소개하려는 것이 이번 공동연구의 의도이다. 이 책은 그 소산물이다.

이 책은 크게 3부로 구성하였다. 제1부는 주로 해양사의 문제를 다루었다. 한국의 해양사는 크게 고려 이전과 조선 이후로 시대구분을 할 수 있다. 고려시대 이전은 해양활동이 활성화되었던 시기이고, 조선시대는 해금정책海禁政策의 영향으로 해양활동이 크게 위축된 시기이다. 1부에서는 이러한 시대구분에 입각하여 두 시대로 나누어 해양사의 명암을 대비할 수 있도록 하였다. 제2부는 도서지역의 공간과 지리의 문제를 다루었다. 도서지역 중심시가지의 변천과 토지 이용실태의 문제, 그리고 간척과정에 나타난 경관 변화의 문제와 설화에 나타난 지리적 의미 등을 주로 살폈다. 제3부는 해양사와 해양문화를 관광자원화 하는 문제를 다루었다. 여기에서는 임자도·생일도·흑산도의 사례를 중심으로 적거지·자연자원·문화유산 등에 대한 관광자원화 방안을 모색하고 그 가능성을 타진해 보는 것으로 하였다.

　서남해지역 다도해의 해양비경과 해양사 및 해양문화의 면모는 세계적인 해양관광의 명소로 부상하기에 손색이 없는 잠재력을 보유하고 있다. 그럼에도 불구하고 이곳은 아직 찾는 이가 거의 없는 썰렁한 바다로 남아 있다. 그럴만한 이유가 있다. 가장 큰 이유는 해양에 대한 국민적 관심사가 미약하다는 점이다. 바다는 기껏 여름철에 해수욕이나 하고 몇몇 동호인들이 낚시나 하는 곳으로 인식되고 있는 실정인 것이다. 이에 비해 서구인들은 해양을 크게 중시한다. 서구문화가 현대 세계문화의 중심으로 부상하게 된 것도 알고 보면 해양개척을 통해서였다. 그래서인지 서구인들은 바다에서 요트와 범선을 즐기는 것을 부의 상징으로 삼고 다양한 해양레포츠를 최고의 놀이문화로 여긴다. 반면 우리의 아름다운 바다는 아직 외롭기 그지없다. 해양을 세계화시대 개방의 상징으로 인식하고 그 역사적 문화적 관심사를 확산시킬 필요가 있다. 이를 위해 심층적이고 지속적인 해양문화연구가 반드시 필요하다. 도서문화연구소에서 출간한 일련의 책들이 그 자극제가 되었으면 한다.

이번에 중점연구소 과제를 마무리하면서 도움을 주신 분들께 감사의 마음을 전하고자 한다. 먼저 도서문화연구소의 해양문화 연구 의지를 높게 평가해 주고 중점연구소로 선정하여 지원해주신 한국학술진흥재단의 관계자와 심사위원님들께 먼저 감사드리고 싶다. 그리고 서남해지역의 섬과 바다를 벗삼아 동고동락하며 연구에 매진해준 공동연구원님의 노고에 심심한 위로의 말씀을 올린다. 또한 이들이 현지조사에서 방황할 때마다 적절한 제보로 연구의 방향타가 되어주신 도서지역 현지 주민과 공무원들께도 특별한 고마움을 표시하고자 한다. 이 모든 분들의 헌신과 노고가 하나로 조합되지 않았다면 6년의 중점연구소 사업은 지속되지 못하였을 것이고, 이나마의 작은 성과조차 기대하기 어려웠을 것이다. 거듭 감사의 마음을 표한다.

2007년 5월
공동연구원을 대표하여
강 봉 룡 씀

목 차

서 문

제1부
해양사와 도서문화

제1장
신라의 삼국통일과 그 해양사적 의의

강 봉 룡

1. 머리말

신라의 삼국통일이 가지는 민족사적 의의는 아무리 강조해도 지나치지 않다. 수많은 소국으로 분립되어 있던 상태를 극복하는 과정에서 세 개의 나라로 통합되었고, 이들마저 결국 하나의 나라로 처음 통일되었으니, 삼국통일의 의의를 논하지 않고서는 한국사의 정체성을 운위하기 어려운 일이다. 따라서 그간 이런 관점에서 신라의 삼국통일에 대한 논의가 이루어진 것은 당연한 일이다.[1]

---

1) 이호영, 「신라삼국통일에 관한 재검토─통일의식을 중심으로─」, 『사학지』
   15, 1981 ; 변태섭, 「삼국통일의 민족사적 의미─'일통삼한'의식과 관련하여
   ─」, 『신라문화』 2, 1985 ; 김상현, 「신라 삼국통일의 역사적 의의」, 『통일기
   의 신라사회 연구』, 동국대학교 신라문화연구소, 1988 ; 신형식, 「삼국통일의
   역사적 성격」, 『한국사연구』 61·62, 1988 ; 문경현, 「신라 삼국 통일의 연구」,

그러나 일각에서는 신라의 삼국통일에 대한 긍정 일변도적 평가를 비판하는 논의도 있었다. 그것은 외세를 끌어들여 동족의 국가를 멸망시켰다는 다분히 민족주의적 관점에서의 비판이었다.[2] 이러한 논의는 만주대륙을 지배하였던 고구려가 멸망한 것에 대한 아쉬움과 발해의 건국을 한국사에서 적극적으로 평가하려는 시도와 결부되어 상당한 세를 얻고 있다.[3] 그러나 근대적 개념인 민족주의의 관점에서 고대의 삼국통일을 평가한다는 것은 신중을 요해야 할 바이고, 또한 설령 이런 비판적 평가를 부분적으로 인정한다고 해도 많은 나라로 분립되어 있는 상태를 처음으로 극복한 삼국통일의 민족사적 의의를 훼손시킬 필요는 없다고 본다.

본고는 민족적 관점에서 일단 벗어나 해양사의 관점에서 시야를 동북아로 확대하여 삼국통일의 의의를 새롭게 모색해 보려는 의도로 작성되었다. 즉 7세기에 한·중·일이 참전한 전쟁을 '동북아 대전'으로 규정하고, 이 전쟁이 동북아 국제사회에 연안항로가 경색되고 이에 따른 해상교역의 단절 현상이 장기간 지속됨으로 인해 발발한 것으로 파악하여, 그 과정에서 해전海戰의 의의와 그 결과 성취하게 된 삼국통일의 해양사적 의의를 살피려 한 것이다.

먼저 2항에서는 거시적 관점에서 동아시아의 해상교역과 전쟁 사이의 사이클을, ①해상교역의 전개 ②해상교역의 경색과 파국 ③전쟁의 발발과 새로운 교역체제의 정비라는 세 사이클로 나누어 제시하기로 한다. 이어 3항에서는 7세기 '동북아 대전'의 발발을, 해상교역이 경색된 ②사이클이 배경이 되어 일어난 ③사이클의 일환으로 파악하고자 한다. 그리하여 동북아 여러 나라들이 대전을 치르기 위해 '편가름'하는 과정을

『경북사학』 9, 1996.

2) 김영하, 「신라의 삼국통일을 보는 시각」, 『한국고대사론』 9, 한길사, 1988.

3) 한규철, 「발해건국과 남북국의 형성」, 『한국고대사연구』 5, 1992.

살피고, 전쟁의 과정에서 해전이 발휘한 위력에 주목하기로 한다.

　마지막으로 4항에서는 해양사적 관점에서 삼국통일의 의의를 ①바닷길의 다각화와 확대, ②동북아 문물교류의 활성화라는 두 측면에서 살피려 한다. 7세기 신라의 삼국통일은 동북아의 해상교역이 본격화하는 계기가 되었고, 그 추세가 이후 13세기까지 지속되었다는 점에서, 해양사적 의의가 다대하다 할 것이다.

2. 해상교역과 전쟁의 사이클

　'교역'이란 지리적·사회적으로 격리되어 있는 여러 지역의 사람들 사이에서 의식적으로 문물을 주고받기 위해 행하는 행위를 말한다. 이런 점에서 교역은 한 지역의 문물이 우연히 타 지역으로 흘러들어가는 '전파'와는 구별된다고 할 수 있다. 인류는 '교역'을 통해서 남아도는 것을 전해주고 모자라는 것을 받아들여 문명의 발전을 성취해 왔다. 따라서 교역이 활성화될 때 문명권은 번영을 누렸고, 사정이 생겨 교역이 단절될 때는 퇴락을 면치 못했다.

　그렇다면 동북아시아에서 이런 '교역'은 언제부터 시작된 것일까? 현재로선 그 개시의 시점은 알 수 없지만, 기록상의 첫 교역 사례는 위만조선 우거의 기사에서 찾아볼 수 있지 않을까 한다.

> 　　(위만의) 아들을 거쳐 손자 우거右渠 때에 이르러 한漢의 많은 망명자를 유인해갔을 뿐만 아니라 (한에) 알현도 하지 않았다. 그리고 진번眞番 주위의 여러 나라들은 천자에게 상서上書하고 알현하고자 하였으나, (우거가) 가로 막아 통하지 못하게 하였다.4)

---

4) 『史記』 卷115 朝鮮列傳 55.

당시 대동강 하류의 왕검성(오늘날의 평양)에 도읍하고 있던 위만조선
은 위만의 손자 우거 때에 남쪽의 여러 나라들이[5] 한漢과 통하는('상서上
書하고 알현하는') 것을 막았다는 것이다. 우리는 이를 흔히 위만조선의
'중개무역'으로 이해해 왔다. 이는 한의 패권주의에 대한 고조선의 저항
과 도전의 성격을 띠는 것으로 보아 긍정적으로 평가한 것이다. 우거의
행위는 분명히 그런 점이 있다.

그러나 우거가 연안항로의 길목인 대동강 하류의 앞바다를 차단하고
남쪽의 여러 나라들과 한漢이 자유롭게 교역하는 것을 방해한 것은, 합
리적인 중개무역의 한계를 넘어서는 무모한 행위였다고 볼 수도 있다.
그의 행위는 중소세력의 지지를 이끌어 내어 거대세력의 불합리한 압력
에 맞서는 합리적인 저항과 도전이었다기보다는, 중소세력의 불이익을
전제로 하여 거대세력에 맞선 무모한 저항과 도전으로 여겨지기 때문이
다. 이런 까닭에 위만조선은 남쪽의 여러 나라들로부터 불만을 샀던 것
이고, B.C.109년에 그들의 불만을 해소한다는 명분으로 침략한 한의 공
격을 받아[6] 그 이듬해에 멸망당하고 말았던 것이다. 한漢의 패권주의와
위만조선의 저항 및 도전이 충돌한 결과였다. 이후 한나라 중심의 새로
운 동북아 해상 교역체계가 가동되었다.

그렇다면 우리는 우거의 사례를 통해서 동북아 해상교역의 사이클을
그려볼 수 있지 않을까? 먼저 위만의 손자 우거가 즉위하여 방해하기 전

---

5) 판본에 따라 이 구절이 '중국衆國' 혹은 '진국辰國'으로 나와 있어 논란이 심하
   지만, 여기에서는 일단 '남쪽의 여러 나라'로 파악하고자 한다.

6) 처음 위만이 준왕을 몰아내고 조선의 왕이 되자 한은 '외신外臣'의 의무를 전
   제로 하여 공인해 주었다. 그런데 그 손자인 우거 대에 이르러 '외신'의 의무
   를 방기하고 해상교역을 방해하기까지 하자 한은 사신 섭하涉何를 보내어 우
   거를 꾸짖고 회유하고자 하였으나, 우거는 이를 받아들이지 않았다. 섭하는
   그 보복으로 돌아가는 도중 호송한 조선의 비왕裨王 장長을 죽였고, 조선은 또
   그 보복으로 섭하를 암살하는 등 악순환을 반복하다가 결국 한의 조선 정벌이
   감행된 것이다(주 4와 같음).

까지는 한과 고조선과 그 남쪽의 여러 나라들이 연안항로를 통해서 교역을 활발하게 전개했다.[7] 그러다가 연안항로의 길목을 차단하여 교역의 이익을 독점하려는 우거 세력이 대두하면서 동북아의 교역이 경색되고, 결국 이 때문에 파국을 맞아 전쟁이 일어났다. 전쟁에 승리한 한은 낙랑군을 설치하여 새로운 교역체계를 복구하여 이를 주도하였다.

그런데 흥미로운 것은 이러한 사이클, 즉 '①교역의 진행 ─ ②연안항로의 경색과 파국 ─ ③전쟁의 발발과 새로운 교역체계의 복구'라는 패턴은 이후에 전개된 동북아 교역사交易史에서도 훨씬 증폭된 형태로 재현·반복되어 갔다는 점이다. 더욱 흥미를 끄는 것은, 이러한 사이클의 반복이 주로 한반도를 중심 무대로 하여 일어났다는 점인데, 이는 고대 동북아 교역의 관건이 한반도 상황의 여하에 달려 있었다는 의미일 것이다.

위만조선의 멸망 후 전개된 사이클은 ①교역의 복구와 전개(B.C.1세기 말~A.D.4세기 말), ②연안항로의 경색과 파국(4세기 말~7세기 전반), ③'동북아 대전'의 발발과 수습, 그리고 새로운 교역체계의 정비(7세기 중반~)라는 세 단계로 나누어 설명할 수 있다. 이 중 ③단계의 동북아 대전은 한반도에서 삼국의 통일을 가져왔고, 새로운 교역체계의 성립을 가져왔다는 점에서 획기적인 의미를 지닌다. 본고에서 다루려는 것이 바로 ③단계의 이런 의미이다. 다만 논지의 순조로운 전개를 위해서는 그 배경에 해당하는 ①과 ②의 단계를 포함한 세 단계의 전 흐름을 개략적으로나마 소개해두는 것이 필요하다고 생각된다. 그 개략적인 흐름을 제시하면 다음과 같다.[8]

---

7) 이러한 교역의 역사가 언제부터 시작된 것일까? 이는 판단내리기가 쉽지 않다. 다만 우거의 기사를 통해서 늦어도 B.C.1세기 말에는 동북아에 연안항로를 통한 활발한 교역이 이루어지고 있었다는 것을 알 수 있다.

8) ①과 ② 단계에 대한 보다 상세한 내용은 姜鳳龍, 「고대 동아시아 海上交易에서 百濟의 역할」, 『韓國上古史學報』 38, 2002 참조.

① 교역의 복구와 전개 : 연안항로 경색의 원인 제공자인 위만조선이 멸망한 후에 동북아의 교역은 다시 복구되어 순조롭게 진행되었다. 처음엔 평양지역에 설치된 낙랑군이 중국－한韓－왜倭를 잇는 동북아 교역의 매개자 역할을 담당하였고, 3세기 전반부터는 황해도 지역에 대방군이 추가로 설치되면서 교역은 더욱 활기를 띠었다. 313년과 314년에 낙랑군과 대방군이 축출되면서 고구려와 백제가 당분간 미묘한 대립의 양상을 띠기도 하였지만, 4세기 후반에 접어들며 승기를 잡은 백제가 주도하여 동북아시아 교역의 흐름을 이어갔다. 따라서 약 500년 가까운 긴 세월동안 동북아 교역은 큰 걸림돌 없이 순조롭게 진행되었다고 할 수 있다. 바로 이러한 교역의 성과는 만주 및 한반도지역에서 난립해 있던 수많은 소국들 상호 간에 통합 운동을 일어나게 하고, 결국은 삼국으로 정립하게 하는 원동력으로 작용했다 할 것이다.

② 연안항로의 경색과 파국 : 고구려 광개토왕이 396년에 백제를 공격하여 58성 700촌을 점령하면서 연안항로는 경색의 국면을 맞게 되었고 백제가 주도해오던 동북아 교역체계에도 먹구름이 끼기 시작했다. 더욱이 427년에 장수왕이 평양으로 천도하면서 동북아 교역의 상황은 파국으로 치달았다. 백제는 연안항로 경색의 책임이 고구려에게 있음을 동북아 국제사회를 향해 설득하는 한편, 고구려의 침략 위협과 연안항로 경색으로 인해서 고통을 받게 된 남쪽의 여러 나라들과 중국의 남북조를 연결하여 '반고구려 국제연대'를 구축하여 대항하였다. 이에 자극을 받은 고구려는 백제를 공격하여 한강하류의 한성을 파괴하였고, 국왕 개로왕을 살해했다. 백제는 웅진으로 쫓기듯 천도할 수밖에 없었다. 이후 당분간 백제는 정국이 불안정하여 잇따라 국왕이 피살되는 등의 혹독한 시련을 겪기도 하였다. 그러다 결국 6세기 전반 무령왕 대에 이르러 백제는 내전 상태에 빠진 고구려를 제압하여 한성을 되찾고 다시금 동북아 교역을 주도하는 지위를 회복할 수 있게 되었다. 그러나 이것도 잠

시, 6세기 중반에 신라의 공격을 받아 백제의 성왕이 전사하면서 동북아 교역의 주도권은 신라에게 넘어가는 듯했다. 그렇지만 신라의 주도권은 안정적이지도 못했고 오래가지도 못했다. 7세기에 접어들면서 백제와 고구려가 연대하여 신라를 총공격하면서 동북아 교역체계는 돌이키기 어려운 파국의 상황을 맞이하였다.

③ '동북아 대전'의 발발과 수습, 그리고 새로운 교역체계의 정비 : 이처럼 한반도 정세의 거듭된 꼬임으로 인해 동북아 연안항로의 비정상적인 경색 국면이 4세기 말부터 7세기까지 200년이 넘도록 장기화되자, 이제 이의 해결 방안은 전쟁에 호소하는 길밖에 없게 되었다. 삼국 간에 국지적인 전쟁이 계속되는 가운데, 신라와 동맹을 맺은 당이 660년에 참전하였고, 백제와 맹방 관계에 있던 왜 역시 663년에 참전함으로써, 전쟁은 '동북아 대전'으로 비화하였다. 그리하여 660년의 백제 멸망, 668년의 고구려 멸망, 그리고 이어진 나·당전쟁에서 신라의 승리, 그 결과 676년 신라에 의한 한반도 통일로 숨 가쁘게 이어져 갔다. 그리고 이후 상당기간 냉각기를 거친 후에 8세기부터는 새로운 교역체계를 정비하여 신라·당·일본 사이에 교역의 전성기를 맞이하게 되었다.

이처럼 고대 동북아 여러 나라들의 관계를 ①해상교역의 전개, ② 교역의 경색과 파국, 그리고 ③교역체계의 재정비라는 일련의 과정으로 파악하게 되면, 지금까지 우리가 소홀히 했던 해양사의 관점에서 동북아시아 관계사를 새롭게 바라볼 길이 열릴 수 있다. 이에 위에서 소개한 흐름을 염두에 두면서 '제1차 동북아 대전'의[9] 발발과 전개 과정을 살피고, 그 결과 성취된 신라 삼국통일의 해양사적 의의를 정리해 보고자 한다.

---

9) 본고에서 '제1차 동북아 대전'이라 칭한 것은 16세기 말에 일어난 임진왜란 7년 전쟁을 '제2차 동북아 대전'으로 파악하는 관점에서이다.

3. '동북아 대전'의 발발과
신라의 삼국통일

4세기 말부터 악화되어온 동북아 연안항로의 경색과 그로 인한 해상 교역의 위축 현상은 7세기에 접어들어서도 개선될 기미가 보이지 않았다. 이제 동북아 여러 나라들은 마지막 파국을 향해 달려가지 않을 수 없게 되었고, 이를 위한 본격적인 편가름의 길로 접어들었다. 이런 편가름의 양대 틀을 이룬 것은 신라와 백제의 대립과 고구려와 당의 대립이었다. 554년의 관산성 전투에서 신라가 백제의 성왕을 전사시키고 한성을 탈취한 사건은 이후 신라와 백제 두 나라를 치유할 수 없는 대립 국면으로 치닫게 하였고, 수에 이은 당의 고구려 정벌 시도는 역시 고구려와 당 두 나라를 긴박한 대립의 상황으로 몰고 갔다. 여기에 바다 건너 왜까지 가세하게 되면서 신라·고구려·백제·당·왜의 동북아 5국은 팽팽한 긴장 관계로 접어들었다.

642년에 편가름의 본격 신호탄이 된 두 사건이 일어났다. 하나는 백제가 신라를 공격하여 대야성을 위시로 한 서변 40여성을 탈취한 사건이고,[10] 하나는 고구려 연개소문이 영류왕과 반대파 세력을 제거하고 보장왕을 세워 권력을 독점한 다음에 당에 대한 초강경노선을 선언한 사건이다.[11]

먼저 백제로부터 40여성을 빼앗겨 위기상황에 몰린 신라는 김춘추를 여러 나라에 보내어 백제에 대적하기 위한 동맹세력 확보에 나서게 하였다. 김춘추는 642년에 고구려를, 647년에 왜를, 그리고 648년에는 당

---

10) 『三國史記』卷5, 新羅本紀 善德王 11年 7月·8月條.
11) 盧泰敦, 「귀족연립정권과 연개소문의 정변」, 『고구려사연구』, 사계절, 1999.

을 방문하는 등 외교활동을 종횡무진 전개하였다. 그러나 김춘추의 초기 외교 활동은 여의치 않았다. 당시 고구려의 집권자가 된 연개소문은 오히려 신라가 탈취한 옛 고구려 영토를 반환할 것을 강요하며 김춘추를 억류하였으며,[12] 643년에는[13] 백제와 제휴하여 당으로 통하는 신라의 길목인 당항성党項城을 공격하려는 계획까지 세운 바 있었다. 왜는 전통적인 맹방인 백제를 의식하여 김춘추의 요청에 주저하였다. 반면 당은 김춘추의 요청을 적극 수용하여 군사동맹을 체결하고 백제와 고구려를 멸한 후에 평양 이남의 백제 땅을 신라에 보장한다는 구체적인 내용의 협약까지 합의해 주었다.[14]

당이 이처럼 김춘추의 요청을 적극 수용한 것은, 이전 643년에 신라가 당에 사신을 보내 구원을 요청했을 때 신라왕이 부녀임을 기롱하면서 거부했던 당 태종의 태도와 견주어 보면,[15] 매우 큰 변화였다. 이는 그간 당과 고구려의 관계가 더욱 악화된 것이 작용한 것으로 보인다. 당 태종은 644년에 백제와 고구려에게 사농승司農丞 상리현장相里玄奬을 보내 신라의 침공을 만류하였는데, 이에 대해 백제는 당에 사죄의 글을 올렸던데 반해 고구려는 집권자 연개소문이 나서서 단호히 거절하였다.[16] 그렇지 않아도 대당 강경론자로 거론되던 연개소문을 제거하기 위한 공작을 벌이고 있던 당은 이러한 그의 강경책을 확인하고서 고구려 공격을 결심하였고, 급기야 이듬해에 고구려 원정을 단행했다. 그러나 당의 고구려 원정은 실패했다. 이 때 신라는 3만의 군대를 보내 당을 도왔

---

12) 盧泰敦, 「연개소문과 김춘추」, 『한국사시민강좌』 5, 일조각, 1989.

13) 당항성 공격 계획의 시점에 대해, 『삼국사기』의 신라본기에는 선덕왕 11년 (642) 8월조에, 백제본기에는 의자왕 3년(643) 11월조, 그리고 고구려본기에는 보장왕 2년(643) 9월조에 나와 있는데, 643년으로 보는 것이 자연스럽다(鄭孝雲, 『古代韓日政治交涉史研究』, 학연문화사, 1995, 65쪽).

14) 『三國史記』 卷7, 新羅本紀 文武王 11年條(薛仁貴에 대한 答書).

15) 『三國史記』 卷5, 新羅本紀 善德王 12年 9月條.

16) 『三國史記』 卷21, 高句麗本紀 寶臧王 3年條 ; 卷28 百濟本紀 義慈王 4年條.

다.[17] 이후 당은 647년과 648년에도 고구려를 원정하였으나 번번이 실패하였다.[18] 바로 그 직후인 648년에 김춘추가 찾아와 군사동맹을 요청하였으니 당 태종이 이를 기꺼이 수용한 것은 충분히 이해할 수 있는 바이다.

신라와 백제의 대립, 당과 고구려의 대립이 더욱 격화되면서 신라와 당의 관계, 백제와 고구려의 관계는 더욱 밀착되어 갔다. 649년에 당 태종의 사망으로 각국 간의 군사 충돌은 소강상태에 접어들었지만, 650년대 중반 이후에는 다시 치열한 교전이 전개되었다. 655년에 고구려와 백제는 신라를 공격하여 신라 북계北界의 30여성을 탈취하였으며,[19] 당은 655년과 658년, 659년에 고구려를 단독 공격하였으나 번번이 실패하였다.

이처럼 신라－당, 고구려－백제의 관계가 밀착되어 편가름이 선명해지고 양 진영 사이의 대립관계가 격화되어 가는 가운데 왜의 고심은 계속되었다. 전통적으로 백제와 맹방 관계를 유지해온 왜는 백제와의 우호관계를 유지하면서도 당과의 관계 개선에도 관심을 기울여 6차(630, 653, 654, 659, 665, 669년)에 걸쳐 당에 사신을 파견한다. 5차와 6차 견당사는 나·당연합군과의 전쟁을 치른 이후에 이를 수습하기 위해서 파견한 것이므로 논외로 친다면, 4차례의 견당사 파견은 백제와의 관계를 유지하면서도 당과의 관계를 개선하려는 왜의 고심을 반영한다고 할 수 있다.

각국은 고심하는 왜를 자기편으로 끌어들이려는 노력을 기울였다. 647년 이후에 신라와 고구려와 백제는 앞 다투어 왜에 사신을 파견하였

---

17) 『三國史記』 卷5, 新羅本紀 善德王 14年 5月條. 단, 『舊唐書』 新羅傳에서는 신라가 5만의 원군을 보낸 것으로 되어 있다.

18) 임기환, 「고구려와 수·당의 전쟁」, 『한국사』 4, 한길사, 1994, 179~182쪽.

19) 『舊唐書』 卷199上 列傳149上 東夷 新羅條, 「(永徽)六年 百濟與高麗·靺鞨率兵侵其北界 攻陷三十餘城 春秋遣使上表求救」.

다.[20] 특히 신라의 왜에 대한 정성은 지극하였다. 647년에 김춘추를 파견했을 뿐 아니라, 649년에는 종자 37인을 딸려서 사찬沙湌 김다수金多遂를 인질로 보내기도 했으며, 이후에도 거의 매년 사신을 파견한 것으로 되어 있다. 이에 왜의 견당사가 신라의 배편으로 신라도新羅道를 통해 당을 왕래하기도 하는 등 신라와 왜의 관계는 나쁘지 않았다. 당시 왜는 당과의 관계 개선을 위해서는 신라를 통해야 한다는 필요성을 인식하고 있었음에 틀림없다. 여기에 당 고종은 왜의 3차 견당사 편에, 신라가 왜에게 구원을 요청해오면 구원해주어야 한다는 내용의 새서璽書를 전달하여[21] 신라와 왜의 관계 개선에 힘을 실어주었다.

그러나 656년부터 왜의 대외 관계는 고구려와 백제로 서서히 경사되어 갔고, 자연히 신라와의 관계는 소원해져 갔다. 아마도 655년 고구려와 백제가 신라를 공격하여 북계 30여성을 탈취한 사건과 655년 이후에 당의 계속된 고구려 공격이 실패로 돌아간 사건 등이 왜를 고구려와 백제로 기울게 한 요인이 되었을 것으로 보인다.[22] 657년에 왜가 신라의 사신에 딸려 당에 사신을 파견하기를 요청해오자 신라가 이를 거절한 것은,[23] 왜가 이미 고구려-백제 편으로 기울었다고 판단했기 때문이었을 것이다. 그러나 양국 관계가 아직 완전한 파탄에 이르지는 않았던지, 이듬해 7월에 왜의 사문지통沙門智通과 지달智達이 신라 배편으로 당에 건너가 구법활동을 전개하기도 하였다.[24] 아마 양국의 정치적 관계는 소원해졌으나 종교적 관계는 근근이 유지되고 있었던 사정을 반영하는 것

---

20)『日本書紀』卷25 孝德紀와 卷26 齊明紀에는 고구려와 백제와 신라가 사신을 보내 調를 바친 것으로 기술하고 있으나, 이는 왜를 자기편으로 끌어들이기 위해 삼국이 치열하게 경쟁한 모습을 반영하는 것으로 볼 것이다.

21)『新唐書』卷倭220 東夷傳 倭人條.

22) 鄭孝雲, 앞의 책, 1995, 149쪽.

23)『日本書紀』卷26, 齊明紀 3年 是歲條.

24)『日本書紀』卷26 齊明紀 4年 7月 是月條.

이 아닐까 한다. 왜는 아직도 당과 신라에 대한 미련을 완전히 버리지 못하고 있었던 모양이다.[25]

그러나 당·신라와 왜의 관계가 완전 파탄되기까지는 그리 오래 걸리지 않았다. 659년 왜의 4차 견당사가 당에 도착하자, 당은 이듬해 백제 원정이 끝날 때까지 이들을 유폐시켰다. 이미 당은 왜가 고구려-백제 편으로 확실히 기운 것으로 판단하여 백제원정의 비밀을 유지하기 위해서 이런 조치를 취한 것으로 보인다.[26] 이로써 신라-당과 고구려-백제-왜의 편가름은 완료되었다. 이제 양진영 간의 대규모 무력 충돌만이 남게 되었다. 660년 나·당 연합군의 백제 공격, 663년 백제·왜 연합군의 나·당연합군에 대한 반격, 그리고 668년 나·당 연합군의 고구려 공격으로 이어지는 '동북아 대전'이 발발하여 전개되어 간 것이다.

'동북아 대전'은 4세기 말 이후에 한반도 삼국 사이의 정치적 갈등으로 말미암은 동북아 연안항로의 경색과 그로 인한 해상교역의 단절이라는 장기적 모순 구조를 타파하려는 최후 결전의 성격이 짙으며, 7세기 동북아 여러 나라의 편가름은 '동북아 대전'을 치루기 위한 정지 작업의 성격으로 파악할 수 있겠다. 따라서 '동북아 대전'의 승패는 해전海戰에서 판가름 날 가능성이 클 수밖에 없었던 것이고, 결과는 과연 그대로 나타났다.

'동북아 대전'에서 전쟁의 중요한 전기轉機를 마련한 해전의 예를 들어보면, 660년 당의 참전과 웅진강 해전, 663년 왜의 참전과 백촌강 해전, 그리고 676년 나·당전쟁을 마무리 지은 기벌포 해전 등을 들 수 있

---

25) 이를 왜 정권 내부의 친백제파와 친신라파 사이의 갈등으로 설명한 견해가 있다(鄭孝雲, 앞의 책, 1995, 83쪽).

26) 『日本書紀』齊明紀 5年 秋7月條에 인용된 「伊吉連博德書」에 의하면, 당은 659년에 파견된 왜의 견당사에게 칙을 내려 알리기를 "국가는 내년에 반드시 해동海東에 쳐들어 갈 것이다. 그대들 왜의 객인은 동東으로 돌아갈 수 없을 것이다"라 하였다고 한다.

다. 이들 해전을 잠시 살펴보자.[27]

660년 소정방이 이끈 수군은 일부가 군산 지역의 미자진尾資津에 상륙하였고, 일부는 웅진강(＝금강)으로 진입하여 사비성을 향해서 수륙水陸으로 병진並進하였으며, 신라군이 이에 동참하여 육군에 합류하였다. 나·당연합군이 사비성에서 20여리 떨어진 곳에 이르자, 백제 측은 비로소 국가의 모든 병력을 기울여 이를 방어하고자 하였으나 사비성은 허망하게도 불과 하루 만에 함락당하고 말았다. 상륙과 웅진강구 진입을 차단하라는 성충과 흥수의 전략을 배제하고, 강 진입과 상륙을 허용한 이후에 승부를 내자는 전략을 채택한 것이 실책이었음이 드러난 셈이었다.

663년 백촌강 해전에서는 백제·왜 연합군이 당 수군의 백촌강(＝동진강) 진입과 상륙을 차단하는 적극적 전략을 구사하여, 백제의 '피난수도' 역할을 담당하고 있던 주류성(＝부안 울금산성)의 사수에 나섰다. 강 진입과 상륙을 허용했던 660년 잘못된 전략의 전철을 밟지 않기 위한 것이었다. 이때에도 나·당 연합군은, 육군은 육로로 주류성을 향해 진군해갔고, 수군은 백촌강을 통해 상륙하여 육군과 합류하려는 수륙병진책을 구사하였다. 백제·왜 수군은 당 수군을 맞아 상륙을 저지하기 위해 적극 공세를 취하였으나, 기상 등을 고려하지 않고 성급하게 대처하는 바람에 대패당하여 나·당 연합군의 수군과 육군의 합류를 허용하였고, 결국 주류성은 쉽게 함락당하고 말았다. '피난수도'의 역할을 담당하던 주류성의 함락은 각지 백제 부흥세력의 자복自服을 가져와 회복 불능의 상태로 빠져들게 했다.

나·당전쟁 역시 마지막 승부는 해전에서 결판났다. 이번에도 당은

---

27) '동북아 대전' 중의 해전海戰에 대해서는 姜鳳龍, 「7세기 '제1차 동북아대전'의 勃發과 海戰」, 『海洋史를 통해서 본 東北亞細亞의 葛藤과 和解』, 목포대 도서문화연구소 국제학술대회 발표문, 2004, 50~64쪽에 자세히 정리하였다.

수륙병진책을 구사하였다. 먼저 671년에 당은 고간高侃이 이끄는 육군과 운송선運送船 부대의 합류를 시도하였으나, 운송선 부대가 신라의 공격을 받아 대패당하면서 고간의 육군도 하릴없이 물러나야 했다. 이의 닮은꼴의 확대판이 675년에 되풀이 되었다. 이때 당은 설인귀薛仁貴로 하여금 수군을 이끌게 하고 이근행李謹行으로 하여금 육군을 이끌게 하여 수군과 육군이 합류하여 병진케 하는 수륙병진책을 구사하였으나, 설인귀의 수군이 천성泉城(=교하 조오산성) 해전에서 대패함으로써 작전의 차질을 가져왔고, 결국 매초성買肖城을 근거로 하고 있던 이근행의 육군도 참패를 면치 못했던 것이다. 당시 수군은 군량軍糧과 무기를 보급하는 역할을 담당한 것으로 판단되는데, 수군의 몰락으로 보급이 차단되면서 육군마저 전의를 상실하고 같이 무너지는 상황을 연출한 것이었다. 설인귀는 그 이듬해에 수군을 이끌고 기벌포伎伐浦(=장항) 상륙을 시도하여 신라가 점령한 사비성 공격을 감행하려 하였으나 이마저도 참패를 면치 못해 재기에 실패하고 역사의 무대 뒤편으로 불명에 퇴진하고 말았다.

이처럼 '동북아 대전'에서 해전은 대단한 위력을 발휘하였다. 해전의 승리와 제해권의 장악은 곧 전쟁의 승패를 좌우하기 마련이었던 것이다. 이는 '동북아 대전'의 발발 원인이 항로의 경색으로 인한 해상교역의 위축에서 말미암았던 것과도 긴밀한 관련이 있을 것이다. 이 시대에 바닷길은 문물 교류의 핵심 통로였고, 그것은 전쟁의 전개 과정에서도 그대로 나타났다고 생각되기 때문이다.

'동북아 대전'은 한반도 3국의 통일을 낳았고, 이로써 동북아 연안항로 경색의 원인을 제공했던 한반도의 패권 쟁탈의 상황도 종료되었다. 이제 동북아 3국(신라, 당, 일본) 사이에는 해양을 통한 활발한 문물교류가 기대되었다. 과연 3국은 전쟁의 후유증을 치유하면서 새로운 해양 교역체계를 정비해 갔다. 이런 추이를 염두에 두면서 신라의 삼국통일이 가져온 해양사적 의의를 살펴보기로 하자.

4. 삼국통일의 해양사적 의의28)

1) 바닷길의 다각화와 확대

먼저 신라의 삼국통일은, 황해 횡단항로를 상시 항로로 활용할 수 있게 하는 계기를 마련함으로써, 동북아 바닷길의 다각화를 가져왔다는 점을 지적해야겠다.

황해 횡단항로는 고구려와 백제의 위협을 피해 당과 연결할 수 있을 뿐 아니라 거리도 연안 항로에 비해 크게 단축할 수 있었으므로, 7세기에 고구려와 백제로부터 협공을 받아 고립상태에 빠져 있던 신라에게는 여러 모로 절실히 요청되던 바였다. 그렇지만 한편으로 횡단항로는, 연안항로에 비해 항해 과정에서 위험도가 훨씬 높았을 뿐만 아니라 이에 대한 고구려와 백제의 견제가 더욱 집요해져 갔으므로,29) 곧바로 활성화되기 어려웠다. 그러던 중 황해 횡단항로가 본격 개척의 계기를 마련하게 된 것은 648년에 당 태종과 신라의 김춘추 사이에 나당군사동맹이 체결됨으로써였다. 군사동맹 이후 나당 간의 원활한 교통을 위해서는, 고구려와 백제의 통제 하에 있는 연안항로를30) 대신할 새로운 횡단항로

---

28) 이하는 강봉룡, 「8~9세기 동북아 바닷길의 확대와 무역체제의 변동」, 『역사교육』 77, 2001, 16~28쪽을 참조하여 서술하였다.

29) 642년에 고구려와 백제가 공동으로 당항성(오늘의 남양만)을 탈취하려 했던 것은 신라가 황해 횡단항로를 통해 당에 접근하려는 것을 차단하기 위한 것이라 할 수 있다(『三國史記』 卷5, 新羅本紀5 善德王 11年 8月條).

30) 진덕왕 2년(648)에 김춘추가 당에 건너가 나당군사동맹을 체결하고 돌아오는 길에 해상에서 고구려 순라병을 만나 목숨을 잃을 뻔했던 적이 있었는데(『三國史記』 卷5 眞德王 2年條), 이는 당시 연안 항로가 고구려와 백제의 군사적 통제 하에 있었음을 단적으로 보여주는 바이다.

의 개척이 절실히 요청되었던 것이다.

　드디어 황해 횡단항로를 통한 대규모 군사 이동 작전이 660년에 감행되었다. 소정방이 이끄는 당군이 산동반도의 성산成山를 출발하여 서해를 횡단하여 덕물도(오늘의 덕적도)에 잠시 진주하였다가, 이를 발판으로 웅진강으로 진입하고, 군산 방면의 미자진尾資津에 상륙한 것이 그것이다. 소정방군의 웅진강(금강) 진입과 상륙작전의 성공은 결정적인 판세의 전환을 가져와, 결국 나당연합군이 백제를 멸망시킬 수 있게 한 단초가 된 일대 사건이었다. 황해 횡단항로의 위력은 여지없이 발휘되었고, 황해 횡단항로에서 산동반도의 성산과 금강유역의 중요성이 새로이 대두된 셈이었다.

　금강과 만경강과 동진강이 합류하는 '새만금' 앞 바다의 중요성은 삼국 통일전쟁의 과정에서 잇따라 입증되었다. 먼저 백제 사비성 함락 후에는 백제부흥세력이 그와 동맹관계에 있던 왜倭 지원군과 함께 백촌강(동진강) 입구의 바다에서 나당연합군과 다시 한 번 국운을 건 일대 격전을 벌였는데,31) 이는 새만금 앞 바다가 얼마나 중요한 전략적 요충지였는가를 다시 한 번 여실히 보여준 것이었다. 백촌강 해전에서 나당 연합군이 대승을 거둠으로써, 백제·왜 연합군은 재기불능의 상태에 전락했다는 점에서, 백촌강이 결정적 승부처였던 것을 알 수 있다.

　660년 대규모 당군의 황해 횡단 성공은 이제까지 예외적이고 간헐적인 통로로서 이용되어 오던 황해 횡단항로의 상시적으로 활용 가능성을 높여주는 계기가 되었다. 그렇지만 이러한 횡단항로는 당분간 상시 항로로서 정상 가동되지 못했다. 왜냐하면 나·당 연합군이 668년에 고구려까지 멸망시킨 후에 당은 백제와 고구려의 옛 땅은 물론이고 신라의 땅마저도 지배하려는 야욕을 드러내면서 나당 간의 공조체제가 무너지고 결국 이후 8년여에 걸친 나·당전쟁이 시작되었기 때문이었다. 나·당

---

31) 『日本書紀』 卷27 天智紀 2年 8月條 ; 『新唐書』 108 列傳33 劉仁軌條.

전쟁에서 신라는 고구려 및 백제의 부흥군을 지원하면서 육전에서 크고 작은 승전들을 거두어 점차 당의 기세를 꺾어 갔으며, 676년에는 황해를 횡단하여 기벌포(장항)에 상륙하려는 설인귀의 당 원군을 격파함으로써 결정적 승기를 잡게 되었다.[32] 기벌포 해전의 승리는 신라에게는 황해 제해권의 장악을 가능하게 하였고, 당에게는 침략 의욕을 버리지 않을 수 없게 하는 결정적 계기가 되었다는 점에서, 새만금 앞바다의 전략적 진가가 다시 한 번 입증된 셈이었다.

신라는 백제를 지원한 왜를 격파하고 나·당전쟁에서 승리한 토대를 바탕으로 통일을 완수하게 되었지만, 한편으로 신라는 대외적으로 매우 외로운 신세가 되지 않을 수 없었다. 당은 무력으로 축출한 신라와의 관계를 외면해 버렸고, 왜는 신라에 대한 적대 의식을 노골적으로 드러내고 있었다.

문무왕은 이를 의식했음인지 한편으로 당과 전쟁을 치루면서도 한편으로는 사죄 사절단을 네 차례나 당에 파견하여 당과의 관계를 개선하려 애썼다. 그러나 675년부터 나·당 사이의 외교관계는 완전 단절되었으며, 남으로 왜의 해상 침입이 우려되는 외교적 고립 상황은 계속되었다. 문무왕이 죽어서 왜의 침략을 막는 동해의 호국용이 되리라고 했다는 일화는[33] 당시 신라가 왜의 해양 침탈에 대해 느낀 위협과 해양 경비에 대해 가졌던 경각심의 정도를 짐작케 해준다.

7세기에 조성된 국제적 긴장관계는 8세기에 가까워지면서 새로운 해빙무드로 풀려갔다. 이러한 국제관계의 진전 속에서 당과 신라와 일본 사이에 해상교역이 점차 활기를 띠기 시작했으며, 발해와 당, 발해와 일본 사이에도 교역의 분위기가 진작되었다. 이 중 특히 당과 신라와 일본 사이의 교역이 중심을 이루었는데, 그 교역로는 산동반도 혹은 절강성

---

32) 李昊榮, 『新羅三國統合과 麗·濟敗亡原因考』, 서경문화사, 1997 참조.
33) 『三國遺事』 卷2 紀異2 文武王法敏條.

일대에서 출발하여 황해를 횡단하고 한반도 서남해안을 거쳐 신라의 외
항인 울산 지역에 이른 다음, 여기에서 다시 바다를 건너 규슈의 하카다
에 이르는 항로가 주로 이용되었다.

　이런 가운데 8~9세기에는 나·당 간의 횡단 및 사단항로가 더욱 다
양화되고 활성화되었다. 먼저 황해를 횡단하는 항로로는 660년에 당군
이 개척한 '산동반도-황해-덕적도-기벌포' 코스 이외에도, 산동반도
와 옹진반도를 연결하는 최단거리의 코스, '산동반도-남양만' 코스, '산
동반도-흑산도-서남해안' 코스 등이 활성화되었고, 동지나해 사단항
로로는 '절강성-흑산도-서남해안' 코스가 개설되어 활성화되었던 것
이다.[34] 여기에 기왕의 연해항로도 통일 이후에 다시금 소통되어[35] 동
북아 물류의 주요 통로의 하나로 각광받게 되었음은 물론이다.

　이처럼 신라의 삼국통일 이후에 다각화되어간 동북아 항로는, 당시
활성화되고 있던 '남해로南海路'와 연결됨으로써 바닷길의 비약적인 확대
를 가져왔다.

　남해로란 고대부터 근대에 이르기까지 지중해에서 홍해, 아라비아해
를 지나 인도양과 서태평양에 이르는 광활한 해상에서 동서문화교류와

---

34) 황해 횡단항로 혹은 동지나해 사단항로가 활성화되면서 흑산도가 국제 해상
　　무역의 중심 거점항으로 부상했다는 점에 대해서는 姜鳳龍 外,『黑山島 上羅山
　　城 硏究』, 목포대 도서문화연구소, 2000 참조.
35) 통일 이후에 실제 활용된 연안 항로의 사례로는 가탐賈耽(730~805)이 기록한
　　고려도高麗道를 들 수 있다. 이에 의하면 '산동반도의 登州→大謝島[長山島] 등
　　여러 섬들[廟島群島]→烏湖海[盧鐵山水道]→馬石山[요동반도 盧鐵山]→都里鎭
　　[旅順口區]→靑泥浦[大連市 靑泥窪橋 일대]→(中略)→烏骨江[압록강 入海口]→
　　烏牧島[평북 身尾島]→椒島[황해도 椒島]→長口鎭[황해도 豊川이나 長淵郡의
　　長命鎭]→秦王石橋[옹진반도 부근의 섬]→麻田島[개성 서남쪽의 喬桐島]→古
　　寺島[강화도]→得物島[德積島]→鴨綠江[한강의 오인] 하구의 唐恩浦口[경기
　　도 남양]→(육로로 700리)→경주'의 코스로 되어있다(『舊唐書』 卷432 地理志
　　의 말미). 위의 지명 비정은 무함마드 깐수,「남해로의 동단-고대 한·중해
　　로」,『청해진과 장보고』, 혜안, 1996, 243~244쪽 참조.

교역이 진행된 바닷길을 말한다.36) 이는 또한 '시리아-페르시아-중앙아시아-신강성新疆省-돈황敦煌-장안長安-낙양洛陽-개봉開封-대운하-(양주揚州-동지나해-천주泉州-광동廣東)-점성占星(참파)-말레이-스리랑카-아라비아해-홍해-시리아'로 이어지는 세계적인 육해陸海순환교통로(광의의 실크로드)의37) 한 구성부분으로서, 중국 동남해안에 위치한 (양주揚州-동지나해-천주泉州-광동廣東)을 연결고리로 하여 전반부의 '육상 실크로드'와 연결되는 후반부의 '해상 실크로드'를 지칭하기도 한다.

그런데 실크는 주로 '육상 실크로드'를 통해서 유통되었고, '해상 실크로드'는 실상 실크의 이동로라기보다는 도자기와 향료의 이동로로 주로 이용되었다는 점을 감안하여, 주된 유통 물품의 이름을 적기하여 '도자로' 혹은 '향료로'라 칭하자는 견해가 있다. 그리고 '도자로'는 세라믹로드(Ceramic Road) 혹은 차이나로드(China Road)라 불려지기도 한다.38)

이러한 남해로의 범위는 시기에 따라 한결같지는 않았지만, 로마를 서쪽 끝[西端]으로 하고 중국의 동남해안 일원을 동쪽 끝[東端]으로 하는 바닷길로 파악하는 것이 학계의 통설이었다. 그렇지만 최근에는 남해로의 동단이 한반도와 일본열도에까지 미친 것으로 파악할 필요가 있다는 견해가 제기되었는데,39) 이 견해는 매우 주목할 만한 몇 가지의 논거들을 제시하고 있다. 이를 간단히 소개하면 다음과 같다. ①인도나 동남아시아에 기원을 두고 있는 금박구슬이나 유리구슬이 2세기 이후의 한반도 남부의 여러 유구에서 출토되고 있다는 점, ②흥덕왕 9년(834)에 내려진 사용 금령 대상 품목 중에 동남아산 진품이 여러 점 포함되어 있다

---

36) 무함마드 깐수, 『新羅·西域 交流史』, 檀國大學校出版部, 1992, 490쪽.
37) 宮崎市定(曺秉漢 編譯), 『中國史』, 역민사, 1983, 208쪽.
38) 金井昊, 「장보고와 세라믹로드」, 『海上王 張保皐의 國際商人精神의 再照明』, 韓國國際商學會 심포지움 발표요지, 2000, 39쪽.
39) 무함마드 깐수, 앞의 논문, 1996, 220~229쪽.

는 점, ③가야 등의 불교가 바다를 통해서 남쪽에서 전해졌을 가능성이 크다는 점, ④9세기 이후의 중세 아랍 문헌에 신라와 아랍 제국 간의 내왕과 교류상이 기록되어 있다는 점 등이 그것이다.

그렇다면 특히 8세기에 접어들면서 황해 횡단항로와 동지나해 사단항로, 그리고 연안 항로가 크게 활성화되어가고 있던 동북아의 바닷길은 '남해로'와 연결되어 당시의 전세계와 통하고 있었다고 할 것이다. 거기에다가 8세기 중반에 안사의 난이 일어나면서 육상 실크로드의 관문이라 할 안서도호부 등이 대혼란에 빠져 육로가 끊기게 되면서, '남해로'가 동서문화 교류의 통로로 더욱 각광받게 되었다는 점을[40] 주목할 필요가 있겠다.

바로 이 시기에 중국의 동남해안인 양주揚州와 광주廣州 등지에는 페르시아인[波斯人]과 아라비아인[大食人], 그리고 인도인 등이 남해로를 통해 내왕하면서 동서 문물교류를 주도하고 있었다. 그들은 국가별로 '번방蕃坊'이라 칭하는 특수거류지를 형성하여 집단적으로 거주하였으며, 그들 중에서 '도번장都蕃長'을 뽑아 자치하기도 하였다. 이에 중국 왕조는 현종 개원 2년(714)에 광주廣州에 시박사市舶司를 설치하여 증대되어 가는 대외무역 업무를 관장하게 하였다. 이들의 활동 공간은, 일부가 동북아의 연근해·횡단·사단 항로 등을 통해서 중국 동해안변이나 신라, 일본 등지에까지 이르기도 했지만,[41] 대개는 양주揚州를 한계로 하여 그 이상 북상하지 않는 것이 일반적이었다.[42]

---

40) 金井昊, 앞의 발표문, 2000, 41쪽.

41) 중세 아랍 문헌에서 신라에 대한 기술이 찾아지고 있고, 처용설화나 괘릉의 서역인 석상 등의 존재를 통해서 신라에 아라비아인들의 발길이 닿고 있었음을 알 수 있다. 또한 『일본서기日本書紀』에서 제명천황齊明天皇 5년 4월에 토화라국吐火羅國(이란 동북부와 아프가니스탄 중류지방)의 남녀 2명씩과 사위舍衛(인도 갠지즈강 중류지방)의 여자 1명이 탄 배가 표류하여 일향日向 지방에 표착했다는 기사가 있는 것으로 보아, 페르시아, 인도인 등이 간헐적으로 이르렀음을 보여준다(무함마드 깐수, 앞의 논문, 1996, 228~229쪽).

당시 재당신라인들은, 페르시아인이나 아라비아인들이 내왕하며 집단 거류지를 형성하고 있던 양주揚州 등지에 출입하면서 그들과의 국제교역을 활발히 전개하고 있었다. 그러는 한편으로 그들은 페르시아인이나 아라비아인들의 발길이 미치지 않는 양주 이북의 대운하변, 회하변, 산동반도 일대에 널리 그들만의 자치구인 신라방新羅坊 혹은 신라촌新羅村을 이루고 안착하면서, 동북아의 여러 항로들을 통해서 중국 동해안변과 신라와 일본에까지 동서 문물교역을 중개해 주는 일에 종사하고 있었다. 이는 곧 재당신라인들이 동북아의 여러 항로, 즉 연안, 황해 횡단, 동지나해 사단 항로 등을 동서문화교류의 거대한 통로인 '남해로'에 연결시킴으로써, 남해로의 동단을 신라와 일본에까지 확대시키는데 앞장서고 있었음을 보여주는 것이다.

2) 동북아시아 문물교류의 활성화

신라의 삼국통일이 가져온 또 하나의 해양사적 의의는 동북아 3국 사이에 전쟁의 후유증을 극복하면서 문물교류를 크게 활성화시켰다는 점이다.

'동북아 대전'의 과정에서 당과 신라와 일본 사이에 조장된 심각한 긴장관계는 8세기에 새로운 국제 환경이 조성되면서 다소나마 풀려가는 변화의 조짐이 나타났으니, 새로운 국제 환경 조성의 중심에는 698년 발해의 건국이 자리하고 있었다. 발해의 건국을 계기로 당과 신라는 발해를 견제하면서 공조체제를 강화해 갔으며, 730년대에는 급기야 국교를 완전 정상화하였다.[43] 이에 대해 발해는 고립과 위기 상황을 타개하기

---

42) 金文經, 「張保皐, 해상왕국의 사람들」, 『張保皐 해양경영사연구』, 이진, 108~109쪽.
43) 韓圭哲, 『渤海의 對外關係史』, 신서원, 1994, 145~146쪽 ; 김종복, 「渤海初期의 對外關係」, 『韓國古代史研究』 9, 1996, 330~341쪽.

위하여 일본에 접근하여 양국 간에 돈독한 우호관계를 성립시켰다.[44] 이처럼 '당-신라'와 '발해-일본'으로 묶여지는 국제적 우호 및 대립의 구도가 선명히 드러나고 있었던 것이다. 그런데 이런 가운데에서도 신라와 일본의 관계는 매우 특이한 양상으로 전개되었다. 양국은 정치·군사적 측면에서는 불편한 관계를 완전히 불식시키지 못하면서도, 경제적인 측면에서는 서로를 필요로 하는 미묘한 관계를 연출했던 것이다.

먼저 정치·군사적 측면에서 볼 때, 신라와 일본 간에 갈등과 대립의 잔재들은 문무왕 이래 당분간 지속되었다. 즉 문무왕의 뒤를 이은 후왕들은 해양 방어에 대한 경각심을 부추기고 방어체제를 구축하는데 심혈을 기울여 간 것으로 나타나고 있다. 예를 들어, 문무왕의 뒤를 이은 신문왕神文王은 대왕암大王巖과 이현대利見臺와 감은사感恩寺, 그리고 만파식적萬波息笛의 설화를 엮어 해양 호국 이데올로기를 만들어 냄으로써 해양 방어에 대한 경각심을 고조시키고자 하였으며[45] 성덕왕聖德王은 722년에 왕경의 남부에 관문성關門城을 축조함으로써[46] 해양 방어체제를 강화하였던 것이다. 일본은 때론 신라 침략이라는 강공책을 쓰기도 했다.[47]

그러면서도 경제적 측면에서는 양국이 공히 서로를 필요로 하는 부분도 있었다. 즉 일본은 신라를 통해 적대적인 관계에 있던 당과 신라의 선진 물품을 공급받고자 했으며, 신라는 당의 물품을 일본에 중계 보급하거나 자국의 물품을 직접 공급하는 일종의 시장으로 활용하고자 했던 것이다. 양국의 관계가 이러한 경제적 상호 욕구를 서로 소통시키지 못하는 한, 침략과 방어라는 양국 간의 정치·군사적 대립구도는 당분간 유지될 수밖에 없었을 것이다. 그렇지만 양국은 점차 경제적 욕구를 둘

---

44) 上田雄·孫榮健,『日本渤海交涉史』, 大興出版, 1990 ; 朴眞淑,『渤海의 對日本外交 硏究』, 충남대 박사학위논문, 2001 참조.

45)『三國遺事』卷2 紀異2 萬波息笛條.

46)『三國史記』卷8 聖德王 21年條 ;『三國遺事』卷2 紀異2 孝成王條.

47)『三國史記』卷8 新羅本紀8 聖德王 30年條.

러싼 이해의 폭을 넓혀 가면서, 정치적으로 타협을 도모하고 경제적 교류를 확대해 가는 방향으로 나아갔다.

양국이 752년에 행한 교역의 한 사례는 정치적 타협을 통해 경제적 교류의 확대를 모색해 갔던 모습을 잘 보여주고 있다. 여기에서는 752년의 교역 건에 대해서 최근에 제출된 의미있는 연구 성과를[48] 참조하면서 그 면모를 살펴보는 것으로 하겠다.

752년 윤3월 22일에 신라 왕자 김태렴金泰廉이 조공사朝貢使 대사大使 김훤金暄과 송왕자사送王子使 김필언金弼言 등 700여 명을 거느리고 배 7척을 타고 축자筑紫에 입항하였다. 그리고 일정한 절차를 밟은 이후에 김태렴은 세토 내해를 통해 난파진難波津에 이르렀고, 여기에서 370여 명만을 거느리고 평성경平城京에 입경하여 6월 14일에 비로소 효겸천황孝謙天皇을 배조拜朝하였다. 여기에서 김태렴과 효겸천황 사이에 상주上奏와 하조下詔가 교환되었는데, 그 내용은 다음과 같다.

> 상주上奏하기를 "신라의 국왕이 일본을 다스리는 천황의 조정에 말씀드립니다. 신라국은 예로부터 대대로 끊이지 않고 배와 노를 나란히 하고 와서 일본을 받들었습니다. 이번에는 국왕이 몸소 내조來朝하여 조調를 바치려고 하였습니다. 그러나 다시 생각해 보니 하루라도 국주國主가 없으면 국정이 해이하고 어지러워질까 염려됩니다. 이 때문에 왕을 대신하여 왕자 한아찬韓阿湌 태렴泰廉으로 우두머리를 삼고 휘하에 370여 인을 거느리고 입조入朝하도록 하고 겸하여 여러 가지 조調를 비치며 삼가 이로써 아뢰게 하였습니다"라 하였다.
>
> 하조下詔하기를 "신라국은 예부터 대대로 끊이지 않고 우리나라를 받들었다. 이제 다시 왕자 김태렴을 보내 입조시키고 겸해서 조를 바치니 짐은 왕의 정성을 가상히 여긴다. 지금부터 마땅히 길이 위무하고 보살피겠다"라 했다.
>
> 태렴이 또 아뢰기를 "넓은 하늘 아래 왕토王土 아닌 것이 없고 영토의 끝까지 왕신王臣 아닌 사람이 없습니다. 저는 다행히 성세盛世를 만나서 내조來

---

48) 李成市(김창석 역), 『동아시아의 왕권과 교역』, 청년사, 1999.

朝하고 받들게 되니 그 기쁨을 이길 수 없습니다. 제가 스스로 갖추어 온 국토의 미미한 물건을 삼가 바칩니다"라고 했다.[49]

윗 상주上奏와 하조下詔의 내용을 보면 마치 일본은 황제국의 위치에 있고, 신라는 제후국(번병＝속국)의 위치에 있는 것처럼 되어 있다. 그러나 당시에 당조唐朝에서 공인된 외국 사신의 서열이 '신라－발해－일본'의 순으로 매겨져 있었던 사실을 감안할 때,[50] 윗 기사에 나타난 신라와 일본 사이의 국가적 위상은 실제와는 거리가 멀다고 해야겠다. 이는 일본 측의 사전 요구를 신라가 수용한 정치적 타협의 소산이라 할 것이다.

그렇다면 신라가 이렇듯 저자세의 정치적 타협을 수용한 이유는 무엇일까? 이에 대해 이성시는 당시 발해가 일본과 제휴하여 신라를 정벌하려 시도했고 일본도 이에 동조하려는 모습을 보이게 되자, 신라가 일본을 발해와 이간시키고 발해를 견제하기 위해서 일본의 무리한 요구를 수용한 것으로 파악하였다.[51] 말하자면 국제적 역관계를 신라에 유리하게 돌려놓기 위해서 일본의 요구를 수용한 것으로 본 것이다. 그렇지만 이는 신라가 일본에 대해 극단적인 외교적 저자세를 취하게 된 배경에 대한 설명으로는 충분하지 못하다고 생각된다. 여기에는 단순한 정치 외교적 배경 이외에도 양국의 교역 관계와 관련하여 경제적 이해관계의 문제가 작용하지 않았을까 하는 의구심이 든다. 이와 관련하여 김태렴이 축자筑紫에 입항할 때 거느린 700여 명의 사절단과 평성경平城京에 입경할 때 거느린 370여 명의 사절단의 규모가 비상히 크다는 점을 의심할 필요가 있을 것이다. 이와 같은 대규모 사절단은 단순한 외교적 목적을 위한 것만은 결코 아니었을 것이고, 마치 오늘날 세일즈 외교를 위해 대동하는 대규모 경제 사절단을 방불케 하는 것으로 여겨지기 때문이다.

---

49) 『續日本記』 卷18 孝謙天皇 4年(752) 6月 己丑(14日)條.

50) 權悳永, 『古代韓中外交史』, 일조각, 1997, 179～180쪽.

51) 李成市, 앞의 책, 1999, 106～108쪽.

실제 김태렴 일행이 평성경平城京에 머물던 기간과 정확히 일치하는
752년 6월 중순에서 7월 상순 사이에 5위 이상의 일본 중앙 귀족들이
신라 물건(염물念物)을 주문하는 '매신라물해買新羅物解'라는 문서를 일본
의 주관 관청에 앞 다투어 제출했던 것이 다수 확인되고 있다.[52] 이 문
서에는 구입하고자 하는 신라물건(염물念物)의 목록과 그 신라 물건의 가
치에 따라 지출할 견제품의 종류와 분량, 작성 연월일, 그리고 제출자의
이름 등이 각각 기록되어 있어, 일종의 상품 구매신청서에 해당한다고
할 수 있겠다.

그런데 신라 물건의 판매와 분배 과정이 진행되기에 앞서, 엄정한 빈
례의식賓禮儀式이 천황의 주재 하에 거행되었다는 것은 매우 심장한 의미
를 함축한다. 이러한 빈례의식의 절정은, 신하들이 도열해 있는 상태에
서 대극전大極殿에 행차한 천황에게 사절단의 대표가 국서를 주상하고
신물을 공상하는 의식을 거행하는 일이었다. 사절이 참석하는 연희도 마
찬가지로 천황이 납시어 그 주재 하에 이루어졌다.[53] 이러한 빈례의식
은 문무백관과 만백성 앞에서, 진귀한 물품을 가져온 사절단들이 마치
제후국 신하로서 황제에게 알현하는 듯한 모습과 황제로서 그들에게 베
푸는 듯한 모습을 보이도록 연출하는데 주안점이 두어졌을 것으로 여겨
진다.[54] 사절단 대표와 일본 천황 사이에 교환되는 상주上奏와 하조下詔
역시 그러한 연출의 일부에 다름 아닐 것이다. 신라는 일본 조정이 요구
하는 이러한 연출에 형식적으로 참여한 뿐이었던 것이다.

---

52) 752년에 작성된 매신라물해買新羅物解의 문서는 병풍의 배접지와 그림을 그린
　　면의 일부로 재활용되어 정창원 보물 창고에서 보존되어 오던 것이 현재 30여
　　건 확인된 바 있다.

53) 李成市, 앞의 책, 1999, 136쪽.

54) 굳이 비교를 하자면, 고려시대 팔관회八關會 행사 때에 각 국의 사절단이 고
　　려 국왕의 참관 아래 진귀물을 진상하고 무역행위를 했던 것과 비견될 수
　　있겠다.

이러한 빈례의식이 끝나면 고대하던 신라 물품의 구매 행사가 개시되었다. 이 행사의 절차 역시 다음 기사에 나타나 있듯이 엄정하게 진행되었다.

무릇 번객蕃客의 내조來朝에 응해서 교관交關에 임하려면 승承·록錄·사생史生이 장부藏部·가장價長 등을 이끌고 객관客館에 나아가 내장료內藏寮와 함께 해야 한다.[55]

이렇듯 신라 물품 구매 행사[交關]는 대장성 관리의 주관 하에 이루어지고 있었음을 알 수 있다. 먼저 구매를 원하는 자들은 구매신청서에 해당하는 매신라물해買新羅物解를 작성하여 대장성 관리에게 제출하였다. 매신라물해買新羅物解의 문서에는 구매하고자 하는 신라 물품명을 나열 기재하고, 이의 값에 상응한 견제품의 종류[綿·絹·糸·絁]와 분량을 기재하며, 마지막으로 기재연월일과 구매 희망자 이름을 적었다.

752년에 작성 제출된 30여건의 현전 매신라물해의 문서에 의하면, 구매 희망자는 왕족이나 귀족, 그리고 5위 이상의 고위 관인층만으로 한정되고 있었다. 이들이 구입 신청한 신라 물품은 제품군 24종과 재료군 9종이 있는데, 그 각각의 제품군과 재료군들은 다시 여러 종류의 것들이 있어서 총 260종을 넘고 있다. 일본인들의 개인적 구매 물품 수를 보면 적게는 3종의 물품만을 신청한 경우가 있는가 하면, 47종에 달하는 많은 물품을 신청한 경우도 눈에 띤다.[56] 이미 많은 매신라물해의 문서가 소실되어 버렸으리라는 점을 가정할 때, 당시 사절단이 가져간 신라 물품의 종류와 양은 훨씬 더 방대했을 것이다. 이렇게 본다면, 752년 신라의 대일본 사절단 파견은 단순한 정치 외교적 목적만이 아니라, 일본과의

---

55) 『延喜式』 卷30 大藏省 蕃客來朝條.
56) 물품의 구체적 종류와 분류에 대해서는 崔在錫, 『正倉院 소장품과 統一新羅』, 일지사, 1996, 149~159쪽 참조.

대규모 교역(교관交關)을 실현하려는 경제적 목적이 더 컸을 것으로 보아야겠다.

그렇다면 신라 사절단은 그처럼 다양한 종류와 엄청난 양의 신라 물품들을 어떻게 마련하였을까? 이와 관련하여 이성시李成市는 신라에서 대일 외교업무를 관장한 왜전倭典을 주목하였다. 즉 그는 왜전이 사절단의 파견에 앞서 일본에 수출할 물품을 제출해 줄 것을 공지하였을 것이고, 신라 중앙의 귀족들은 이에 응해서 상품이 될 만한 물품을 왜전에 위탁했을 것으로 추정하였다.[57]

이러한 추정이 옳다면, 신라가 일본에 사절단을 파견했던 것은 결국 양국 사이에 대규모의 공무역을 실현해가는 과정을 의미하는 것이라 할 것이다. 또한 이러한 공무역은 양국의 국왕이 보증하고 신라의 왜전과 일본의 대장성이 주관하는 방식으로 운영되었을 것이다. 이러한 추정은 752년의 한 사례만을 가지고서 내린 것이므로, 이러한 형태의 공무역이 8세기의 일반적 국제 무역의 관행이었다고 속단하기는 어렵다. 다만 9세기에 들면서 사무역체제가 활성화되어 간 것은 사실이며, 이에 비해 8세기의 무역 형태는 공무역적 성향이 강하였음은 분명하다고 하겠다.

---

57) 이성시는 이러한 추정을 뒷받침할 수 있는 몇 가지의 근거를 제시했다. 첫째, 정창원 소장의 신라 물품 중에 '신라양가상묵新羅楊家上墨', '신라무가상묵新羅武家上墨'이라 양각되어 있는 먹이 있는데, 이들은 각각 신라의 '양가'와 '무가'의 귀속 집안 소속의 공상工匠이 만든 상품上品의 먹을 의미하는 것으로 해석할 수 있다는 것이다. 실제 귀족 가문 소속의 공장工匠이 사찰의 종을 만들었던 사례를 제시하기도 하였다. 둘째, 역시 정창원 소장의 모전毛氈[양털을 압축해서 만든 felt 깔개]의 한 귀퉁이에 묵서를 쓴 삼베 조각[布記]이 붙어 있는데, 이 포기에는 그 모전을 제작했거나 제출한 신라 귀족 혹은 귀족가의 이름과 그 모전의 대가로 받기를 원하는 견제품의 종류 등이 기록되어 있는 것으로 보아, 이 모전이야말로 왜전의 공지에 응해서 모 귀족가에서 위탁한 제품일 거라는 것이다. 더욱이 그 모전에 붙어있는 포기가 752년에 쓰여진 것이 확실하므로, 모전은 김태렴이 이끈 사절단이 가져온 신라 물품일 것으로 보았다(李成市, 앞의 책, 1999, 101쪽).

8세기대 공무역의 추세는 당과 신라 사이에서도 그대로 나타나고 있었다. 당시 나·당 간의 공무역은 견당사遣唐使라 불리는 사절단에 의해 주도되고 있었던 것이다. 이와 관련하여 당시 견당사가 당에서 수행한 공무역의 네 가지 형태에 대해 정리한 선행 연구를 주목할 필요가 있다.[58] 즉 ①견당사가 가지고 간 공물을 변주邊州에서 검열하여 물품의 종류와 수량을 자세히 적어 홍려시鴻臚寺에 보고하면, 홍려시에서 그 가격을 산정하고 회사품回賜品의 물량을 정하여 귀국시 견당사에게 주는 형태,[59] ②중국 조정에서 견당사들의 편의를 위해 그들이 머무는 객관客館 안에 개설해 주는 관시官市를 이용하는 형태, ③당나라 조정에서 사신이 가져온 물품을 고가高價로 다량 구입해 주는 호시互市를 이용하는 형태,[60] ④ 비공식적으로 견당사들이 당물唐物이나 중국에 집산해 있던 아라비아, 페르시아의 물품들을 구입하는 형태 등이 그것이다.

견당사를 통해 신라에 입수된 이러한 외래의 물품들은 신라 귀족사회에 인기리에 팔려 나갔을 것이며, 그 일부는 일본과의 공무역을 통해 일본에까지 재수출되었을 것이다. 즉 752년에 김태렴 일행이 가져간 물품들은 예를 들어 보면, 대개 신라 장인이 만든 제품과 신라산 원료도 많았지만, 당시 '남해로'를 통해 중국에 입수된 아라비아·페르시아·인도·동남아시아 등지의 물품들도 상당 부분 포함되어 있었던 것이다.

---

58) 權惠永, 앞의 책, 1997, 276~278쪽.

59) 이것이 견당사의 가장 일반적인 공무역 형태였을 것이다. 양국 사이의 이러한 공무역을 관장하는 관서는 중국의 경우엔 홍려시였다고 한다면, 신라의 경우엔 영객부領客府였을 것이다.

60) 호시互市는 주로 북방 유목민을 회무하기 위해 고가高價로 그들의 물품을 다량 구매해 주던 특혜성 공무역이라 할 수 있겠는데, 신라나 발해의 경우는 호시의 대상이 되기도 했지만 흔치는 않았다 한다.

5. 맺음말

4세기 말 이후 동북아 연안항로의 경색과 이로 인한 해상교역의 위축이 장기화되면서 동북아 여러 나라 사이에 파국의 조짐이 나타나더니, 7세기에 이르러 '신라와 당', '고구려와 백제와 왜'의 두 편으로 갈려져 무력 충돌하는 '동북아 대전'으로 이어졌다. 장기적인 연안항로의 경색을 가져온 원인은 한반도에서 3국이 정치적 패권 다툼을 벌인 것에서 비롯한 것인데, 여기에 당과 왜가 참전하면서 '동북아 대전'으로 폭발한 것이다.

'동북아 대전'에서 해전海戰은 대단한 위력을 발휘하였다. 660년의 웅진강熊津江 해전, 663년의 백촌강白村江 해전, 그리고 675년 및 676년의 천성泉城 및 기벌포伎伐浦 해전 등이 그 예이다. 당시 교역의 주요 통로가 해상海上이었다는 점을 염두에 둔다면, 이처럼 해전이 대단한 위력을 발휘한 것은 당연한 일로 여겨질 만하다. 해전의 승리와 제해권의 장악은 곧 전쟁의 승패를 좌우하기 마련이었던 것이다.

'동북아 대전'은 한반도 3국의 통일을 낳았고, 이로써 동북아 연안항로 경색의 원인을 제공했던 한반도의 패권 쟁탈의 상황도 종료되었다. 이와 함께 '동북아 대전'이 가져온 획기적인 결과는, 전쟁과정에서 '황해 횡단항로'가 상시 항로로 활용될 수 있는 가능성이 열렸다는 점이다. 그 이전까지만 하더라도 동북아의 교역은 주로 연안항로에 의존하였고 황해 횡단항로는 간헐적이고 제한적인 항로로만 활용되고 있었다. 연안항로에 주로 의존하던 상황에서 한반도의 정치적 갈등은 너무도 쉽게 항로의 경색을 초래하곤 했던 것인데, 이제 황해 횡단항로가 상시적 항로로 활용할 수 있는 길이 열리게 되면서 그 가능성은 그만큼 줄어들었다고 할 수 있다.

황해 횡단항로의 위력은 '동북아 대전'이 종료된 후 일정한 냉각기를 거친 8세기에 이르러 크게 발휘되었다. 동북아 3국(당, 신라, 일본)은 황해 횡단항로와 남중국해南中國海 사단항로斜斷航路, 그리고 기존의 연안항로를 총가동하여 그간 위축되었던 해상교역을 봇물 터지듯 진행해 갔다. 그리고 다각화된 동북아 항로는 '남해로'와 연결되어 아라비아를 넘어 유럽과의 문물교류를 가능하게 하였다. 이에 따라 8세기 동북아에 문물교류의 전성시대가 도래하였다. 그리고 이는 동북아 3국을 문화전성기로 안내했으며, 이런 추세는 13세기까지 이어져 갔다.

제2장

珍島 碧波津의
고·중세 '해양도시'적 면모
─역사마을 벽파 가꾸기를 위한 모색─

강 봉 룡

1. 머리말

진도는 제주도와 거제도에 이어 우리나라에서 세 번째로 큰 섬이며, 서남해지방의 최대 섬이다. 예부터 비옥한 섬이라는 의미의 '옥주沃州'라 불렸으며, 서해와 남해를 연결해 주는 위치에 있어 항로의 요충지로 통했다.

진도를 통해 서해와 남해를 연결해주는 바닷길은 크게 두 길이 있었다. 하나는 진도와 장산도─상하태도─가사도─조도 사이의 흔히 조도해협이라 불리는 바닷길이며, 다른 하나는 진도와 화원반도 사이의 흔히 명량해협이라 불리는 바닷길이다. 이중 전자의 바닷길에는 금갑포金甲浦

(鎭), 남도포南桃浦(鎭) 등의 포구 혹은 진이 진도의 연안부에 배치되어 있으며, 특히 남도포에는 남도석성이 축조되어 있어, 바닷길을 관방關防하는 기능을 담당했던 것으로 보인다. 그리고 후자의 바닷길에는 진도 연안에 녹진綠津과 벽파진碧波津이 있어, 그 대안對岸의 육지부에 위치한 해남의 우수영 및 삼지원과 각각 통하는 나루터의 기능을 담당해왔다.

이중 특히 벽파진은 오랫동안 진도에서 육지부로 통하는 관문 역할을 담당하였으며, 그 상대 항구인 삼지원 역시 교통의 요지로 중시되었다. 벽파진의 이러한 관문 역할은, 진도대교가 개설되기 직전까지 의연히 유지되었던 것으로 벽파마을 주민들은 회고하고 있다. 그러나 지금은 바닷길이 거의 끊긴 가운데, 최근 벽파진은 '목포-벽파-추자도-제주도'로 취항하는 카페리호의 경유 항구로서만 그 명맥을 겨우 유지하는 실정이다.

형편없이 퇴락해 버려 쓸쓸함마저 감도는 오늘날 벽파마을의 실정을 답사하면서 영고성쇠榮枯盛衰의 무상함을 절로 느끼는 바이다. 이 글은 이러한 감상 속에서 고대~고려시대에 잘나가던 해양도시로서의 벽파진의 옛 영광을 다시한번 떠올려 보고, 오늘에 이르러 이를 계승할 수 있는 방안을 모색해 보는데 소요될 만한 역사 소재를 찾아보려는 목적에서 작성되었다. 이를 통해 '역사마을 벽파'를 구상하는데 조그만 가능성이라도 마련할 수 있게 되기를 바라는 마음 간절하다.

2. 珍島郡(縣)의 治所와 碧波津

진도의 동북쪽에 위치한 벽파진은 오랫동안 진도의 관문으로서의 기능을 수행하였다. 진도의 중심지가 오랫동안 벽파진 인근에 자리잡고 있었다는 점에서, 이는 당연한 일이다. 이제 이를 염두에 두면서 <표 1>

에 따라 진도의 중심지가 위치했던 벽파진 주변의 역사 환경을 살펴보고, 이를 통해서 진도의 관문으로서의 벽파진의 역사적 위상을 드러내보려 한다.

<표 1> 『新增東國輿地勝覽』에 나타난 진도 邑治의 추이

단계	시 기	편 제	비 고	전거
1	백제시대	因珍島郡		建治沿革條
2	통일신라시대	珍島縣	武安郡의 領縣	
3	고려시대		羅州 소속	
4	고려 충정왕 2년(1350)	(廢縣)	왜구로 인해서('因倭寇')	
5	조선 태종 9년(1409)	海珍郡	海南縣과 통합	
6	세종 19년(1437)	珍島郡	해진군에서 分郡	古跡條
			읍치를 진도 外耳里로 還置	
7	세종 22년(1440)		지금의 치소로 읍치를 옮김	

<표 1>은 『신증동국여지승람新增東國輿地勝覽』에 의거하여 진도의 편제와 읍치 이동의 추이를 정리한 것이다.[1] 이에 의하면 진도의 편제는 인진도군因珍島郡(1단계)→진도현珍島縣(2·3단계)→폐현廢縣(4단계)→해진군海珍郡(5단계)→진도군珍島郡(6·7단계)으로 개편된 것으로 되어 있다. 진도는 군郡에서 현縣으로 강등되고 한때 폐현廢縣되기까지 하는 우여곡절을 겪었으며,[2] 1409년에 해남현과 통합된 해진군海珍郡이라는 이름으로

---

1) 『新增東國輿地勝覽』卷39 珍島郡 建治沿革條·古跡條.

2) 『옥주지沃州誌』 연혁조沿革條에서는 진도군의 철폐 원인을 왜구가 성을 함락시켰기 때문('인왜구함성因倭寇陷城')이라고 하여 좀더 구체적으로 밝히고 있으며, 철폐 이후에 진도민들이 나주 남쪽의 월악月岳(현 영암군 시종면 월악리)→영암 북쪽의 명산命山(현 영암군 시종면 태간리 명산)→해남의 금산金山(현 해남군 삼산면 창리 금산) 등지로 옮겨다니며 전전하는 신세로 전락한 상황을 기술하고 있다. 『옥주지』의 이러한 내용은 타 지리지에서는 찾아볼 수 없는 바이지만, 『신증동국여지승람新增東國輿地勝覽』 영암군靈巖郡과 해남현海南縣의

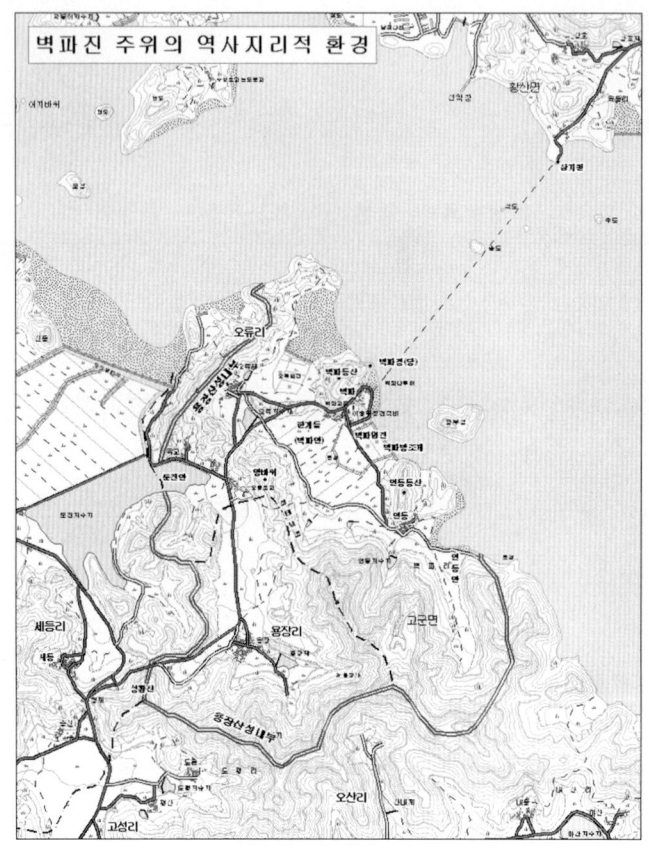

<지도 1> 벽파진 주위의 역사지리적 환경

겨우 명맥이 되살아나기도 했다.3) 그러다 1437년에 드디어 해진군에서 분군分郡되어 진도군珍島郡이라는 단독 군으로 부활하면서, 그 읍치邑治를

고적조古蹟條에 그와 관련된 편린이 기술되어 있어, 마냥 불신만은 할 수 없는 입장이다.

3) 『태종실록太宗實錄』과 『세종실록지리지世宗實錄地理志』에 해진군海珍郡 읍치의 위치가 구체적으로 적시되어 있다. 즉 『태종실록』에 의하면 태종 9년(1409) 2월에 녹산역鹿山驛의 옛터에 성城을 축조하여 읍을 옮긴 것으로 되어 있고(卷 17, 九年己丑二月條), 『세종실록지리지』에 의하면 태종 12년(1412)에 영암현의

원래의 치소였던 외이리外耳里로 환치還置했다. 그리고 그 3년 후인 1440
년에 진도의 치소治所를 현 진도읍 자리로 옮겨 오늘에 이르고 있다.

또한 <표 1>에 의거하여 진도군(현)의 읍치邑治 이동 상황을 보면, 폐
현되기 전까지는 외이리에 있었으며, 해진군으로 편제된 시점에는 해남
의 녹산역과 옥산 등지에 읍치가 설치되었으며,[4] 이후 1137년에 진도군
이 복설되면서 다시 외이리로 환치되었다가, 1440년에 현 진도읍 자리
로 옮겨간 것이 된다. 이를 다시 정리하면 외이리外耳里(1・2・3단계)→폐
현廢縣(4단계)→녹산역鹿山驛과 옥산玉山(5단계)→외이리外耳里(6단계)→오늘
의 진도읍(7단계)으로 진도군(현)의 읍치가 옮겨간 셈이 된다. 그렇다면
진도군(현)의 읍치는, 폐현된 기간(4단계) 59년간과 해진군으로 편제된
기간(5단계) 87년간(1350~1437)을 제외하면, 현 진도읍으로 읍치를 옮
기게 되는 1440년 이전까지의 거의 전 기간을 외이리外耳里에 두고 있었
다고 할 수 있다.

그런데 『옥주지沃州誌』에는 진도군(현)의 편제 및 읍치의 위치와 관련
하여 이와 다른 새로운 내용이 포함되어 있다. 고려시대에 진도현을 진
도군으로 승격・편제하고 그 읍치도 외이리外耳里에서 용장평龍藏坪으로
이치移置하였다는 것이 그것이다. 관린 기사를 잠시 인용해 보자.

> 신라를 지나서 고려 때에는 진도군珍島郡으로 승격되어 군수가 방어사를
> 겸직하였고, 해변 근처로 관부官府를 옮겼는데, 오늘의 용장평龍藏坪이다. 구
> 읍舊邑은 외이현外耳縣으로 삼았다.[5]

옥산玉山 땅으로 읍치를 옮긴 것으로 되어 있다(海珍郡 建治沿革條). 그런데 녹산
역은 오늘날 해남군 삼산면 상가리 계동마을로 비정하고, 옥산은 계동마을 뒷
산의 토성지로 비정하는 견해가 있으나(배종무, 「해남지방의 관방유적」, 『해
남군의 문화유적』, 목포대 박물관, 1986) 최근 녹산역 옛터를 해남 현산면 구
시리 문소동 근처로 비정한 견해가 제기되었다(이병삼, 「해남의 성」, 『해남옥
녀봉토성』, 명지대부설 한국건축문화연구소, 2003, 122~123쪽).
 4) 주 3) 참조.

『옥주옥주지沃州沃州誌』의 이 기사를 받아들인다면, 진도의 편제는 인진도군因珍島郡(1단계)→진도현珍島縣(2단계)→진도군珍島郡(3단계)→폐군廢郡(4단계)→해진군海珍郡(5단계)→진도군珍島郡(6·7단계)으로 개편된 셈이 되고, 진도군(현)의 읍치는 외이리外耳里(1·2단계)→용장평龍藏坪(3단계)→폐군廢郡(4단계)→녹산역鹿山驛과 옥산玉山(5단계)→외이리外耳里(6단계)→오늘의 진도읍(7단계)으로 옮겨간 것으로 파악되어야 한다(밑줄 친 부분이 『신증동국여지승람』과 다름). 이에 의한다면 진도의 읍치는 원래 외이리에 있던 것이 고려시대에 용장평으로 옮겨갔다가, 폐군의 단계를 거쳐 해진군 단계에 이르러서는 해남의 녹진역과 옥산 등지에 설치되기도 했으며, 진도군이라는 단독 군으로 회복되면서 직전의 치소였던 용장평으로 환치된 것이 아니라 그 이전의 치소였던 외이리로 환치된 것으로 이해할 수 있다. 그런데 고려시대에 진도가 군으로 승격했다거나 읍치를 용장평으로 옮겼다는 등의 내용은 『옥주지』 이외에는 찾아볼 수 없어 당장 신뢰하기 어렵긴 하지만, 용장산성과 관련하여 일단 주목해둘 필요가 있다.[6]

이상에서 살펴본 바와 같이 1440년 이전의 진도군(현)의 읍치는 백제시대 이래 대체로 외이리에 있었고, 『옥주지』의 기사를 인정할 경우 고려시대에는 용장평에 있었다고 할 수 있다. 외이리는 오늘날 진도 고군면古郡面 고성리古城里[7] 일대로 비정되고 있고, 용장평은 용장산성 아래의

---

5) 『沃州誌』 沿革條, 「新羅回 高麗改爲珍島陸郡守兼防禦使 移治官府于近佳海邊之 今龍藏坪 以舊邑爲外耳縣」.

6) 『옥주지』의 기사를 사실로 받아들일 경우, 용장산성龍藏山城은 그 일부가 고려시대에 진도군 읍치를 외호外護하는 관방시설로 축조되었다가, 1270년에 삼별초가 용장평에 정도定都하게 되면서 확대 수축한 것으로 이해할 수 있을 것이다. 용장산성의 규모가 방대함을 염두에 둘 때, 이곳에 삼별초세력이 머무른 9개월의 단기간에 이를 모두 축조했다고 보기는 무리이며, 이전시기부터 단계적으로 용장산성을 축조해온 과정이 있었음을 상정하는 것이 자연스럽다. 이런 관점에서 볼 때, 『옥주지』 관련 기사 내용은 일리가 있다고 여겨진다.

용장리 일대로 비정되는 곳으로서, 모두 벽파진과 지근한 거리에 위치한다. 이는 곧 조선초기까지 진도의 읍치가 벽파진과 지근 거리에 있는 고성리 혹은 용장리 일대에 있었다는 것을 의미하는 것이 된다. 그렇다면 벽파진은 그러한 진도 읍치의 외항 혹은 관문으로서의 기능을 다했을 것으로 간주해도 좋을 것이다. 실제 벽파리와 고성리, 그리고 용장리 및 그 주변 일대에는 해당 시기의 의미 있는 역사문화적 흔적들이 산재해 있어, 이 일대가 오랫동안 상당한 역사적 위상을 지니고 있었음을 실감케 한다. 이제 이들의 검토를 통해서 일세를 풍미했던 벽파진의 '해양도시'적 면모를 가늠해 보기로 한다.

3. 벽파진과 용장산성

벽파진의 해양도시적 면모를 확인하기 위해서는 벽파진 주위의 역사지리적 환경을 우선 일별해 볼 필요가 있다(<지도 1> 참조).

먼저 벽파진이 소재한 벽파마을에는 해발 60m 내외의 작은 동산(이하 '벽파동산'이라 칭하기로 한다)이 있다. 벽파동산은 바다를 향해 돌출되어 있는데, 이는 동북향 바다 건너편으로 해남의 삼지원三枝院을[8] 향하고 있다. '벽파동신'의 남쪽 지점에는 앞 바다를 조망하기에 적합한 바위산이 형성되어 있는데, 이를 흔히 '망금산'이라 부르고, 그 바위를 '망금바위'라 부른다.[9] 이들은 '망보는 산' 혹은 '망보는 바위'란 의미로 풀이될

---

7) 지명으로 볼 때, 고군면의 '고군古郡'은 옛 군치가 있던 곳이라는 의미이고, 고성리의 '고성古城'은 군치의 옛 읍성이 있던 곳이라는 의미여서, 역사 상황과 합치된다. 실제로 고성리에는 옛 읍성의 흔적이 역력히 남아 있다.

8) 제4장에서 후술하듯이 삼지원은 벽파진이 육지로 통하는 상대 항구였다.

9) 1957년에 충무공벽파전첩비를 망금산에 세웠던 것도 이곳이 앞바다를 조망하기에 가장 적합한 위치에 있었기 때문이었다.

수 있듯이, 군사적 주요 거점으로 활용되었을 가능성이 크다.[10]

벽파마을에서 바다를 따라 남동향 4~5km 정도 떨어진 지점에는 연동마을이 자리하고 있다. 그런데 이 마을에도 해발 60m 내외의 작은 동산(이하 '연동동산'이라 칭하기로 한다)이 있으며, 그 산에는 바닷가를 따라 용장산성의 일부로 여겨지는 산성이 축조되어 있어, 이곳 역시 중요한 군사시설로 활용되었을 가능성이 크다.

'벽파동산'과 '연동동산' 사이에는 현재 벽파방조제가 축조되어 그 내부에 벽파염전이 조성되어 있고, 염전 안쪽에는 상당히 넓은 들(한개들)이 펼쳐져 있다. 그렇지만 벽파방조제가 축조되기 이전에는 벽파염전은 물론이고 한개들에도 바닷물이 채워져서 하나의 만을 이루고 있었던 것으로 보인다(이하 '벽파만'이라 칭하기로 한다). 그렇다면 '벽파만'에는 고려시대까지 큰 항구('대진大津'였던[11] 벽파항의 선박 접안시설이 조성되어 있을 가능성이 크다. 이는 최근에 벽파방조제 안쪽에서 13~14세기로 편년되는 고려후기의 통나무배가 출토된 것에서도[12] 확인되는 바이다.

벽파만을 안쪽에서 에워싸고 있는 산줄기의[13] 중앙 정상부에 망바위라 부르는 큰 바위가 드러나 있는데, 이 망바위는 앞으로 벽파만을 굽어보면서 반대편의 용장마을과도 수신호로 연락을 취할 수 있는 위치에 있어, 거대한 용장산성의 각 부위를 효과적으로 소통시키는데 핵심적 기능을 수행했음직하다. 뿐만 아니라 주민이 전하는 바에 의하면 망바위 아래의 산기슭에서 최근 '고려장'으로 추정되는 고분시설이 여러 기 발

---

10) 진도대교가 연결되는 녹진항의 뒷산도 망금산이라 불리고 있는데, 이 망금산은 명량(울돌목)을 망보는 기능을 수행했을 것으로 보인다. 실제 망금산에는 산성(망금산성)이 축조되어 있다.

11) 주 19) 참조.

12) 목포해양유물보존처리소, 『진도 벽파리 통나무배 발굴조사 보고서』, 1993.

13) 주민들은 이 산줄기를 '성테난골'이라 부른다 한다.

견되었다고 하는데, '고려장'이라 함은 십중팔구 석실石室(돌방) 시설을 갖춘 백제 횡혈식석실분을 의미하는 것으로 여겨지는 바,[14] 그렇다면 벽파만은 이미 백제시대부터 주요 해양거점으로 활용되었을 가능성을 배제할 수 없겠다.

그렇다면 벽파진의 범위는 오늘날의 벽파마을에만 한정되는 것으로 볼 수는 없겠고 적어도 '벽파동산'과 '연동동산' 사이로 만입하여 형성된 '벽파만'을 포괄하는 규모의 것으로 파악되어야 할 것이다. 이런 벽파진은 백제시대부터 주요 항구로 활용되었을 것으로 추정되며, 통일신라와 고려시대에 이르러 더욱 중시되었을 것으로 볼 것이다.

'벽파만'을 에워싼 산줄기(성테난골) 너머에 용장마을이 있는데, 『옥주지』에서 고려시대 진도군의 읍치가 옮겨간 곳으로 언급한 용장평이 이곳이다. 용장평은 고려말 삼별초가 건설한 또 하나의 고려왕조의 왕궁시설과 거대한 용장산성의 중심 석축시설이 확인되는 곳이기도 하다.

용장마을에서 남서쪽으로 챙재를 넘어가기 직전 우측에 세등리가 있는데, 이곳에서 성지城址(세등리성지)가 확인된 바 있다 한다.[15] 그리고 챙재를 넘으면 석현리와 고성리에 이르게 되는데, 고성리는 『신증동국여지승람』에서 조선 초까지 진도군(현)의 읍치가 있었다고 전하는 외이리外耳里, 바로 그곳이다. 오늘날에도 고성리에는 오랜 읍치의 터전답게

---

14) 벽파리 이장 박성수씨(1949년생)에 의하면, 1970년대 전반 새마을 운동의 일환으로 '성테난골'의 산기슭을 개간하는 과정에서 돌을 쌓아 지하에 방을 만든 시설이 3~4개 발견되었으며, 당시 노인들은 이를 '고려장'이라 불렀다 한다. '고려장'이 발견된 그 땅은 전 이장인 김석신씨 소유라 한다. 그런데 '고려장'이라 불리는 것은 백제 횡혈식석실분으로 밝혀지는 경우가 많으므로 정밀조사가 요청된다. 최근에 필자는 박성수씨와 현장을 조사해본 결과, 그 흔적이 소실되어 찾을 수 없었다.

15) 『문화유적총람』에서는 세등리성지에 대해서 "고려시대에 축조한 석축으로 현재 '성고개재'라 불리어지고 있으며 부근에 있는 전답의 밭두덩으로 성들을 옮겨쌓아 흔적조차 찾기 어렵다"고 서술하고 있다. 정밀조사가 요청된다.

일부나마 석축 성곽의 흔적이 잘 남아 있다.

고성리의 북쪽엔 해발 200여m의 성황산城隍山이 있으며, 남쪽엔 해발 480여m의 첨찰산尖察山이 있는데, 두 산의 정상부에 테뫼식 성곽의 흔적이 남아 있어, 외이리(고성리) 읍치의 입보산성入保山城으로 보는 견해가 유력하다.16) 그리고 고성리의 동쪽은, 지금은 내산리의 마산마을과 황조마을을 잇는 방조제로 가로막혀 농지로 되어 있지만, 원래는 오산리를 통해서 바다로 연결되었던 것으로 보인다. 최근에 오산리 일대의 시굴조사에서 3~4세기 대의 주거지와 토기편, 철편 등이 확인된 바 있는데,17) 아마도 이들은 이곳 토착의 해상세력의 존재를 반영하는 것으로 볼 수 있지 않을까 한다.

이처럼 벽파진과 그 주위의 용장리, 세등리, 고성리 등지에 고대 이래의 역사문화의 흔적들이 비교적 풍부하게 확인되고 있는 것은, 이 일대가 고대~고려시대에 진도의 중심지였음을 여실히 반영하는 바라 할 것이다. 그런데 이러한 모든 역사문화의 흔적을 하나로 묶어내는 것으로는 용장산성만한 것이 없다.

용장산성은 총 연장길이가 12.85km에 달하고, 성 내부의 면적은 258만평으로 유례를 찾기 어려운 방대한 규모를 자랑한다. 즉 용장산성은, 토성의 흔적이 있는 성황산과 망바위가 있는 '성테난골'을 포함하면서 주위의 산줄기 정상부를 이어 석축과 토축을 반복하여 축조되었다. 용장리에서 남북으로 뻗어간 용장산성의 성 줄기는 각각 바다에 맞닿고 있다. 이 중 북쪽의 성 줄기는 세등리와 외접外接하는 산줄기를 지나고 유교마을과 오류마을을 감싸안은 산줄기를 연결하며 축조되다가 유교마을의 앞바다에 맞닿는다. 남쪽의 성 줄기는 용장리과 벽파리를 감싸는

---

16) 裵鍾茂, 「珍島地方의 歷史遺蹟」, 『珍島郡의 文化遺蹟』, 목포대 박물관, 1999, 150쪽.

17) (재)전남문화재연구원, 「진도 고군지구 경지정리 사업구역 내 문화유적 시굴조사 약보고」, 1999.

산줄기를 따라 축조되다가 연동마을 뒷산('연동동산')에서 바다에 맞닿
는다.

이처럼 용장산성의 성 줄기는 완전히 이어진 것이 아니고 다음과 같
이 크게 세 군데에서 끊겨있다. ①북쪽 성 줄기가 바다에 맞닿은 오류마
을 뒷산과 남쪽 성 줄기가 바다에 맞닿은 연동마을 뒷산 사이의 바닷가
공간이다. 이 바닷가 공간은 '벽파동산'에서 '연동동산'까지의 벽파방조
제와 벽파동산에서 오류마을 뒷산까지의 오류방조제를 포함하고 있어
성곽의 끊김이 가장 긴 곳으로, 바로 이곳의 중심에 벽파진이 위치한다.
②북쪽 성 줄기가 세등리와 오류리 사이의 둔전리 일대로 깊숙이 만입
해 있는 만(이하 '둔전만'이라 칭함)을 건너뛰어 축조된 관계로, 축성의
연결이 끊겨 있다. '둔전만'은 원래 오류마을과 북쪽 건너편의 신동마을
사이로 바닷물이 깊이 만입하여 형성된 것인데, 근래에 둔전방조제를 축
조하여 농지(둔전들)와 저수지(둔전저수지)로 개간된 곳이다. ③남쪽 성
줄기가 연동마을 직전에까지 뻗어오다가 '연동동산'에 이르기 직전에
좁다랗게 만입되어 있는 만(이하 '연동만'이라 칭함)을 건너뛰어 축조된
관계로, 축성의 연결이 끊겼다. '연동만'은 근래에 연동방조제가 축조되
어 역시 농지로 화한 상태이다.

이처럼 용장산성의 끊김은 바다의 만입부를 건너뛰어 축성하는 과정
에서 생겼다는 것을 알 수 있다. 이는 지형상 불가피한 선택이었다고도
하겠지만, 한편으로는 바다로 왕래할 수 있는 통로를 확보하려는 의도도
작용한 것으로 볼 수 있다. 즉 ①의 지점은 벽파진의 중심 항구시설이
있었던 곳이고, ②와 ③은 이를 보완하는 보조 항구로 활용되었을 가능
성이 있다. 이럴 경우, 벽파마을 '벽파동산'의 망금산과 망금바위는 ①의
벽파진 중심 항구의 앞 바다를 조망하는 기능을 수행했을 것으로 여겨
지며, '성테난골'의 망바위는 ①·②·③의 지점 모두를 조망하는 기능
을 수행했을 것으로 보인다. 그렇다면 망금바위와 망바위는 벽파진의 중

심 및 보조 항구와 용장산성 사이를 소통시키는 군사통신시설의 의미를 가졌을 것으로 판단할 수 있겠다.

이렇게 본다면 벽파진은 거대한 용장산성의 주요 출입구이자 관문으로 기능했다는 것을 알 수 있다. 용장산성의 거대성에 비추어 볼 때, 그 축성은 고려 말 삼별초가 머문 9개월이라는 단기간에 완성되었다고 보기는 어려울 것이고, 그 이전부터 장기간에 걸친 점진적인 축성과정을 거쳤을 것으로 보는 것이 타당하다. 이런 맥락에서 성태난골 망바위 아래의 기슭 사면에서 횡혈식석실분의 흔적을 확인할 수 있다고 한다면,[18] 그것은 곧 용장산성의 축성 시점始點이 백제시대까지 올라갈 수 있는 가능성을 내포한다고 할 수 있다. 또한 용장산성의 축성은 통일신라 및 고려시대에도 계속되었을 가능성이 크며, 이 점에서 고려시대에 진도군의 읍치를 용장평으로 옮겼다는『옥주지』의 기사를 마냥 배제만 하기는 어렵게 된다. 그렇다면 '벽파만' 일대에는 고대~고려시대에 상당한 규모의 해양도시가 조성되었을 가능성이 크다고 하겠으며, 앞으로 이런 맥락에서의 정밀 조사가 요망된다.

4. 벽파진과 삼지원

"벽파진은 고려시대에 대진大津으로 칭해졌으며, 삼지원三枝院으로 통하는 대로大路였다"는『대동지지大東地志』의 기록에[19] 벽파진의 해양도시적 면모가 잘 나타나 있다. 또한 이에 의거할 때 삼지원은[20] 의당 벽파

---

18) 주 14) 참조.

19)『大東地志』卷14 珍島 津渡條.

20) 삼지원은 오늘날엔 흔히 三支院이라 표기하고 있으나 기록에 따라서는 삼기원 三歧院(『신증동국여지승람新增東國輿地勝覽』), 삼지원三枝院(『대동지지大東地志』,『옥

진이 육지와 통하는 육지 쪽 상대 항구에 해당한다고 할 수 있다. 앞에서 살폈듯 벽파진이 고대~고려시대에 거대한 용장산성을 축조한 세력이 운용한 진도의 최대 관문이었다는 점을 염두에 둔다면, 삼지원은 그런 벽파진의 영향력 하에 운영되었을 가능성이 크다. 그렇다면 삼지원은 외부세력이 용장산성·벽파진세력과 접촉하는 1차 통관지通關地로서의 성격을 지닌다고 할 수 있지 않을까? 그렇다면 삼지원에는 그에 합당한 시설이 있었을 것인 바, 그 흔적을 살펴보기로 하자.

먼저 문내면 원문리에 있는 성지城址를 주목해야겠다. 원문리의 원문은 오늘날 원문元門으로 표기하고 있고, 일제시대 제작된 지도엔 원문轅門으로 표기되기도 하였지만, '삼지원으로 통하는 관문'이라는 의미의 '원문院門'으로 표기하는 것이 옳다고 여겨진다. 따라서 원문리에 있는 성지는 당연히 원문성院門城의 성격으로 파악하는 것이 타당하다.

원院이란 전근대시대에 공사公私의 여객인旅客人들이 머무를 수 있도록 구비한 관사館舍 시설이나 그런 관사시설이 있는 곳을 지칭한다. 따라서 흔히 역원제驛院制라 칭하듯이, 원院은 역제驛制와 연계하여 교통의 요지에 설치되기 마련이었다. 삼지원은 진도의 관문 벽파진과 통하는 길목으로서 교통의 요지였음으로 인해 설치된 원院의 일종이라 할 수 있다. 따라서 원문院門이란 그런 삼지원으로 통하는 관문이었고, 원문성院門城이란 삼지원으로 통하는 과객을 통제하기 위해 축조한 성으로 파악하는 것이 자연스럽다.

그런데 오늘날 원문성의 흔적은 극히 일부만 남아 있고,[21] 과도한 간척사업으로 원문성 주변의 지형이 심하게 변경되어 있어서 그 기능을 살피기가 쉽지 않다. 다행히 구한말 일본육군참모본부 육지측량부가 군

주지沃州誌』 등) 혹은 삼견원三堅院(『고려사高麗史』)이라고 표기하기도 한다. 세 갈래 길이 분지되었다는 의미로 '삼지원三枝院'이라 표기함이 타당하겠다.

21) 裵鍾茂, 「海南地方의 關防遺蹟」, 『海南郡의 文化遺蹟』, 목포대 박물관, 1986, 320쪽.

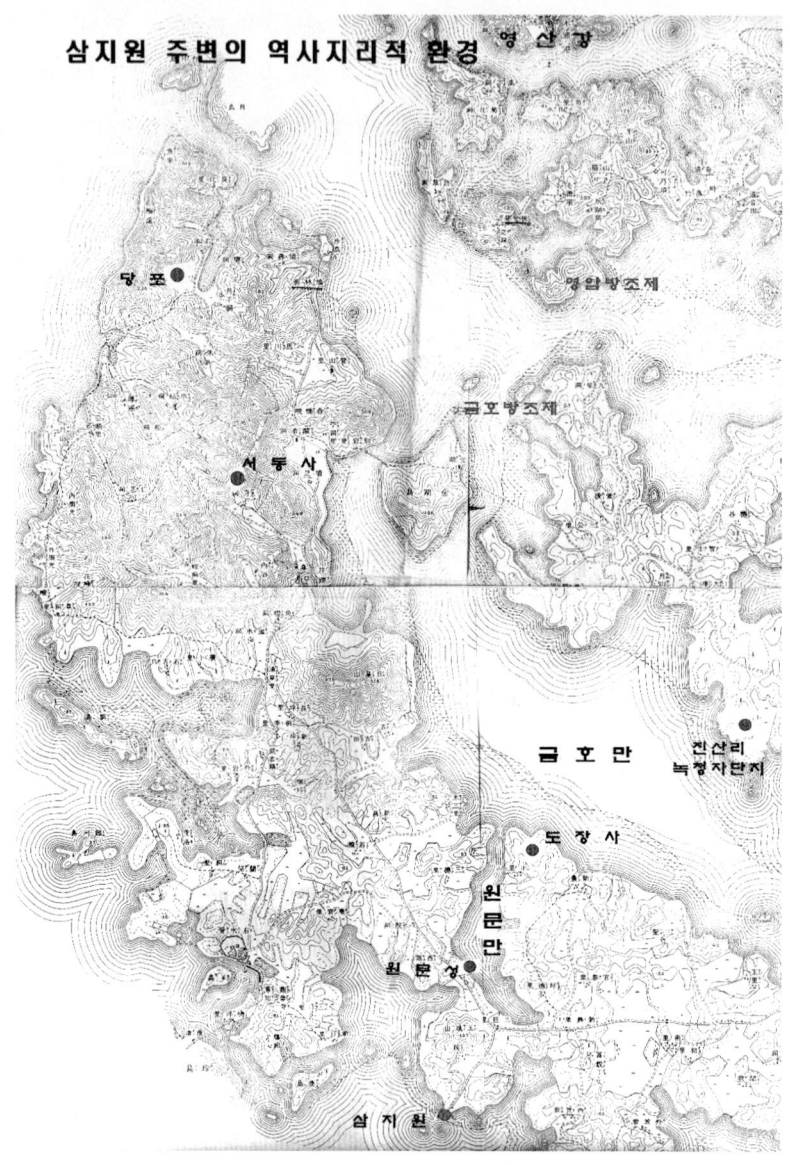

<지도 2> 삼지원 주변의 역사지리적 환경

사용으로 제작한 지도가 근자에 영인되었는데, 그 지도상에 삼지원 주변의 지형이 비교적 원형을 잘 유지하고 있는 것으로 나타나 있어,[22] 이를 삼지원의 기능을 추적하는 기초 자료로 삼을만 하다(<지도 2> 참조).

이에 의하면 원문리 일대는 화원반도와 산이반도가 형성한 '금호만'으로부터 깊숙이 만입되어 있는 만(이하 '원문만'이라 칭하기로 함)과 연접해 있어, '원문만'의 바다와 삼지원쪽 바다가 거의 맞닿아 있을 정도로 협소한 길목을 형성하고 있는데, 원문성은 바로 이 길목을 차단하려는 목적에서 축조되었다고 생각된다. 그렇다면 삼지원으로 통하는 과객을 통제하기 위해 원문성을 쌓았다는 앞에서의 추정은 타당하다고 할 수 있겠다.

'원문만'을 통해 '금호만' 바다로 빠져나가는 길목 오른편 보타산에는 도장사道藏寺라는 오래된 절이 있다. 정밀 조사작업을 거치지 않아 단언하기는 어렵지만, 보타산이라는 산 이름에서 도장사가 관음신앙의 주처임을 깨달을 수가 있고, 그 반대편 산이반도 바닷가의 진산리 일대에는 고려초기의 녹청자 생산지로 추정되는 대규모의 도요지가 분포하고 있어,[23] 그들과 통하는 곳에 위치한 원문성과 삼지원은 요지 중의 요지에 해당함을 알 수 있다. 그렇다면 벽파진은 원문성이 외호外護하는 삼지원을 거치고 도장사를 경유하여 '금호만'으로 연결되었고, 적어도 고려 초에는 '금호만'의 대안對岸에 조성되어 있던 녹청자 생산단지와도 연결되었을 가능성을 살필 수 있다. 여기에서 우리는 <벽파진－삼지원－원문성－'원문만'－도장사－'금호만'－녹청자 생산단지>로 연결되는 노정路程을 설정해볼 수 있겠다.

뿐만 아니라 '금호만'을 빠져나가면 영산강 하구에 당도하게 되어 영산강유역과 도서지역의 해상세력과도 연결될 수 있다. 그리고 화원반도

---

22) 남영우 편, 『舊韓末 韓半島 地形圖 第4卷』의 「右水營」란, 성지문화사, 1996.
23) 목포대 박물관, 『海南의 靑磁窯址』, 2002.

에는 최치원이 세웠다는 서동사瑞東寺라는 절이 있고, 비금도, 우이도 등
당으로 건너가는 항로의 요지마다에 최치원 관련 설화가 전해 오고 있
을 뿐 아니라, 화원반도 끄트머리엔 당과 교류했을 가능성이 점쳐지는
당포唐浦라는 포구까지 있어서,[24] 벽파진은 <'금호만'－당포－비금도－
우이도－흑산도－당>으로 이어지는 대중국 항로와도 연결될 수가 있게
된다.

이렇게 본다면 삼지원은 벽파진을 국내외의 항로와 통하게 하는 연결
고리의 기능을 충실히 수행할 수 있는 위치에 있었다는 것을 알 수 있
다. 그리고 원문성은 <삼지원－벽파진>을 외호外護하는 적절한 관방시
설로서 축조된 것이라 하겠다.

5. 벽파진과 해양사

1) 진도의 해양세력과 왕건

거대한 위용을 자랑하는 용장산성이 고대~고려시대의 오랜 역사 과
정을 거쳐 축조되었고, 벽파진이 그런 용장산성의 해양 관문으로 기능했
다고 한다면, 그에 상응하는 해양활동이 벽파진을 중심으로 펼쳐졌을 가
능성이 크다. 고대~고려시대에 이 일대를 군현(인진도군因珍島郡, 진도현
珍島縣, 진도군珍島郡 등)으로 편제하고 외이리(오늘의 고성리) 일대를 군
현郡縣의 치소治所로 삼았던 것은, 역대 왕조가 해양활동의 요충지임을
중시했던 까닭이다.

고성리 일대에서 최근 4~5세기로 추정 편년되는 주거지군과 옹관고

---

24) 姜鳳龍, 「고대·중세초의 한·중항로와 비금도」, 『島嶼文化』 19, 2001, 37~
42쪽.

분의 흔적들이 확인되었고, 확인되지는 않았지만 주민들의 전언에 의거할 때 '벽파만' 인근에서 횡혈식석실분이 분포할 가능성이 있다는 점을 염두에 둔다면,[25] 고대 이래 상당한 해양세력이 이 지역에 근거하고 있었을 가능성을 엿볼 수 있다. 역대 왕조가 진도를 군이나 현으로 편제했던 것도 이러한 진도지역 해양세력과의 관계 속에서 이루어졌을 가능성이 큰 것이다. 진도지역에 해양세력이 군림했다는 하나의 실례는 왕건과의 관계에서 찾아볼 수 있다.[26]

왕건은 903년에 서남해지역에 대한 첫 공략에 나섰다. 그는 이해 3월 주사舟師(해군)를 이끌고 광주 경계의 해안으로 상륙하여 금성군錦城郡(오늘날의 나주)을 접수하고 10여 개의 군현을 점령하고서 군대를 주둔시키고 돌아갔다. 왕건의 두 번째 공략은 909년에 이루어졌다. 이때 왕건이 해군을 이끌고 남하하던 중 염해현鹽海縣(오늘날의 무안군 해제면 임수리) 인근에서 견훤이 중국 오월吳越에 파견한 후백제의 사신선을 나포하였다. 이로써 왕건은 나주지역 선점에 이어 후백제의 기선을 성공적으로 제압했던 것이다.

왕건의 세 번째 공략은 912년에 있었다. 이때 왕건은 '도서 해양세력'을 주된 공략의 타켓으로 삼아 서남해지방의 최대 섬인 진도군을 점령하였던 것이다. 진도군의 점령은 곧 진도 해양세력을 제압한 것을 의미하는 것이라 하겠는데, 그 핵심세력은 역시 용장산성과 벽파진을 중심으로 군림하던 해양세력이었을 것이다. 왕건의 진도군 점령은 최대의 라이벌인 견훤세력과 마지막 토착 저항세력인 '도서 해양세력'을 제압할 수 있는 결정적 계기가 되었던 것 같다.

진도군 점령 직후에 왕건은 영산강하구의 압해도 인근에 있는 작은

---

25) 주 14) 참조.
26) 姜鳳龍, 「나말여초 왕건의 서남해지방 장악과 그 배경」, 『島嶼文化』 21, 2003, 354~355쪽.

섬인 고이도를 점령하였고, 영산강하구의 목포~덕진포 전투에서 견훤군을 격파하기에 이르렀으며, 압해도의 강력한 해상 저항세력인 능창세력을 제압하는 일련의 승리를 거둘 수 있었던 것이다. 이로써 왕건은 서남해지방 해양세력을 완전 제압하고 제해권을 장악할 수 있었다.

2) 삼별초와 벽파진

왕건의 서남해지방 장악은 그의 독자적 세력기반의 확대를 의미하는 것이었으며, 이를 바탕으로 왕건은 궁예를 몰아내고 고려 왕조를 건국했으며, 급기야 후삼국을 통일하는 주인공으로 우뚝 서기에 이르렀다. 이후 고려왕조는 서남해지방의 해양세력은 굳건한 세력기반으로 삼아 중시하였다.

그러다 1170년에 무신정변이 일어나 정권을 장악하게 된 무인집권층은 그들의 권력기반을 공고히 하기 위해 서남해지방 해양세력을 포섭하고자 하였다. 특히 최씨정권은 서남해지방 해양세력과의 돈독한 관계를 맺는데 성공을 거두었으니,[27] 이것이야말로 최씨정권이 60여년간 장기 집권할 수 있었던 하나의 중요 요인이 되었을 것으로 보인다.

1231년부터 몽고의 대공세가 시작되자 그 이듬해에 최씨정권은 고려왕실을 이끌고 강화도로 천도를 단행하고, 여기에서 끈질긴 대몽항쟁을 전개하였다. 당시 고려왕조가 유라시아대륙을 석권한 몽고제국을 상대로 하여 40여 년이라는 장기간의 항쟁을 전개할 수 있었던 것은 최씨정권이 바닷길과 강길을 통해서 전국으로부터 인적·물적 자원을 징발할 수 있었기에 가능한 일이었다. 그렇게 될 수 있었던 핵심은 역시 최씨정권과 서남해지방 해상세력 사이의 공고한 결속력에서 찾아야 할 일이다.

---

27) 姜鳳龍,「한국 해양사의 전환 : '海洋의 시대'에서 '海禁의 시대'로」,『島嶼文化』 20, 2002, 28~32쪽.

1270년에 고려국왕 원종이 문신세력과 결탁하고 몽고의 지원을 받아 개경으로 환도를 전격 단행하자, 최씨정권의 무력기반이었던 삼별초 군단이 이에 불복하고 주저없이 진도로 옮겨와 개경의 고려왕조와 몽고제국의 연합군(이하 '여몽연합군'이라 칭함)에 대해 필사 항전을 선언했던 것도 알고보면 최씨정권과 서남해지방 해상세력과의 각별한 관계가 있었기 때문에 가능한 일이었던 것이다. 잠시 그 과정을 부연해 보자.

1270년 5월 23일에 원종이 개경으로의 환도를 전격 단행하자, 삼별초 군단은 배중손裵仲孫 장군의 지휘 하에 6월 1일에 난을 일으켜 강화도를 점령하고 왕족 승화후承化侯 왕온王溫을 추대하여 고려 국왕으로 삼았다. 그리고 3일 후인 6월 3일에 1,000여 척의 배를 동원하여 공사의 재물과 자녀들을 모두 싣고 강화도 구포鳩浦를 출발하여 남쪽으로 향했다. 최종 목적지 진도에 도착한 것은 강화도에서 떠난 지 70여 일 만인 8월 19일이었다. 강화도에서 진도까지 항해하는데 70여 일이라는 긴 시일이 소요된 내막에 대해서는 알려진 바가 없지만, 아마도 항해의 과정에서 서해안의 도서·연안지역을 경략하면서 이에 대한 지배권을 점검하려는 일종의 해상 시위를 전개했던 것으로 봄이 타당하겠다. 그렇다면 이는 곧 삼별초가 서남해의 제해권을 유지·강화하려는 사전 포석으로서의 성격이 강하다고 할 수 있다.

삼별초 군단이 진도에 들어간 코스는 당연히 삼지원과 벽파진을 통해서였을 것이다. 삼별초는 진도의 기왕의 용장산성을 수축·보강하여 여몽연합군의 공격에 대비하는 한편, 용장산성의 내부에 산을 의지하여 계단식 축대를 쌓아 올려 터를 잡고 여기에 궁궐을 축조하였다. 그리고 승화후 왕온을 몽고와 대등한 황제로 칭했다. 이는 정통 고려 왕조임을 표방함으로써 몽고에 투항하여 몽고의 정치 간섭을 받는 제후국의 위치로 전락한 개경의 고려 정부를 압도하려는 일종의 정치행위로 볼 것이다.28)

벽파진은 용장산성으로 통하는 관문이었다. 삼별초 군단은 벽파진을 통해서 용장산성으로 들어갔고, 벽파진을 통해서 용장성을 사수하고자 했다. 벽파진 바닷가에 세운 벽파정碧波亭은 바다건너 진을 치고 있던 여몽연합군을 관망하는 최일선 망대였을 뿐 아니라, 그들을 향해 한껏 여유를 부리는 유희처이기도 했다. 또한 외부의 사신을 접대하는 영접소이기도 했다.

이런 일이 있었다. 1271년 12월에 개경 고려정부는 원외랑員外郞 박천주朴天澍와 몽고 관인 두원외杜員外를 진도에 사신으로 보내 몽고 황제의 조칙을 전달하면서 삼별초를 회유하려 하였다. '진도 정부'에서는 그들을 벽파정으로 맞아들여 잔치를 베풀고 위로하였다. 그러는 한편으로 은밀히 병선 20척을 보내 여몽연합군을 공격하여 타격을 입히고, 몽고 황제의 조칙을 수령하는 것을 거부하였으며, 1개월 만에 박천주만 보내주고 두원위는 억류하였다.29) '진도 정부'의 여유로움이 돋보이는 대목이다.

'여몽연합군'의 진도 공격을 위한 후방 기지는 나주의 반남潘南에 두어졌던 것 같다. 영산강의 큰 지류인 삼포강 상류에 위치한 반남은 일찍이 영산강유역을 근거로 하여 고대 해상세력을 형성한 '옹관고분사회'의 중심지로서,30) 서남해 바다와 영산강을 연결하는 큰 포구가 있었다. 일찍이 왕건이 반남에서 군대를 출진하여 압해도의 능창을 공략한 적이 있었으며,31) 그 이후 여몽연합군이 제주로도 퇴거한 삼별초세력을 공격할 때도 반남에서 군대를 출진시켰다.32) 반남이 도서지역으로 나아가는

---

28) 이하에서는 편의상 '진도의 고려정부'(약칭 '진도 정부')와 개경의 고려정부(약칭 '개경 정부')로 구별하여 칭하기로 한다.

29) 『高麗史』 卷26 世家26 元宗 11年 12月 ; 元宗 12年 正月條.

30) 姜鳳龍, 「3~5세기 영산강유역 '甕棺古墳社會'와 그 성격」, 『歷史敎育』 69, 1999.

31) 『高麗史』 卷1 世家1 太祖 卽位前.

중요 해군기지로 즐겨 활용되었던 것을 알 수 있다. 이런 맥락에서, 삼별초의 진도 입거入據 과정 역시 「반남－삼지원－벽파진」을 거쳤을 가능성이 있으며, 여몽연합군의 '진도 정부' 공략 과정 역시 같은 길을 택했을 것으로 보인다.

처음 여몽연합군을 이끌고 '진도 정부' 공략길에 나선 고려장군 김방경金方慶과 몽고원수 아해阿海가 삼별초 군대와 첫 대결을 벌인 곳이 바로 전주와 나주였으며, 나주에서 이를 극복한 여몽연합군은 곧 삼견원三堅院(삼지원을 지칭함)을 점거하여 진도를 향해 포진布陣하였다고 하니, 여몽연합군의 진군로가 「나주 반남－삼지원－벽파진」으로 이어졌음을 알 수 있다. 곧 반남이 여몽연합군의 후방기지였다면, 삼지원은 전방기지였다고 할 수 있겠다. 당시 삼지원에 주둔해 있던 여몽연합군에게 벽파진 삼별초 군대의 형세는 심히 막강하게 보였던 듯하다. 이를 『고려사』에서 다음과 같이 기록하고 있다.

> 김방경이 아해와 더불어 삼견원三堅院에 주둔하고 진도에 대하여 포진布陣하니 적이 노략한 선함船艦에 모두 괴이한 짐승을 그리고 강을 덮고 비추어 움직이는 것이 나는 것 같아 형세가 능히 당하지 못하였다.[33]

삼별초 군대는 좀처럼 무너지지 않았으며, 벽파정에서 누리는 그들의 어유로움은 더욱 돋보였다. 그리하여 한 때 김방경이 적(삼별초)과 내통하여 무너뜨리지 못하는 것이라는 무고가 '개경 정부'에 받아들여져, 김방경이 개경으로 압송되는 우여곡절을 겪기도 했다.[34] 여몽연합군의 초

---

32) 『高麗史』 卷104 列傳17 金方慶條.

33) 위와 같음.

34) 당시 김방경을 무고한 이가 반남인 홍기라는 사람이었고, 겁에 질린 아해가 나주에 퇴둔退屯했다고 하니, 이는 나주 반남이 여몽연합군의 후방기지였을 것이라는 앞서의 추정을 다시 확인해 주는 바이다.

조함이 단적으로 드러나는 대목이다. 용렬한 몽고의 장수 아해는 패전의 책임을 지고 물러났고 대신 흔도忻都 장군이 김방경의 새로운 파트너로 투입되었다.

그런데 삼별초 군대의 여유로움은 곧 가벼움으로 변질되었다. 삼별초 군대는 연전연승의 분위기에 들떠 적을 가벼이 여기고 방비를 게을리 하는 경향이 나타났던 반면, 여몽연합군은 3개월 동안 전국에서 장정을 징발하고 전함을 대량 건조하는 등 진도 공격을 위한 준비에 박차를 가했다. 그리하여 1272년 5월 15일에 전격 단행한 여몽연합군의 공격에 삼별초 군대는 무력하게 무너지고 말았다. 그 과정을 『고려사』에서 살펴보자.

> 김방경이 흔도와 더불어 꾀를 합하여 진도를 쳤다. 김방경·흔도는 중군中軍을 거느리고 벽파정으로 들어갔고, 영령공永寧公의 아들 왕희王熙·왕옹王雍과 홍다구洪茶丘는 좌군左軍을 거느리고 장항獐項으로 들어갔으며, 대장군 김석金錫, 만호 고을마高乙麻는 우군右軍을 거느리고 동면東面으로 들어가니, 모두 100여 척이었다. 적이 벽파정에 모여 중군을 막고자 하자 홍다구가 먼저 올라가서 불을 놓고 협공하니 적이 놀라 무너져 우군으로 갔다. 우군이 두려워하여 중군으로 가고자 하다 적에게 두 척이 포획당하여 모두 죽었다. 이에 앞서 관군이 자주 적과 싸워 이기지 못하니 적이 이를 가볍게 여겨 설비하지 않다가, 관군이 분격함에 미쳐 적이 모두 처자를 버리고 도망하였다. 그리하여 포로로 되었던 강도江都의 사녀士女와 진귀한 보물과 진도의 주민들이 다수 몽고 군사들에게 노획당하였다.[35]

김방경과 흔도를 두 우두머리로 삼은 여몽연합군은 중군·좌군·우군의 3군으로 나누어 진도에 대한 총공격을 개시하였다. 김방경과 흔도는 핵심군대로 위장한 중군中軍을 직접 이끌고 해남의 삼지원三支院을 출발하여 용장산성의 출입구인 벽파진碧波津을 향해 직격直擊해 들어갔으

---

35) 주 32)와 같음.

며, 그 동태를 살피던 삼별초 군대는 지체 없이 전병력을 기울여 벽파진 사수에 나섰다. 그러나 이것이 삼별초 군대의 결정적인 실책이었던 것 같다. 여몽연합군은 중군을 허병虛兵으로 채웠고, 정예군단은 좌군과 우군에 배치하여 각각 장항과 동면으로 침투시켰던 것인데, 삼별초 군대가 중군의 허병에 매달려 벽파정 사수에 여념이 없는 사이에, 주력부대인 좌군과 우군의 급습을 받아 붕괴되고, 용장성의 왕성 역시 순식간에 함락 당하고 말았다.

예기치 않은 벽파정과 궁성의 함락으로 혼란에 빠진 삼별초 군대는 겨우 사태를 파악하고서 곧바로 3군으로 나누어 용장산성을 탈출, 남쪽으로 퇴각하였다. '진도 정부'의 황제 왕온과 배중손 장군은 죽임을 당하고,36) 부장副將인 김통정 장군이 이끈 군대만이 제주도로 건너가 2년여 동안 항쟁을 지속하다가 결국 패망하였다. 결국 삼별초의 '진도 정부'는 벽파진과 운명을 같이했던 것이다.

3) 李舜臣의 명량대첩과 碧波亭

삼별초의 패망과 함께 한국 해양사에서 자취를 감춘 벽파진의 이름은 이순신과 함께 역사의 무대에 다시 등장한다.

임진왜란이 터지자 이순신은 해전에서의 연전연승을 거두어 국멸國滅

---

36) 진도에 전해져 오는 지명 설화에 의하면, 왕온은 진도읍에서 운림산방으로 넘어가는 고갯길에서 홍다구에게 사로잡혀 효수당한 것으로 전한다. 당시 홍다구는 왕온의 목을 벨 것인지 말 것인지 의론議論에 부쳤다 하며, 따라서 그 일대를 '머리를 논했다'는 의미의 '논수동論首洞'이라 칭하게 되었다 한다. 현재 논수동 고개마루에 왕온의 무덤으로 전하는 큰 무덤이 있고, 그 고개를 왕고개라 부르고 있다. 인근에 왕온을 모시던 비빈들이 몸을 던져 빠져 죽었다는 '급창둠벙'도 있어 진도의 낙화암을 연상케 한다. 한편 배중손은 군대를 이끌고 남도포로 향하던 중, 굴포리에서 적을 만나 전멸당하고 전사당했다고 전해지고 있다.

의 위기를 구해내는 혁혁한 공을 세웠다. 그럼에도 불구하고 명의 중재로 조선과 일본이 강화講和를 논하는 사이에, 그는 일본 첩보원의 이간책과 사소한 절차상의 문제가 중첩적으로 작용하여 삼도수군통제사의 직을 박탈당하고 감옥에 갇히는 몸이 되었다. 이순신을 대신하여 삼도수군통제사의 직에 오른 원균元均은 1597년 7월 18일에 칠천량 앞바다 해전에서 전멸하다시피 하는 참담한 패배를 당하였다. 이에 감옥에서 풀려나다시 삼도수군통제사에 복귀한 이순신은 단성, 하동, 곡성, 옥과, 순천, 낙안, 보성, 장흥, 해남 등지를 거쳐 8월 29일에 벽파진에 이르러 진을쳤다.[37] 그리고 이순신은 인근의 해전에서 전선 13척과 초탐선硝探船 32척으로 수백 척에 달하는 적의 전선을 완파하는 기적과 같은 승리를 거둔 것으로 전한다.

그런데 이 해전이 벌어진 위치와 일시에 대해서 『난중일기』와 『조선왕조실록』이 전하는 바가 자못 상이하다. 두 기록을 비교하면 해전의 일시와 장소에 대해 『조선왕조실록』에서는 9월 1일 벽파정 앞바다로 전하고 있는[38] 반면, 『난중일기』에서는 9월 16일 우수영 앞바다(울돌목)로달리 전하고 있다.[39] 그렇다면 9월 1일의 벽파정 앞바다 해전과 9월 16

---

37) 『亂中日記』 丁酉年 8月條.

38) 『宣祖實錄』 卷94, 宣祖 30年 11月 10日 ; 『宣祖修正實錄』 卷31, 宣祖 30年 9月 1日. 이중 『선조실록』의 기록은 조선 정부가 명明의 제독총병부提督摠兵府에 11월 10일 이자移咨한 보고서 중에 이전에 이순신이 치계馳啓한 내용을 그대로 옮긴 것으로, 해전의 일시는 밝히지 않았다.

39) 『난중일기』에 기록된 내용은 다음과 같다. 정유년(1597) 9월 9일에 적선이 벽파진 앞에 있는 감보도까지 들어와 우리의 군황을 정탐하고 돌아갔으며, 14일엔 가까운 거리에 있는 해남의 어란 앞바다에 적선 55척이 당도했다는 첩보를 접하고서, 이순신은 15일에 진을 벽파진에서 우수영 앞바다로 옮겼다. "수가적은 수군으로써 명량을 등지고 진을 칠 수 없다"는 것이 진을 벽파진에서 우수영 앞바다로 옮긴 이유였다. 여기에서 이순신은 여러 장수들을 모아놓고 "병법에서 '반드시 죽고자 하면 살고 살려고만 하면 죽는다'고 했으며, 또 '한사람이 길목을 지키면 천 사람이라도 두렵게 한다'고 했다…"라는 내용의 군

일의 울돌목 해전이라는 각기 다른 해전이 있었다는 것인가? 그러나 두 기록에 적장 마다시麻多時를 전사시킨 내용이 공통적으로 들어있어, 그렇게만 보기도 어려울 것 같다.

그러면 이순신의 보고 자료에 의거하여 기록한 『선조실록』이나 『선조수정실록』에서는 왜 해전의 일시를 9월 1일로, 해전의 장소를 벽파정 앞바다로 기술했던 것일까? 이를 다음의 두 관점에서 해석할 수 있겠다. ①먼저 공통으로 나오는 마다시麻多時 전사의 내용이 실록에 착오로 끼어들었다고 보는 경우이다. 이런 관점에서 보면, 앞에서 보았듯이 9월 1일의 벽파정 앞바다 해전과 9월 16일의 울돌목 해전이 각각 별도로 있었던 것으로 간주할 수 있게 된다. ②다음에 두 기록에 나오는 마다시麻多時의 전사라는 공통 내용을 그대로 받아들이는 경우이다. 이런 관점에서 보면, 실록에 전하는 9월 1일과 벽파정의 기록은 모두 착오로 단정할 수밖에 없게 된다. 결국 해전을 수행한 당사자가 기록한 『난중일기』의 기록을 따르는 것이 당연히 순리일 것이기 때문이다.

다만 ②의 관점에 따르더라도 실록에서 울돌목을 벽파정 앞바다로 기술한 이유에 대해서는 별도로 따져볼 여지가 있다고 본다. 그것은 중앙의 입장에서 울돌목까지를 벽파정 앞바다로 포괄하여 간주하는 인식이 있었음을 반영하는 것으로 볼 수 있겠기 때문이다. 그렇다면 벽파정은 당시에 진도의 동북부를 대표하는 표식으로 널리 인식되고 있었던 것일까?[40] 이제 이런 의문을 품으면서 마지막으로 벽파진에서 벽파정이 가지는 문화사적 의미를 짚어보기로 하자.

령을 하달하고 임박해 오는 대전에 대비했다. 그리하여 그 이튿날인 16일에 역사적인 명량대첩을 거두었다.

[40] 『沃州誌』樓亭條를 보면, "이충무공은 이곳(벽파정) 상류에서 왜적을 대패하게 했다는 역사가 지금까지 분명히 전해오고 있으니…"라 기술하여, 명량을 '벽파정의 상류'라고 본 인식의 일단을 보여주고 있다.

6. 벽파진의 상징, 碧波亭

1761년에 김몽규金夢奎가 편찬한 『옥주지沃州誌』에 의하면 벽파진에 벽파정이 처음 건립된 것은 고려 희종 3년(1207)의 일이었던 것으로 전한다. 또한 이에 의거하여 1976년에 편찬된 『진도군지』에서는 "고려 21대 희종 3년에, 남송의 사신들이 왕래할 때 조수潮水와 풍세風勢 관계로 여러 날을 기다려야 할 중간 휴식처가 필요했으므로 항로상 요로要路이고 경치가 아름다우며 용장성과 가까운 벽파진두碧波津頭에 정자를 창건하여 벽파정碧波亭이라 하였다"고 기술하고 있다. 그리고 조선 세조 11년(1465) 군수 박후생朴厚生에 의해서 벽파정이 중건된 것으로 전한다. 그러나 이러한 기록들은 전거가 확실하지 않다. 다만 앞에서 살폈듯이 『고려사』와 『선조실록』에 벽파정의 이름이 나오고 있고, 『신증동국여지승람』이나 『옥주지』에 고려 및 조선조의 시인묵객들이 벽파정을 읊은 시 수편이 게재되어 있어, 벽파정이 고려·조선조에 있었던 것은 분명하다.

또한 『옥주지』의 누정조에서는 벽파정에 대해서 다음과 같이 묘사하고 있다.

> 벽파정의 아름다운 경치는 남주南州에서 제일이라 할만하다. 앞에는 푸른바다가 놓여 있어 만경창파가 출렁이고 벌려있는 섬들은 여기저기서 가물가물하다. 이 정자에 오르면 슬픈 마음 기쁜 마음을 겸하여 느껴지는 곳이기 때문에 소인묵객騷人墨客이 그냥 지나갈 수 없었으므로, 고려조로부터 조선조에 이르기까지 많은 싯구를 남겼다. … 이뿐만 아니라 많은 싯구가 있어 능히 다 보존하지는 못했으나 현판된 싯구들이 이 정자에 광채를 더해주고 있으니 오색찬란하게 단장한 정자라도 어찌 벽파정에 비할 수 있겠는가.

벽파정의 주위 경관에 대해 묘사하고 특히 벽파정에 현관된 싯구가 있음을 기술한 것으로 미루어 보아,『옥주지』가 편찬된 1761년까지는 벽파정이 그대로 남아 있었음을 알 수 있다. 그러나 오늘날 벽파정碧波亭의 자취는 없어졌으니, 그것이 언제, 왜 없어졌는지, 그리고 그 위치가 어디인지 모두 미상이다. 다만 1/5,000 지도를 보면, '벽파동산' 동쪽 기슭의 바닷가에 '벽파정당碧波亭堂'이라 표기되어 있는 것으로 보아, 그곳이 바로 벽파정의 자리가 아닐까 조심스럽게 추측할 수 있을 뿐이다. 그런데 그곳은 오늘날 벽파마을의 당집이 있는 곳과 일치한다.[41] 그렇다면 삼별초의 수뇌부들이 여유로움을 즐기고, 옛 시인묵객들이 시정詩情을 펼치던 낭만의 벽파정은 사라지고, 언제부턴가 민중들의 해양신앙의 전당이 이를 대체해 버렸다고 할 수 있지 않을까? 그렇다면 이는 벽파진의 영화가 사라지면서 양반의 문화에서 민중의 문화로 탈바꿈한 상징적 문화유산으로 규정해도 좋을 것이다. 그런데 그런 당집마저도 최근엔 제 기능을 제대로 수행하지 못할 정도로 퇴락하고 있으니 안타까운 일이다.

벽파정 바로 아래 지점에는 봉수대가 있었던 것으로 전하는데, 이는 바다 건너편 삼지원과 신호를 교환하던 통신시설로 활용되었을 것으로 추정된다.

7. 맺음말

진도의 북동부에 위치한 벽파진은 고대~고려시대에 큰 번영을 누리던 해양도시였다. 진도의 북동부의 고성리와 용장리 일대에는 진도군의 치소가 두어져 있었고, 그에 인접해 있는 벽파진은 진도의 관문으로서,

---

41)『新增東國輿地勝覽』卷37 珍島郡 樓亭條에 벽파정의 위치를 '벽파진 나루터 어귀에 있다'고 기술한 것도 오늘날 당집의 위치와 일치한다.

그리고 국내외 항로의 요충지로서 일대 번영을 구가했다.

당시 벽파진은 오늘의 벽파염전과 '한개들'까지 만입해 있던 '벽파만'을 포함하고 있었던 것으로 추정된다. 벽파마을 뒷산('벽파동산') 남동쪽 바닷가의 바위 언덕배기를 망금산 혹은 망금바위라 부르는데, 이는 벽파진 앞바다를 조망하고 감시하는 기능을 수행했을 것으로 보인다. 그리고 동쪽 바닷가엔 당집이 있는데, 이곳은 고려 희종 3년에 벽파정이라는 정자가 세워졌던 곳으로 추정된다.

'벽파만'을 감싸고 있는 '성테난골'이라는 산줄기의 중앙 정상부에 망바위라는 큰 바위가 나 있는데, 이곳은 '벽파만'을 조망·감시하면서 용장리의 중심부와 통신을 나누기도 했던 것으로 보인다. 그리고 '성테난골' 기슭에서 '고려장'이라 불리는 고분시설이 발견되었다고 전해지고 있는데, 백제의 횡혈식석실분을 의미하는 것으로 판단되었다. 그렇다면 '벽파만'은 백제시대 이후 중앙의 차원에서 중요한 포구로 활용되었다고 할 수 있다.

벽파진은 용장리 뒷산으로부터 시작하는 거대한 용장산성의 관문이기도 하였다. 용장산성은 연장길이가 12.85km에 달하고, 성 내부의 면적은 258만평으로 유례를 찾기 어려운 방대한 규모를 자랑한다. 이런 용장산성의 축조는 장기간에 걸쳐, 국가적 차원에서 뿐 아니라 진도지역 해상세력의 자체 방위의 필요성에서 이루어졌을 것으로 판단된다. 이들 해상세력은 바다건너 해남의 삼지원三枝院에 상대 항구를 건설하고 이를 방어하는 성곽시설(원문성)을 축조했던 것으로 보인다. 그리하여 그들은 <벽파진－삼지원－'원문만'·'금호만'－당포－비금도－우이도－흑산도>로 이어지는 국내외 중심 항로로 통했던 것으로 판단된다.

진도의 벽파진 일대는 우리 해양사의 중요한 현장이었다. 먼저 이곳은 912년에 왕건이 서남해지방의 도서해양세력을 장악하는데 첫 교두보로 확보한 곳이었고, 고려 말에는 삼별초세력의 근거지이기도 했으며,

임진왜란 때에는 백척간두에 서있던 나라를 구한 명량대첩의 현장이기도 했다.

앞으로 벽파마을을 역사마을로 가꾸어가기 위해서는 당연히 이러한 역사적 맥락을 중요하게 고려해야 한다. 그러기 위해선 용장산성, 망바위, 망금바위 등을 부각시키고, 특히 벽파정은 벽파진 번영시기를 반영하는 상징적 문화유산으로 중시해야 할 것이다. 벽파정과 오늘날의 당집을 나란히 복원하여, 벽파진의 '번영의 시대와 퇴락의 시대', '지배층문화와 민중문화'를 대비시키는 상징물로 삼을 일이다.

제3장

17~18세기 荏子島鎭의 설치와 牧場의 개간

김 경 옥

1. 머리말

조선후기의 섬은 독립된 행정편제를 구축하지 못하고, 누대로 육지의 부속도서로 영속되어왔다. 때문에 도서島嶼 관련 자료는 지극히 제한적일 수밖에 없다. 임자도荏子島 역시 예외일 수 없었다. 조선전기에 간행된 각종 지리지에서 임자도가 전혀 확인되지 않고 있기 때문이다. 이러한 임자도가 관찬자료에 등재되기 시작한 것은 18세기이다. 즉 숙종 때 임자도에 수군진이 설치된 이래로 한말韓末의 관찬자료에서 확인된다.[1] 이

---

1) 지금까지 임자도에 관한 연구 성과를 살펴보면, 임자도의 연혁沿革과 도서명島嶼名에 대한 이론異論이 분분하다. 이에 대해서는 이해준·김영희·김정호의 연구가 참고 된다. 먼저 이해준은 「智島地域의 文化背景」(『島嶼文化』 5, 목포대 도서문화연구소, 1987, 19쪽)에서 조선전기 지리지에 지도智島와 임자도荏子島

런 까닭에 임자도의 역사와 문화는 18세기 이후로 한정될 수밖에 없었다. 이에 필자는 문헌자료와 현지답사를 접목시켜 임자도의 역사와 문화를 재구성하였다. 먼저 조선시기 임자도의 행정을 관할하였던 영광靈光·함평咸平·나주羅州 관련 지리지地理誌에서 임자도 관련 기초자료를 검출하고, 이것을 토대로 하여 현지답사를 실시하였다. 답사의 주된 내용은 임자도에서 누대로 세거해 온 주민들을 면담하여 구전자료口傳資料를 채록하고, 또 그들이 소장하고 있는 고문서古文書와 고문헌古文獻을 통해 임자도의 역사문화자원을 수집하였다. 마지막 단계로 임자도내에 분

가 왜 독립된 섬으로 등재되지 않았는가에 대한 의문을 제기하였다. 그 이유는 '이들 섬에 현縣이 설치되었기 때문'이라고 추정하였다. 즉 임자도와 지도는 백제 때 고녹지현古祿只縣에 속하였으며, 통일신라 때 염해현塩海縣으로 개칭하여 압해군壓海郡에 영속되었다가, 고려 때 임치현臨淄縣으로 개칭하여 영광군에 영속되었다. 이런 까닭에 각종 지리지에 임자도와 지도의 도서명島嶼名이 거론되지 않고, 이 지역의 행정권을 갖고 있었던 임치현臨淄縣을 통칭하였을 것이라고 주장하였다. 다음으로 김영희는 『섬으로 흐르는 역사』(동문선, 1999)에서 임자도荏子島는 본래 임치도臨淄島였는데, 무안 해제현海際縣에 있던 임치진臨淄鎭과 지명地名이 동일하였기 때문에 중복을 피하기 위해 임자도荏子島·임자진荏子鎭 등으로 개칭되었을 것이라고 주장하였다. 마지막으로 김정호는 「임자도의 역사」(『한국도서연구-임자도특집』 10집, 1999)에서 임치현의 치소를 오늘날 영광군 백수면 양성리로 비정하였다. 또 18세기 『호구총수』에 임자도와 함께 등재되어 있는 신기도新基島가 오늘날 임자도의 도찬리와 대기리 일대에 해당되며, 또 개요지도開要只島는 전장포를 포함한 쾌길리 일대로 추정하였다. 여기에 진섬(현 진리鎭里, 임자도진지荏子島鎭址)이 합해져 오늘날 임자도가 형성되었을 것이라고 언급하였다. 필자의 견해는 조선전기 지리지에 등재된 임치도臨淄島, 17세기 『조선왕조실록』에 등재되어 있는 임자도荏子島와 임치도臨淄島, 조선후기 고지도古地圖에 수록되어 있는 임자도荏子島와 임치도臨淄島, 혹은 임자도진荏子島鎭과 임치도진臨淄島鎭 등의 입지를 비교해 볼 때 임자도荏子島와 임치도臨淄島가 동일한 섬이 아닌 별개의 독립된 섬이었을 것으로 추정된다. 따라서 이에 대한 정밀한 학술조사가 이루어져야 할 것으로 생각한다. 이에 본고는 임자도荏子島와 임치도臨淄島를 독립된 2개의 섬이라는 전제 아래 작성하였다.

포하고 있는 역사유적・유물에서 임자도 주민들의 생활문화를 검출하였다.

이 과정에서 가장 주목되었던 것은 조선후기 임자도에 설치되었던 수군진水軍鎭과 목장牧場이었다. 이에 대한 기존의 연구 성과를 살펴보면, 먼저 수군진水軍鎭의 경우, 규모에 따라 주진主鎭・거진巨鎭・제진諸鎭 등으로 설치된다.[2] 즉 연안沿岸에 제진諸鎭, 그 안쪽 내륙에 거진巨鎭과 주진主鎭이 병렬적으로 입지하여 전국을 요새화하였다. 바로 연해沿海 도서島嶼에 설치되었던 제진諸鎭 가운데 하나가 임자도진荏子島鎭이다. 그동안 수군진에 대한 연구는 조선시대 군사제도를 다루면서 부수적으로 언급되거나, 혹은 몇몇 사례연구를 통해 수군진의 재정구조가 파악되었다.[3] 다음으로 목장牧場의 경우, 목마牧馬가 조선시대 교통 및 국토방위의 수단이었고, 외교문제를 해결하는 매개체였다.[4] 따라서 중앙정부는 전국에 목장을 설치하였다. 특히 전라도는 겨울철에 크게 춥지 않아서 목마牧馬가 풀을 얻을 수 있었기 때문에 목장으로 적합하였다.[5] 그 중에서도 수초水草가 풍부한 섬은 말을 방목하기에 최적지였다. 이런 까닭에 조선

---

2) 차용걸, 「조선전기 관방시설의 정비과정」, 『한국사론』 7, 국사편찬위원회, 1983, 83~138쪽 ; 차용걸, 「조선후기 관방시설의 변화과정 - 임진왜란 전후의 관방시설에 대한 몇가지 문제」, 『한국사론』 9, 국사편찬위원회, 1983, 43~72쪽.

3) 조선시대 수군진의 재정구조에 대해서는 처음 김옥근에 의해 발표되었다. 이에 따르면, 조선전기 수군진의 재정은 관둔전官屯田・공물貢物・신역身役 등으로 충당되었고, 조선후기에는 신공身貢・환곡이자還穀利子・전곡錢穀・잡세雜稅 등이 추가되었다고 하였다(김옥근, 「조선조 지방재정의 구조분석 - 감영・진・역의 세입구조를 중심으로」, 『논문집』 4, 부산수산대, 1983). 최근 들어 전라도 강진현 청산진靑山鎭의 재정구조에 대한 사례연구가 발표된 바 있다(김경옥, 「청산도진의 설치와 재정구조」, 『전남사학』 22, 전남사학회, 2004, 191~226쪽).

4) 남도영, 「조선시대 地方馬政組織에 대한 소고」, 『사학연구』 18, 한국사학회, 1964, 135쪽.

5) 『世宗實錄』 권33, 세종 8년 8월 8일 기사.

후기 임자도에 목장이 설치되었다.

　이와 같이 서남해 도서지역의 수군진과 목장에 관한 연구는 조선시대의 군사 및 제도사를 다루면서 부수적으로 언급되거나, 혹은 일부 연구자에 의해 사례연구가 시도되고 있는 형편이다. 이에 조선후기 서남해 도서지역에 설치되었던 수군진과 목장에 대한 실태가 궁금하다. 주지하듯이, 서남해 도서지역은 "새가 날다가 내려앉은 듯하다"[6]라는 관찬자료의 기록처럼 무수히 많은 섬들로 이루어져 있다. 따라서 섬마다 편차가 있고, 사회현상 또한 다양한 것으로 파악되고 있다. 이에 본고는 18세기 임자도에 설치되었던 수군진과 목장에 대한 사례를 구체적으로 제시하기 위해 작성되었다.[7] 이를 위해 본고에서는 다음과 같은 문제들을 검토하고자 한다.

　첫째, 임자도荏子島의 지역개관과 섬주민들의 입도유래入島由來에 관한 것이다. 임자도가 조선시대 관찬자료에서 검출되기 시작한 것은 18세기이다. 임자도의 역사 문화적 배경을 검토하고, 임자도 주민들이 언제, 어떤 연유로 섬에 입도하게 되었는지, 임자도 주민들의 입도유래를 살펴보고자 한다.

　둘째, 임자도진荏子島鎭의 설치와 기능에 관한 것이다. 임자도가 조선후기의 관찬자료에 등재된 직접적인 요인은 수군진水軍鎭의 설치였다. 임자도에 수군진이 설치된 배경과 그 기능은 무엇이었는지 살펴보고자

---

6) 『備邊司謄錄』 89책, 영조 7년 5월 3일(9권 23쪽 상).
7) 본 연구는 목포대학교 도서문화연구소 주최 2004년 하계공동학술조사에 의해 이루어졌다. 공동연구자는 고고학·역사학·사회학·민속학·국문학·인류학·지역개발학·지리학 전공 교수와 학생들이 참여하였다. 이 연구에서 필자는 역사분야의 공동연구원으로 참여하였다. 현지 조사내용은 임자도 주민들의 입도유래入島由來, 그들이 남긴 고문서古文書와 전적典籍 등이다. 현지조사에 참여해 준 목포대학교 도서문화연구소의 연구보조원과 현지에서 다양한 제보를 구술해준 지역 제보자 어르신들께 지면으로나마 감사의 인사를 올린다.

한다.

셋째, 임자도목장荏子島牧場의 혁파와 개간에 관한 것이다. 조선전기이래로 서남해 도서에 목장이 설치되었다. 18세기 임자도목장의 설치와 변화과정을 살펴보고자 한다. 특히 18세기 말엽에 임자도목장이 폐장廢場되는데, 왜 목장이 혁파되었는지, 이후 폐목장은 어떻게 변화되었는지, 그 과정을 살펴보고자 한다.

이를 통해 17~18세기 임자도 주민들의 입도入島, 수군진水軍鎭의 설치, 목장牧場의 운영 등을 계기적으로 검토할 수 있을 것으로 기대된다.

2. 荏子島의 지역개관과
주민들의 入島由來

1) 임자도의 연혁과 지역개관

임자도는 신안군의 부속도서로, 행정구역상 신안군 임자면에 해당한다. 20세기에 신안군이 무안군으로부터 분군分郡되면서 임자도가 신안군에 편입된 결과이다.[8] 그러나 조선시대의 임자도는 누대로 영광군의 부속도서로 편제되어 있었다.

임자도가 관찬자료에 처음 출현한 것은 조선 숙종 때이다. 즉 "숙종 37년(1711) 임자도荏子島에 첨사진僉使鎭을 설치하였다"[9]라는 기사가 그

---

8) 임자도는 조선후기 영광군의 부속도서로 편제되어 있었다. 1896년에 지도군智島郡이 설군設郡되자, 임자도는 영광군에서 지도군으로 이속되었고, 1914년에 지도군이 폐지되자, 무안군으로 이관되었다. 1969년에 무안군에서 신안군이 분군分郡되자, 신안군에 편입되어 오늘에 이르고 있다(1969년 법령 제2059호).

9) 『肅宗實錄』 권50, 숙종 37년 7월 8일 을미.

것이다. 이후 임자도는 경종 이후 철종 때까지 실록에 고루 등재되어 있다. 이에 따르면, 숙종~경종 때 임자도는 서해西海 해로海路의 요해처로써 수군진이 설치되어 있었다.[10] 또 영조 때 임자도는 해로海路의 길목에 입지하고 있음을 입증이라도 하듯이, 청淸나라 사람들이 임자도에 표류한 기사가 발견된다.[11] 그리고 정조 때 임자도는 목장이 혁파되어 개간되었으며,[12] 순조 때에는 서남해 여러 섬들과 마찬가지로 임자도 역시 유배지流配地로써 내륙지역 유배인들이 유입하였다.[13] 이렇듯 조선후기 실록에서 검출된 임자도는 서해西海 해로海路의 요충지에 입지하고 있는 섬, 수군진과 목장이 설치되었던 섬, 청나라 사람들이 표류하였던 섬, 유배지 등으로 요약된다.

이러한 임자도는 조선 숙종 이래로 한말韓末까지 영광군에 영속되어 있었다. 이에 대해서는『호구총수戶口總數』(1789)에 구체적으로 정리되어 있어 참고 된다. 즉 18세기 말엽 영광군은 27면面 2도島 557리里로 편제되어 있었다. 이 가운데 2도島란 영광군의 부속도서들을 2개의 권역으로 분류하여 행정편제에 포함한 것인데, 하나는 상제도上諸島이고, 다른 하나는 하제도下諸島라 하여 염소면鹽所面에 편성되었다.[14] 영광군 염소면에 편제된 상제도上諸島와 하제도下諸島를 정리해 보면 다음과 같다.

---

10)『景宗實錄』권13, 경종 3년 7월 18일 을미.
11)『英祖實錄』권114, 영조 46년 1월 3일 신사.
12)『正祖實錄』권45, 정조 20년 8월 1일 계유.
13) 임자도의 유배와 유배문화에 대해서는 본서 고석규·강봉룡 교수의 논문을 참조하기 바란다.
14) 이처럼 섬을 단위로 하여 면리편제面里編制가 단행된 사례는 서남해 연해 도서에서 확인된다. 즉 전라도의 부속도서 가운데 크고 작은 섬을 묶어 1개의 독립된 면면으로 편제하고 그 명칭을 '제도면諸島面'이라 하였다. 이러한 사례가 진도군과 장흥도호부에서 구체적으로 확인된다. 이외에 영암과 흥양사례에서는 분면分面된 상태는 아니지만 '제도諸島·상제도上諸島·하제도下諸島' 등으로 행정단위가 설정되어 있다(『戶口總數』전라도).

上諸島 : 大落島, 小落月島, 老鹿島, 雨田島, 前曾島, 後曾島, 台耳島, 松耳島, 角耳島, 於義島, 鮑作島, 石萬島, 鞍馬島

下諸島 : 沙玉島, 古耳島, 毛也島, 水島, 荏子島, 大機, 二黑巖, 新基, 島三里, 道古里, 夫億里, 場洞, 蟬島, 三頭里, 道贊里, 毛時村, 唐沙島, 在遠島, 屛風島

위에 제시되어 있는 바와 같이, 18세기 영광군靈光郡 염소면鹽所面에는 상제도上諸島와 하제도下諸島가 편성되어 있고, 그 하부에 부속도서와 자연촌이 편제되어 있다. 임자도의 경우, 하제도下諸島에 편성되어 있고, 임자도의 자연촌인 대기大機, 이흑암二黑巖, 신기新基, 도삼리島三里(현 조삼鳥三), 장동場洞(현 장동長洞), 삼두리三頭里, 도찬리道贊里 등이 등재되어 있으며, 임자도의 부속도서인 수도水島와 재원도在遠島 등이 함께 수록되어 있다.

이러한 18세기 임자도 인근 해역을 고지도古地圖에서 발췌해 보면 <지도 1>과 같다.15)

다음의 <지도 1>에 나타나 있는 바와 같이, 18세기 임자도荏子島는 동쪽으로 바다를 사이에 두고 지도智島와 임치진臨淄鎭이 일렬로 늘어서 있고, 남쪽 역시 바다를 사이에 두고 압해도壓海島와 다경포진多慶浦鎭이 입지하고 있다. 또 임자도의 서쪽은 오늘날 신안군의 부속도서인 하의도·장산도·비금도·도초도 등 크고 작은 섬들이 입지하고 있으며, 북쪽은 칠산바다가 연해있다.

---

15) 『輿地圖帖』「全羅道 地圖」, 서울대 규장각 소장, 75×60cm(향토문화진흥원, 『전남의 옛지도』, 27쪽).

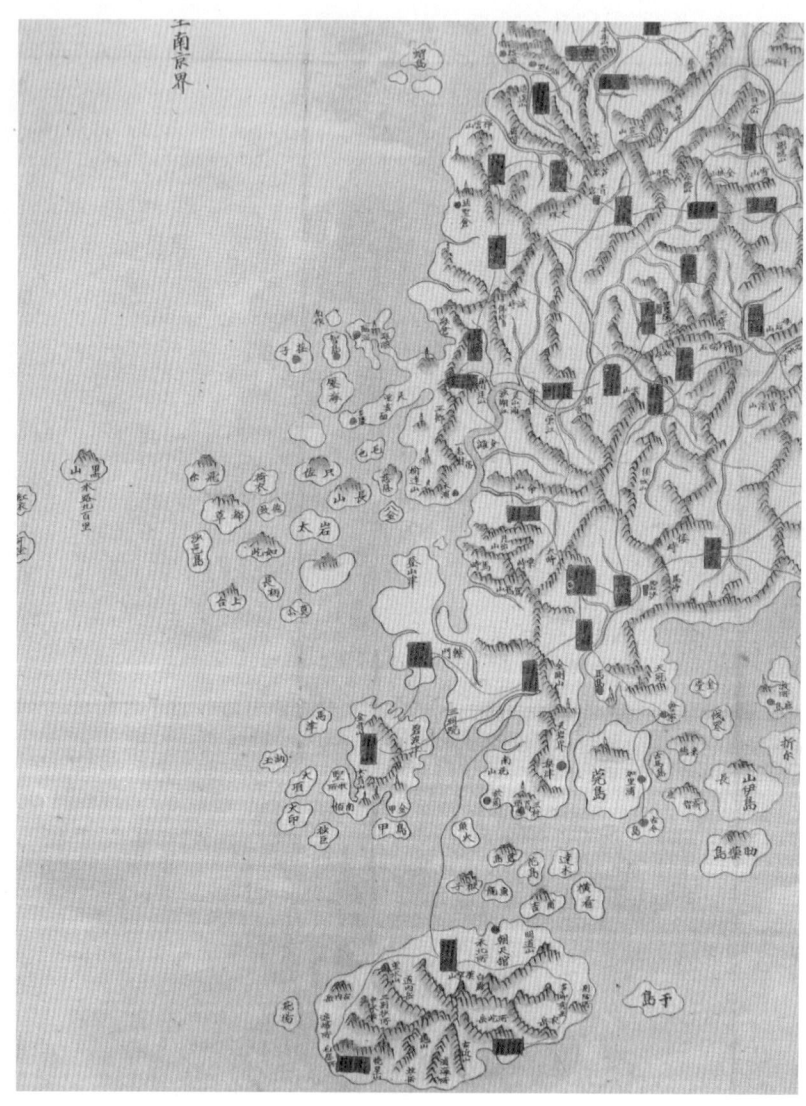

<지도 1> 18세기 영광 임자도 인근 해역

그런데 위의 지도에서 우리가 주목할 것은 임자도와 인근 내륙 연안에 집중적으로 설치되어 있는 수군진水軍鎭과 봉수烽燧이다. 먼저 수군진의 경우, 임자도진荏子島鎭를 비롯하여 목포에서 영광에 이르는 해안가에 목포진木浦鎭·다경포진多慶浦鎭·임치진臨淄鎭 등이 분포하고, 봉수烽燧 역시 목포木浦의 유달산에서 시작하여 일로면一老面과 삼향면三鄕面을 경유하여 해제海際에 이르는 내륙 연안에 줄지어 분포하고 있다. 이로써 보건대, 18세기 임자도 인근 해역이 서해西海 해로海路의 중요 요충지이었음을 확인케 한다.

2) 荏子島 주민들의 入島와 定着

현지답사에 앞서 각종 년대기 자료를 통해 임자도 관련 기록을 검출하였다. 주로 참고한 자료는 섬과 육지의 행정편제 변화를 담고 있는 지리지地理誌, 수군진水軍鎭의 조직과 운영에 관한 진영지鎭營誌, 인구 관련 호적자료戶籍資料, 도서지역의 경제기반을 엿 볼 수 있는 서울대 규장각 소장 성책류成冊類 등이다. 이들 자료에서 임자도 관련 기사를 발췌한 다음 현지답사를 실시하였다. 현지답사는 섬주민들이 소장히고 있는 문집文集과 일기류日記類, 문중자료門中資料, 포구浦口와 촌락村落을 단위로 조직된 동계洞契·촌계村契·어촌계漁村契·송계松契·상포계喪布契 등 계문서契文書, 마을 곳곳에 분포하고 있는 유적遺蹟·유물遺物 등을 통해 임자도의 역사와 문화를 수집하고, 여기에 임자도 주민들에 대한 입도유래入島由來를 접목시켰다. 대체로 섬주민들은 누가 언제 섬에 입도하였는지, 그 실마리를 제공해준다. 이것을 토대로 하여 각 성씨별 족보를 통해 해당 인물의 이력과 활동상을 검토하였다. 그런 다음 주민들이 소장하고 있는 고문헌古文獻·고문서古文書·족보族譜 등을 통해 검증하였다. 물론 주민들의 소장 자료는 개인이나 문중에서 간행한 출판물이어서 일정 부분

자료적 한계가 있다.[16] 필자 역시 현지답사에서 위보僞譜를 접하기도 하고, 또 제보자의 상대上代 선계先系·신분身分·직역職役·관직官職에 대한 오류 등을 발견한 바 있다. 그러나 필자가 주목한 것은 현재 섬에서 거주하고 있는 주민들의 직계 선조가 언제 처음 섬으로 들어가 정착하였는지, 입도시기를 파악하는데 있었다. 따라서 족보에서 검출한 내용은 입도조入島祖부터 제보자提報者에 이르는 계보系譜 확인에 중점을 두었다. 확인결과 섬주민들의 10~15대代에 이르는 선계先系를 파악할 수 있었다. 또 이를 고증할 수 있는 입도조入島祖 이하 직계 선조들의 묘역墓域이 섬에 분포하고 있고, 입도유래를 입증해 주는 고문서과 고문헌, 섬주민들이 남긴 유물遺物·유적遺蹟 등을 통해 확인할 수 있었다.[17]

이러한 연구방법론에 의거하여 임자도 주민들의 입도조入島祖, 입도시기入島時期, 입도사유入島事由 등을 조사하였다. 다음 <표 1>은 조선후기 임자도 주민들의 입도유래入島由來를 정리한 것이다.[18]

<표 1> 조선후기 임자도 주민들의 입도유래

번호	姓氏 (派)	入島祖 (生~卒)	前居住地	後孫分布 (島內/島外)	입도경유 및 특이사항
①	金海金 (文忠公)	金璣鵬 (1560~?)	함평 (해제)	대기리,삼막동/	·입도조의 부친 金琯(1542~1618)이 율곡 이이의 문하생으로 성균관·홍문관·예문관에서 관직을 역임하다가, 광해군 무오사화 때 사망, 그의 1子

---

16) 백승종, 「위조 족보의 유행」, 『한국사 시민강좌』 24, 1999, 67~85쪽.

17) 김경옥, 「족보를 통해서 본 도서 이주민 연구」, 『도서문화』 20, 목포대 도서문화연구소, 2002, 51~56쪽.

18) <표 1>은 임자도 주민들의 제보와 족보를 토대로 작성하였다. 그러나 구전口傳으로는 전해오지만, 직계 후손들이 현재 섬에서 거주하지 않고 있거나, 또는 문헌자료를 통해 고증을 할 수 없는 사례는 분석대상에서 제외하였다. 또 각 성씨별 입도시기入島時期는 입도조入島祖의 생존시기를 기준으로 파악하였기 때문에 약간의 오차가 있다.

					金大鵬(1556~?)이 부친의 삼년상을 치른후 동생들을 데리고 함평 송계리로 移居하여 杜門, 3子 金義鵬(1560~?)이 임자도 대기리로 入島. ·『金海金氏侍中公派大同譜』
②	金海金 (侍中公)	金賢回 (1564~1628)	무안 (운남)	대기촌,이흑암,은동,필길리,구산리/무안,남원,나주,광산,장흥	·金孝敦(15세기말)이 강진현감에 제수. ·입도조 金賢回는 효행으로 參奉에 제수, 死後에 戶曹判書에 贈職(『智島郡誌』). ·김현회의 7세손 金贊實(1824~1895)이 族徵과 隣徵을 피해 해남으로 移居, 다시 荏子島 대기촌으로 入島. ·『金海金氏侍中公派大同譜』
③	宜寧南	南以載 (1587~?)	영광 (삼계)	대기리,구산리,필길리/	·의령남씨의 세거지는 충남 당진. ·南瑜(1552~1597)가 정유란 때 이순신의 막하에서 순절하자, 그의 조카 南以載가 영광(삼계)으로 은둔하였다가, 임자도 대기리로 入島. ·입도조 南以載의 손자 南善仁(1634~?)이 後甑島로 入島. ·『宜寧南氏族譜』
④	慶州李 (文密公)	李德年 (17세기초)	영광	저동/영광	·李鼇가 무오사화 때 곽산에 유배되었다가, 1500년에 나주로 移配. ·입도조 李德年이 임자도 이흑암으로 입도하고, 그의 청 李大年이 영광(남면)에서 世居. ·입도조의 6세손 李圭漢(1801~1846)은 荏子島에 堤防을 축조함. ·『慶州李氏益齋公派譜』 ·『慶州李氏文忠公益齋派世系譜』
⑤	陽川許	許晟 (1608~1690)	영광	회산,저동,삼막리,하우리,광산리,삼두리/	·양천허씨는 김포와 파주일대에서 世居. ·입조도의 부친 許璠(1564~1625)이 영광으로 入鄕.

					·입도조 許晟이 임자도 回山에서 始居. ·『陽川許氏族譜』
⑥	金海金 (金寧君)	金德雲 (1631~1684)	경기도 (양주)	조삼리,삼막동, 이흑암,진리/	·金永貞(1437~1509)이 全羅監司 역임, 金濟義(1787~1836)가 行龍陽衛副護軍, 金顯燮(1843~1903)이 折衝將軍을 역임, 金德雲이 임자도 광산리로 入島. ·『金海金氏家乘譜』(丙申譜)
⑦	慶州崔 (文密公)	崔萬信 (1631~1694)	영암	삼두리,광신리/ 증도,	·입도조의 증조부 崔立崙(1557~?)이 나주(세지)에 정착, 그의 아들 崔應相(1585~1644)이 영암(시종)으로 移居하고, 손자 崔得龜(1616~1677)이 영암(옥천)으로 分家. ·입도조 崔萬信이 임자도 삼두리로 입도하고, 그의 동생 崔萬碩(1634~1696)이 後甑島로 入島. ·『慶州崔氏文密公派世譜』
⑧	長澤高 (長興伯派)	高世謙 (1650~1713)	담양 (창평)	대기리,패길리, 진리,필길리/장 성,광주,담양	·입도조의 4대조 高敬命(1533~1592)이 임란 때 의병 활동을 하다가 금산에서 순절, 그의 1子 高從厚가 宣武原從功臣에 등록, 2子 高因厚가 광주 포충사에 배향. ·입도조의 부친 高斗明이 창평에 居住, 입도조의 동생 高世徵이 창평에서 거창으로 移居. ·입도조 高世謙이 임자도 대기리에 정착, 그의 손자들이 패길리·진리·필길리로 각각 分派. ·『高氏長興伯派大同譜』
⑨	耽津崔	崔伋 (1652~1713)	함평 (해제)	온구미,삼두리, 안장동,백산/무 안,나주,장성	·15세기 중엽에 崔孝老가 장성(황룡)에서 始居, 그의 4子 崔閏貞이 나주로 移居. ·崔鳴東(1554~1604)이 무안(해제)로 移居. ·『耽津崔氏世譜』

⑩	平山申 (文僖公)	申美三 (1670~1711)	영암 (신북)	이흑암/	・평산신씨는 경기도 광주에서 世居. ・입도조의 5대조 申孝先(1523~1587)이 경남에서 거주. ・입도조의 부친인 軍資監正 申良春이 영암(신북)에서 거주, 그의 아들 申美三(1670~1711)이 임자도 이흑암으로 入島. ・『平山申氏文僖公派譜』(甲子譜).
⑪	密陽朴 (通德郎公)	朴宗素 (1671~?)	함평 (해제)	삼막동/	・박씨는 누대로 天原郡에서 世居, 입도조의 부친 朴萬奇가 무안(해제)으로 移居. ・『密陽朴氏通德郎公派譜』
⑫	珍原朴 (忠烈公)	朴東元 (1688~?)	무안	화산리/장성, 영광,무안	・진원박씨는 長派(보성), 中派(荏子島), 季派(충청도) 등 3派로 정착. ・朴祐는 정유란 때 일본에서 포로생활, 시호는 충렬공(『靈光三綱錄』『長城邑誌』. ・朴禮福은 병자호란 때 의병활동. ・朴宗鉉(1868~?)은 華山壇에 배향. ・『珍原朴氏族譜』(丁未譜・丁卯譜).
⑬	仁同張 (參贊公)	張四綱 (1689~?)	영광	진리,도찬리, 삼누리/영광, 함평	・張百林이 珍島에 유배되었다가, 解配되어 함평(양림방)에 정착. ・여말선초기에 張址가 不事二君의 절의를 지키기 위해 箕城(함평)으로 낙향하였다가, 영광으로 移居. ・張四綱이 荏子島 도찬리(괘길)로 入島하여 設村. ・『仁同張氏參贊公派世譜』
⑭	晉州鄭 (月峯公)	鄭元錫 (1708~1756)	함평 (손불)	진리,삼두리/ 함평,장성,고성, 진주	・15세기에 鄭璜이 장성(삼계)으로 流配. ・鄭咸道(1353~1421)가 1393년 原從功臣에 등록, 이후 함평에 정착. ・派始祖 鄭希得(1572~1640)

					은 정유란 때 일본에 포로로 억류(『海上錄』). · 鄭思義(1651~?)가 萬戶 엮임. · 鄭元錫이 임자도 장동으로 입도. · 『晉州鄭氏家乘』(필사본). · 『晉州鄭先生事實錄』
⑮	光山金 (典理判書公)	金光運 (18세기초)	영광	안장동/在遠島, 영광,함평,고창	· 金五行이 조선건국시 고창에 은둔. · 金漢瑚(1535~?)의 묘역이 함평(신광)에 設壇. · 金光秋(18세기말)가 在遠島로 入島. · 『光山金氏典理判書公派譜』
⑯	光山卓 (安東大宗)	卓泰宗 (18세기초)	영광	삼막리,화산리, 도찬리/영광, 함평	· 입도조의 6대조 卓順孟이 함평(손불)에 정착. · 입도조의 8대조 卓得行이 함평에 세거, 그의 동생 卓得瀾이 영광으로 移居, 卓泰宗이 임자도 도찬리로 入島. · 『光山卓氏大同譜』
⑰	晉州姜	姜爾儀 (1712~?)	영광	대기리,조삼리, 필길리/영광, 고창	· 진주강씨는 경남과 경기도에서 世居하다가, 입도조의 6대조 姜五福(1503~1564)이 영광으로 移居, 姜爾儀가 임자도 도찬리에 입도. · 『晉州姜氏博士公派家乘譜』 (癸亥譜)
⑱	忠州朴 (校理公)	朴處錫 (1778~1851)	광주	광산리/광주, 나주	· 충주박씨는 광주에서 세거하다가, 朴泰重(1694~1743)이 나주로 移居. · 『忠州朴氏世譜』

위의 <표 1>을 통해서 보건대, 다음과 같은 특징이 주목된다.

첫째, 임자도 주민들의 입도시기이다. 총 18건의 사례에 대한 입도시기를 분석한 결과, 17세기 초엽에 입도한 사례는 김해김씨(문충공파)·김해김씨(시중공파)·의령남씨·경주이씨(문충공파) 등 4건이며, 17세기 중엽에 양천허씨·김해김씨(금령군파)·경주최씨 등 3건, 17세기 말엽에 장택고씨·탐진최씨·평산신씨·밀양박씨 등 4건, 18세기 초엽에 진원박씨·인동장씨·진주정씨·광산김씨·광산탁씨 등 5건, 18세기 중엽에 진주강씨 1건, 19세기 초엽에 충주박씨 1건 등으로 파악되었다. 이로써 보건대, 충주박씨忠州朴氏를 제외한 나머지 17건의 사례가 모두 17~18세기에 입도入島한 것으로 확인된다.

둘째, 각 성씨별 입도조入島祖들이 정착한 자연촌의 입지에 관한 것이다. 17~18세기 임자도에 입도한 주민들이 가장 먼저 정착하였던 자연촌은 대기리 7건, 도찬리(현 괘길) 3건, 이흑암리(혹은 육암) 3건, 광산리 2건, 삼두리 2건, 재원도 1건 등으로 파악된다. 그런데 흥미로운 사실은 각 성씨별 입도조들이 정착하였던 자연촌이 18세기『호구총수戶口總數』「영광군靈光郡 염소면鹽所面 하제도下諸島」에 등재되어 있는 자연촌(대기大機, 이흑암二黑巖, 장동場洞, 삼두리三頭里, 도찬리道贊里, 재원도在遠島)과 정확히 일치한다는 점이다. 다시 말해서 입도조들이 가장 선호하였던 곳은 대기리의 회산回山·장동場洞·삼막동三幕洞이었다.[19] 이러한 자연촌이 주목되었던 것은 대기리의 입지적 조건이다. 즉 임자도에서 대기리를 제외한 나머지 자연촌은 모두 높은 산 아래에 입지하고 있는데다 바닷물이 만입해서 섬주민들이 필요로 하였던 경작지를 조성하기 어려웠다. 예를 들면 도찬리는 삼학산三鶴山, 이흑암리는 삼각산三角山과 대둔산大屯山, 광산리는 조무산釣舞山, 삼두리는 불갑산佛甲山 등이 그것이다. 반면에 대기리의 경우, 지형이 베틀처럼 생겼다하여 '한들' '대기大幾' '대기촌大幾村' 등으로 칭하는데, 임자도내에서 유일하게 농경지가 가장 넓게 분포하고 있는 곳이다.[20] 이처럼 18세기 입도민入島民들은 농경지가 분포하

---

19) 특히 장동長洞은 회산의 서남쪽 골짜기에 입지환 마을인데, 마을 앞까지 갯물이 만입되었던 곳이다. 일명 '장포長浦' '장깨'라 불리는 이곳에 제방을 건설하여 간척을 하였는데, 이름하여 '장포원'이 그것이다. 오늘날 장동마을 앞에는 임자도 내에서 가장 넓은 간척지와 염전이 조성되어 있다(한글학회, 『한국지명총람』「신안군 임자면」, 1983).

고 있는 곳에 터를 마련하여 정착하였던 것으로 이해된다.[21)]

셋째, 임자도 주민들의 입도入島 전前 거주지와 섬으로의 이동루트이다. 임자도 주민들의 입도入島 전前 거주지居住地는 영광 7건, 무안 3건, 함평 2건, 영암 2건, 광주 1건, 담양 1건, 경기도 1건 등으로 확인된다. 대체로 <영광~함평~무안>으로 연결되는 내륙 연안지역에서 무려 12건이 확인되어 70%를 점유하고 있었다. 그 중에서도 영광이 7건으로 41%를 차지하고 있다. 조선후기 임자도의 행정관할권이 영광군에 영속되어 있었던 점을 고려해 볼 때 자연스런 현상으로 이해되지만, 오히려 바닷가 연해변에 설치되어 있던 수군진과 무관하지 않았을 것으로 보인다. 즉 임자도진荏子島鎭, 임치진臨淄鎭, 다경포진多慶浦鎭, 목포진木浦鎭이 <영광~함평~무안>으로 연결되는 반도의 가장자리에 입지하고 있어서 임자도와 내륙을 연결하는 교두보로써의 기능을 수행하였을 것으로 생각된다. 즉 수군진은 섬주민들에 대한 인구人口와 토지土地, 신역身役과 부세賦稅 전반에 관한 대민對民 행정기능을 수행하고 있었기 때문에 내륙지역 주민들을 섬으로 불러들이는 요인이었을 것으로 이해된다.[22)]

한편 각 성씨별 입도조들이 임자도에 이르는 이동루트를 살펴보면,

---

20) 대기리의 입지적 조건에 대한 이해는 선사유적 분포에서도 확인된다. 기존의 임자도 보고서에 의하면, 임자도에 분포하고 있던 선사 및 역사유적은 총 15건으로 파악되는데, 이 가운데 대기리에서 확인된 유적은 지석묘와 패총 등 9건이 확인된다. 이로써 보건대, 대기리는 선사시대 이래로 섬주민들이 선호하였던 거주공간으로 이해된다(목포대박물관, 『신안군의 문화유적』, 1987, 476쪽).

21) 19세기 지도군수 오횡묵이 임자도와 부속도서의 토지량을 조사하였는데, 임자도에 총 250결結 9복卜 6속束이 확인된다. 이외에 임자도의 부속도서인 재원도 5결 59부 5속, 태이도 1결 33부 7속, 노록도 7부 9속, 갈도 53부, 허사도 12부 7속, 부남도 16부 6속, 임모도는 16부 6속, 굴도 23부 7속 등으로 파악된다(吳宖默著, 『智島郡叢瑣錄』 1896년 8월 27일).

22) 수군진의 기능에 대해서는 김경옥, 『조선후기 도서연구』, 혜안, 2004, 179~236쪽을 참조하기 바란다.

대체로 장성·광주·고창 등 내륙 깊숙한 곳에서 출발하여 영광·나주·함평·무안 등 연안지역을 경유, 최종적으로 임자도에 당도한 것으로 확인된다. 이는 17세기 초에 임자도로 입도한 탐진최씨의 사례가 전형적인 형태라 할 수 있는데, 탐진최씨의 중시조中始祖는 조선 초의 인물인 최효노崔孝老이다. 바로 최효노가 시거始居하였던 곳이 장성군 황룡면 와룡리이다.[23] 그의 막내아들 최윤정崔閏貞이 나주목 공산면 복룡리로 이거移居하였고, 최효노의 4세손 최명동崔鳴東(1554~1604)이 무안 해제로 분파하였다. 그리고 최효노의 8세손 최숙崔俶(1652~1713)이 임자도의 이흑암으로 입도하였다. 이처럼 탐진최씨의 이동루트는 <장성→나주→무안→임자도>로 연결되고 있었다. 즉 도서 이주민들은 내륙에서 바닷가 연안으로 이동하여 최종적으로 섬에 입도한 것으로 보인다.[24]

3. 荏子島鎭의 설치와 기능

앞 절에서 살펴본 바와 같이, 17~18세기에 내륙지역 유이민들이 바닷가 연안에 입시한 영광·함평·무안 등지를 경유하여 임자도로 유입하였다. 조선후기 내륙지역 주민들의 섬으로 이동은 비단 임자도에서만 발견되는 독특한 문화현상은 아니다. 17~18세기 내륙지역 주민들의 섬으로의 유입은 서남해 도서 곳곳에서 발생하였다. 이러한 실태는 18세기 초 중앙정부의 관찬자료에서도 확인된다. 바로 숙종 때 비변사에서 올린 보고에서 찾아진다. 숙종 32년(1706)에 우수사 변시태邊是泰가,

---

23) 『耽津崔氏世譜』, 제보자 : 최희섭(71세, 신안군 임자면 회산리 거주).
24) 근대이후 임자도 주민들은 지도智島를 징검다리 삼아 무안務安과 목포木浦로 연결되면서 생활권을 형성하고 있다.

> 우리나라의 도서島嶼를 늘어놓고 보면, 호남이 으뜸입니다. 근래에 인구
> 가 날로 증가하고, 여러 섬의 호구戶口가 해마다 증가하고 있습니다.[25]

라고 한데서 알 수 있듯이, 18세기 초에 서남해 도서지역의 인구는 해마
다 증가하고 있는 추세였다.

이처럼 도서지역의 인구가 증가하자, 이제 이들에 대한 보호 대책이
큰 문제로 부각되었다. 숙종 32년(1706) 비변사의 보고에서 확인된다.

> 장정壯丁이 수군水軍처럼 단련되어 있기는 하지만, 아직 소속시켜 통솔하
> 지 못하고 있습니다. 진보鎭堡로 합당할 만한 곳 역시 제도가 마련되어 있지
> 않습니다. 이제 해방海防의 경계를 신칙할 때를 맞이하여 이곳을 방치하는
> 것은 옳지 않습니다. 이 점이 섬에 관한 모든 논의가 일어나는 까닭입니다.
> … 지금 좌우수사로 하여금 다시 두루 조사하도록 하여 설진設鎭에 따른 이
> 해利害와 조처할 방도를 일일이 적어서 보고하도록 한 연후에 판단해야 할
> 것입니다.[26]

이와 같이 18세기 서남해 도서지역의 인구가 날로 늘어나는 추세였으
나, 이에 대한 제도는 전혀 마련되지 않은 상태였다. 결국 도서지역의
인구증가는 다양한 사회문제를 야기 시켰다. 따라서 이들을 통제하고 관
리하기 위한 행정기구가 필요하였다. 그것은 섬주민을 통제하고, 동시에
해방海防을 방비할 수 있는 수군진의 설치로 귀결되었다. 이러한 움직임
은 숙종 32년(1706)에 전전라감사前全羅監司 민진원의 보고에서 확인된다.

> 해도海島 중에서 진鎭을 설치할 만한 곳을 좌우수사에게 명하여 함께 논
> 의하도록 하였습니다. 좌수사 채이장蔡以章은 "좌도左道의 산일도山日島·섬
> 진蟾津·묘도猫島 등 3곳이 진鎭을 설치할 만한 곳이라고 하고, 묘도는 순천
> 감목관順天監牧官 겸兼 첨사僉使의 관할지이기 때문에 군량軍糧과 군기軍器 등

---

25)『備邊司謄錄』57책, 숙종 32년 4월 14일(5권 543쪽 하).
26) 주 25) 참조.

군정軍政을 펼치기에 편리하다"고 합니다. 또 우수사 변시태邊是泰는 "우도右道의 노아도露兒島(노화도 : 필자)· 조도鳥島 · 장산도長山島 · 안창도安昌島 · 암태도巖太島 · 임치도荏淄島 등 6곳이 진鎭을 설치할 만한 곳"이라 합니다.27)

위의 사료에서 보듯이, 전라좌우수사는 서남해역에 수군진을 설치하거나 증설하기에 적합한 곳을 선정하고, 그 타당성을 보고하였다. 그런데 위의 기사에서 흥미로운 것은 수군진의 후보지가 하나같이 섬이 지목되고 있는 점이다. 또 수군진보의 후보지 가운데 전라우도全羅右道의 임치도荏淄島가 거론되고 있는 것은 주목되는 대목이다. 왜냐하면 임치도는 이미 15세기에 첨사진僉使鎭이 설치된 상태였고, 숙종 9년(1683)에는 위도진蝟島鎭의 속진屬鎭으로 편성되어 있었기 때문이다.28) 또 하나의 의문은 임치도라는 섬의 지명地名 표기이다. 임치도는 누대로 관찬자료에 '임치도臨淄島'로 등재되어 있었다. 그런데 위의 자료에는 '임치도荏淄島'로 표기되어 있다. 18세기 영광군(현 무안군)의 내륙에 '임치도臨淄島'가 입지하고, 서해西海에 '임자도荏子島'가 위치하고 있었다. 더욱이 18세기 초엽까지 수군진이 설치되지 않았던 곳은 서해에 입지한 임자도荏子島였다. 따라서 위의 사료에 등재된 임치도荏淄島는 서해西海의 임자도荏子島를 잘못 표기한 것이 아닐까? 이러한 추론을 입증이라도 하듯, 19세기에 간행된『호남진지湖南鎭誌』「임자도진지荏子島鎭誌 및 사례성책事例成冊」에 임자도진의 설치에 대해 '康熙 24年 因巡撫御使書啓設鎭 鎭誌因時優見失'이

---

27) 주 25) 참조.

28) 임치진이 처음 관찬자료에서 확인된 것은『경국대전』全羅道 務安縣이다. 이후 15세기에 이르면 무안에 편제되어 있던 임치진은 함평현으로 이속되어 수군 첨절제사가 파견된다(『동국여지승람』『신증동국여지승람』). 그리고 숙종 9년(1683)에 이르면, 서남해 도서지역의 진관체제는 서해西海 해로海路의 인후에 해당하는 위도蝟島와 가리포加里浦를 중심축으로 하여 편제된다. 이 때 임치진은 인접한 법성포 · 다경포 · 목포 등과 함께 위도진에 영속되었다(김경옥, 앞의 책, 188~205쪽).

라고 기록되어 있다. 이를 통해서 보건대, 주목할 것은 2가지이다. 하나
는 강희康熙 24년, 즉 숙종 11년(1685)에 순무어사巡撫御使가 임자도에 수
군진을 설치하자는 서계書啓를 올렸고, 그 결과 임자도에 수군진이 설치
되었다는 것인데, 숙종 11년의 실록에서 임자도진의 설치에 관한 기록
은 전혀 확인되지 않는다. 그 후 임자도진의 설치에 관한 기사가 관찬자
료에서 확인된 것은 18세기 초이다. 즉 숙종 37년(1711)의 기사에, "임자
도荏子島 첨사僉使를 영광 땅에 신설하였으니, 순무사巡撫使 권상유權尙游의
말을 따른 것이다"[29]라고 기술되어 있다. 이로써 보건대, 숙종 11년
(1685) 임자도진의 설진논의가 순무어사에 의해 거론되었다고 지적한
『호남진지湖南鎭誌』의 기록은 아마도 권상유權尙游를 지칭한 것으로 보인
다. 그러나 권상유가 전라도 순무어사로 임명된 것은 숙종 36년(1710)이
므로, 숙종 11년(1685)에 임자도진을 설치하였다는 기록은 후대 자료의
오류로 확인된다.[30]

　그런데 18세기에 왜 임자도에 수군진을 설치하였을까? 임자도진의 설
치목적이 궁금하다. 이에 대해서는 경종 3년(1723) 3월에 전라감사 황이
장黃爾章의 장계狀啓에서 찾아진다. 다음은 전라감사 황이장의 보고이다.

　　　호남의 해로海路에서 우수영右水營이 가장 큰 요해처이고, 이곳을 지나 시
　　하柴河의 큰 바다를 건너면 임자도가 또 하나의 큰 요해처이며, 임자도에서
　　칠산七山의 큰 바다를 건너면 고군산古群山이 또 하나의 큰 요해처입니다. 대
　　개 임자도와 고군산은 모두 배를 정박하기에 아주 좋아 남쪽에서 북으로
　　향하는 해선海船이 모두 이곳에서 정박합니다. 마땅히 중진重鎭을 두어 방수
　　防守해야 하므로 지금 혁파할 수 없습니다.[31]

　위의 기사는 전라도 수군진의 재편을 위한 전라감사의 보고인데, 여

---

29) 『肅宗實錄』 권50, 숙종 37년 7월 8일 을미.
30) 『肅宗實錄』 권49, 숙종 36년 11월 8일 정유.
31) 『景宗實錄』 권13, 경종 3년 7월 18일 을미.

기에서 임자도진의 설치목적을 파악할 수 있다. 즉 임자도는 우수영과 고군산의 중간 지점으로, 항해하는 선박이 정박하기에 적합한 요해처였다. 즉 임자도진은 <우수영~임자도~고군산>으로 연결되는 서해해로 西海海路의 중간 기착지라는 입지적 조건 때문에 설치되었던 것이다.

18세기에 설치된 임자도진의 풍경은 어떠하였을까? 이에 대해서는 『임자도진지荏子島鎭誌』의 소실로 인해 전혀 확인되지 않는다. 다만 후대의 자료인 『지도군총쇄록智島郡叢瑣錄』에서 임자도진荏子島鎭의 입지와 공간에 대한 기록을 통해 유추할 수 있다. 1896년에 지도군수智島郡守 오횡묵 吳宖默이 임자도진荏子島鎭을 방문하였을 때 주변 환경에 대해 다음과 같이 기술하고 있다.

> (임자도진의) 관아는 남쪽으로 향하고 있었다. (관아의) 편액은 수정헌修政軒이며, 쌍백당雙栢堂이라 기록된 현판이 걸려있다. … 관아 뒤에 있는 주산主山은 동산童山이고, 앞에는 휴암鵂巖이 있는데, 형상이 매우 기이하다. 큰 소나무 수백그루가 있고 관아 앞에 민가民家가 100여 호戶가 있다. 서쪽에는 대둔산大屯山, 우측에는 대박산大搏山, 좌측에 거막산巨幕山, 북쪽에 광암포廣巖浦와 괘길포掛吉浦가 있다. 태이도台耳島의 동쪽에 사공진沙工津이 있으며, 서쪽에는 목도포牧島浦가 있다. 모두 생선과 소금이 많이 생산되는 곳이다. 북쪽으로는 대소낙월도大小洛月島에 접해 있고, 남쪽으로 후증도後甑島와 경계이다. 서쪽은 바다와 접하여 있다. 임자도는 동서東西 두 지역으로 나눠지는데, 모두 16개 마을이 있으며, 민가民家는 거의 500여 호戶에 이른다. 휴암에서 사방을 돌아보면 모두 산이다. 그리고 바다에 섬들이 얼마나 있는지 알지 못한다.[32]

위의 사료는 19세기 말엽 지도군수 오횡묵이 이미 폐진된 임자도진의 입지와 환경을 기술하고 있는 대목이다. 즉 진리鎭里에 있는 임자도진의 관아터인 수정헌修政軒에 올라가 사방四方에 입지한 산山과 포구浦口, 민가民家의 모습을 묘사하고 있다.

---

32) 吳宖默, 『智島郡叢瑣錄』 1886년 4월 7일.

이러한 임자도진은 과연 어떤 기능을 수행하였을까? 관찬자료에서 검
출된 임자도 관련 기사에서 임자도진의 기능을 살펴보자.

첫째, 임자도진의 해안 방어 기능이다. 앞서 임자도의 입지적 조건이
서해 해로의 중간 기착지임을 확인하였다. 이러한 지리적 조건을 입증이
라도 하듯, 17세기 이래로 해로海路를 따라 중국의 황당인荒唐人(혹은 표
도인漂渡人)이 서남해에 출현하였다. 그 후 18세기에 이르자, 황당인들은
더욱 자주 발견되었다. 다음의 사료에서 황당인의 출현에 대한 중앙정부
의 입장이 잘 반영되어 있어 참고된다. 즉 숙종 10년(1684)에 전라수사全
羅水使가 임자도와 인접한 지도智島에서 황당인을 발견하고 어떻게 처리
할 것인가를 비변사에 장계狀啓하였다. 이에 숙종은 '역관譯官을 지도智島
로 내려 보내 정황을 조사하려면, 시일이 늦어질 뿐만 아니라, 자세히
질문할 수도 없을 것이니, 본도本道에서 차원差員을 따로 정해 서울로 엄
히 후송하라'고 명하였다.[33] 이로써 보건대, 황당인에 대한 처리는 중앙
정부에서 관리를 파견하여 직접 처리할 만큼 중요한 사안이었던 것으로
보인다. 즉 중앙정부는 외국인에 대한 처우문제도 중요하지만, 서해 해
로에 대한 해방海防이 더 큰 문제였던 것이다. 이후 서남해 도서지역
곳곳에서 황당인 관련 사건이 더욱 빈번하게 발생하였다. 다음 <표 2>
는 18세기에 서남해西南海 도서島嶼에서 확인된 황당인荒唐人에 관한 기
사이다.

<표 2> 18세기 西南海 島嶼의 荒唐人(漂渡人) 관련 기사

年代	島嶼(浦口)	國籍 / 人員	典據 : 『備邊司謄錄』
숙종 30년(1704)	珍島(南桃浦)	福建省 漳州府/ 116명	55책, 5권 351쪽 상
숙종 30년(1704)	海南(甑島)	福建省 同安縣/	55책, 5권 351쪽 상
영조 18년(1742)	大牛耳島	商船/ 28명	111책, 11권 299쪽 하
영조 36년(1760)	慈恩島	福建省 同安縣/ 24명	139책, 13권 481쪽 상

33) 『備邊司謄錄』 3책, 숙종 10년 1월 16일(38권 712쪽 하).

영조 46년(1770)	荏子島(二黑巖村)	大國人/ 16명	154책, 14권 905쪽 하
영조 50년(1774)	都草島	商船/ 59명	156책, 15권 260쪽 하
정조 원년(1777)	飛禽島	福建省 漳州府/ 26명	158책, 15권 521쪽 상
정조 원년(1777)	大黑山島 靈山島	福建省 漳州府/ 31명	158책, 15권 528쪽 상
정조 8년(1784)	苔士島	江南省 蘇州府/ 15명	167책, 16권 563쪽 상
정조 8년(1784)	八禽島	江南省 蘇州府/	167책, 16권 564쪽 상

위의 <표 2>에서 보듯이, 숙종 이후 황당인 관련 기사는 영광의 임자도를 비롯하여, 증도·자은도·도초도·비금도·태사도·팔금도·흑산도·홍의도(홍도)·진도 등 서남해역 전역에서 발견되었다. 18세기 황당선荒唐船의 출몰은 서해의 해방체제海防體制를 강화하는 계기가 되었다. 그런가하면 수군진은 표류한 외국인에 대한 보호와 귀환에 따른 각종 업무를 수행하였다. 물론 중앙에서 관리가 파견되기는 하였지만, 그에 앞서 해당 수군진에서 우선적으로 해결해야할 사항이 더 많았다. 일례로 위의 <표 2>에서 영조 46년(1770) 1월 10일에 임자도 이흑암촌 앞바다로 표류해 온 중국인에 대한 처리문제가 잘못되어 임자도 첨사가 파출 위기에 직면한 사건이 발생하였다. 사건의 전모를 소개하면, 다음과 같다. 비변사에서 아뢰기를,

전라감사 김치양金致讓의 장계狀啓를 보니, 영광군수 이방일李邦一의 첩보牒報에, 대국인大國人 16명이 표류하여 임자도 이흑암촌 앞 바다에 도착하였습니다. 그 표문表文을 살펴보고, 정황을 물으니, 장사하는 상인들이었습니다. 저들은 선박이 온전하니 식량과 물자를 얻어서 바닷길로 되돌아가기를 원한다 합니다. 저들이 지금 바닷길로 돌아간다 하여도 전례에 의거하여 수표手標를 받은 후에 해로海路로 귀환하도록 하십시오. 옷은 이미 특별히 지시하여 만들어 주었고, 바람을 기다리는 동안의 양식과 바다를 건너는 동안의 양식은 연읍沿邑의 저치미儲置米로 후하게 주도록 해주십시오. 소금·간장·생선·미역 등도 역시 후하게 주어서 조정의 구휼하는 뜻을 보여 주십시오. 아울러 본도의 도수신에게 엄히 분부하고 환송을 기다려 장계狀啓를 올리도록 하였습니다. 괴원槐院에도 명하여 자문咨文을 작성하게 하고 금군

禁軍을 정하여 내려 보내서 만부灣府로 후송하고, 봉성鳳城에 전달하도록 역시 괴원에 분부하심이 어떻겠습니까? 하니 답하기를, 그렇게 하라. 또 이미 하교하여 옷을 지어주고 양식도 주도록 하였으니, 착실히 거행하고 장계를 올려 품의하여라. 그 배가 비록 완전하다고는 하지만, 폭풍이 일면 파손될까 염려되니, 우리 선박 기술자에게 살펴보게 하여 꼼꼼히 고쳐주고, 잡물雜物 2~3가지를 더 갖추어 줄 것을 도수신과 지방관에게 분부하라.[34]

라고 하였다. 즉 표류민이 발견되면, 표류와 관련하여 심문, 표류인에 대한 구휼, 서울로 후송될 때까지 기타 제반 업무를 지방의 말단기구인 수군진에서 담당하였다. 이러한 절차를 수행하는데 있어서 문제가 발생할 경우 해당지역 수군진 소속 관리에게 책임을 물었던 것이다. 위의 사례에서 보건대, 영의정 김치인金致仁은 "근자에 영광군수가 표류민에 대한 상황을 조사하는데, 소홀히 처리한 일로 장계狀啓를 올려 임자도 첨사 박세충朴世忠을 파출할 것을 청하였으나 자주 관리가 교체되는 섬의 폐단을 염려하여 단지 곤장으로 다스릴 것을 청합니다"라고 보고하였던 것이다. 이렇듯 표류인에 대한 구휼은 국제관계와 직결되어 있었기 때문에 표류 당시의 정황부터 본국으로 송환될 때까지의 절차가 매우 까다롭고 복잡하였다. 이러한 업무를 수군진에서 상급기관에 보고함과 동시에 직접 관련된 업무를 신속히 처리해야만 하였다.

이런 표류기사가 19세기 말엽까지 임자도 해역에서 지속적으로 발생하였다. 즉 순조 원년(1801)에 재원도在遠島에 청靑나라 강남성江南省 상인商人 6명이 표류되어 왔는가 하면, 순조 10년(1810)에 이흑암 앞 바다로 역시 청나라 복건성福建省 상선商船과 선원 29명, 순조 13년(1813)에 삼두리로 청나라 복건성 상인商人 47명, 또 같은 해 재원도로 복건성 사람 73명, 순조 31년(1831) 대국인大國人 35명, 고종 23년(1886)에 일본인 3명이 표류하였다.[35] 따라서 수군진의 설치는 해안방비의 기능뿐만 아니라, 섬

---

34) 『備邊司謄錄』 14책, 영조 46년 1월 10일(154권 905쪽 하).

주민에 대한 대민업무, 그리고 표류민에 대한 구휼에 이르기까지 다양한 업무를 수행하였다.

둘째, 수군진에서 연해변 고을의 군량미를 경창京倉으로 운송하는 업무를 수행하였다. 즉 영조 7년(1731) 4월에 대신들과 비국당상이 영조를 인견하였을 때 예조판서禮曹判書 신사철申思喆이 아뢰기를, "관찰사의 장계狀啓에, '임자도 첨사로 하여금 군미軍米를 감독하여 운송하는 차사원差使員으로 정하였다'라고 합니다. 차사원을 군량미 운송선에 탑승하도록 하여 중간에 소홀히 하는 일이 없도록 해야 하겠습니다"라고 하였다. 이렇듯 임자도진은 섬주민들을 보호하고, 내륙을 방비하는 해방海防이 주된 업무이지만, 이외에도 각 진鎭에 보급된 전선戰船과 병선兵船, 조운선漕運船 등을 이용하여 해창海倉의 곡식을 경창京倉으로 수송하는 업무를 수행하고 있었던 것으로 확인된다.

셋째, 임자도진은 임자도목장을 운영하는데 필요한 윤번군輪番軍 260명을 지원하였다. 이에 대해서는 『임자도진荏子島鎭 사례성책事例成冊』에서 확인된다. 즉 임자도진의 재정상황을 전달해 주는 「상하질上下秩」에 임자도목장 관련 기록이 수록되어 있어 참고 된다.

"본진(필자 : 임자도진) 설치 초기에 본장本場(필자 : 목장)은 섬의 동서 양면에 분포한다(2장). 또 영광 진하산과 함평의 진하산에 목장이 있는데. 이깃을 힙하여 1장으로 삼으니, 모두 3상이다. 이에 임자도진에서 윤번군輪番軍 260명을 지원한다. 이 가운데 200명은 본장(임자도목장)의 동서양면에 충당하고, 나머지 60명은 진하산 목장에 충당한다. 이들 윤번군

---

35) 『備邊司謄錄』 19책, 순조 원년 1월 10일(192권 277 하) ; 『備邊司謄錄』 20책, 순조 10년 11월 21일(200책 261쪽 상) ; 『備邊司謄錄』 20책, 순조 13년 11월 28일(203책 730쪽 상) ; 『備邊司謄錄』 20책, 순조 13년 12월 5일(203책 733쪽 하) ; 『備邊司謄錄』 20책, 순조 13년 12월 23일(203책 740쪽 상) ; 『備邊司謄錄』 22책, 순조 31년 1월 16일(219책 202쪽 상) ; 『備邊司謄錄』 28책, 고종 23년 9월 26일(267책 129쪽 상).

은 춘추로 1명당 1량씩 응납하도록 하여 목장 운영에 필요한 재원으로 삼는다."36)

라고 기술되어 있다. 위의 사료에서 보건대 임자도목장은 총 3곳에 분포하고 있었던 것으로 확인된다. 즉 2곳은 임자도 내 동편과 서편에 각각 설치되어 있었고, 나머지 1곳은 영광과 함평의 경계에 위치한 진하산 자락에 있었다. 이들 3곳 목장을 운영하는데 필요한 윤번군을 임자도진에서 지원해 주었던 것이나.

이와 같이 관찬기록에서 확인된 임자도진의 기능은 해로海路에 입지한 지리적 특성을 반영하듯, 변방지역 방어의 기능, 바닷길을 따라 표류해온 이국인에 대한 보호와 귀환에 필요한 제반 업무를 수행하였으며, 전선戰船과 병선兵船, 조운선漕運船 등을 이용하여 연해변 고을의 군량미와 세곡을 경창京倉으로 전달하는 업무, 그리고 섬과 연해변에 설치되어 있던 목장 운영에 필요한 노동력을 제공하였다. 이렇듯 임자도진은 해방海防은 물론 세곡稅穀과 국마國馬를 관리하는 기능을 수행하였다.

4. 荏子島牧場의 혁파와 개간

앞에서 살펴본 바와 같이, 17~18세기 내륙지역 유이민들이 섬으로 모여들자, 중앙정부는 섬과 바다를 방어하는 수군진을 설치하였다. 그런데 수군진 설치 이후 또 하나의 시급한 문제는 입도민入島民들의 경제생활을 영위하기 위한 대책 마련이었다. 앞 절에서 지도군수 오횡묵이 언급한 바와 같이, 임자도를 비롯한 인근의 태이도台耳島와 목도牧島는 어염魚鹽이 풍부한 곳이었다. 그러나 섬이라는 입지적 조건 때문에 경작지를

---

36) 『湖南鎭誌』「荏子島鎭 事例成冊」上下秩.

확보하는 일은 가장 큰 문제였다. 바로 이런 이유 때문에 임자도 입도
조入島祖들이 가장 선호하였던 입지적 조건은 경작지를 보유하고 있던
대기촌大幾村이었음은 앞서 확인하였다. 그러나 '임자도의 지형은 사면
四面이 바다로 열려있고, 대둔산·대박산(현 삼학산)·거막산(현 검무
산) 등 높은 산맥이 마치 돛을 올려놓은 것처럼 솟아있다'[37]라는 표현
처럼, 섬 전역에 높은 산이 분포하고 있었기 때문에 농경지의 확보가
어려웠다.[38]

섬에서 경작지를 확보하는 방법은 황무지荒蕪地를 개간하거나, 제방堤
防을 쌓아서 간척지干拓地를 조성하였으며, 혹은 폐목장과 같은 진황지陳
荒地를 개간하는 것이었다. 서남해 도서지역에서 간척이 시작된 것은 15
세기 순천 돌산도突山島 사례에서 확인된다.[39] 그 후 섬에 설치되어 있는
목장을 혁파하고, 폐목장을 개간하여 경작지로 활용하기 시작한 것은
16세기이다. 즉 조선 중종 5년(1510) 정광필鄭光弼의 보고에, "전라도 섬
에 설치된 목장은 수로水路가 멀어서 왕래하기에 어렵고, 또 왜적이 몰래
나타나므로 목장의 말을 점검할 때가 되면 마음대로 출입하지도 못하니,
수초水草가 풍부한 육지 목장으로 옮겨서 방목하도록 하십시오"[40]라고
한데서 알 수 있듯이, 섬에 설치되어 있던 목장을 육지로 옮기고 그 터
를 개간하여 경작지를 마련하였던 것이다. 또 17세기로 접어들면, 점차
섬이 안정을 되찾게 되면서 섬주민들이 해마다 증가하자, 농경지 확보는

---

37) 吳宖默, 『智島郡叢瑣錄』 1886년 4월 7일.

38) 2004년 현재 임자도의 토지이용비율을 살펴보면, 총면적 47.15㎢, 임야가
    26.25㎢, 밭이 8.02㎢, 논이 7.19㎢, 염전 1.55㎢ 등으로 확인된다. 이로써 보
    건대 오늘날 임자도의 토지는 임야가 56%를 점유하고 있는 셈이다. 따라서
    간척이 이루어지지 않았던 17~18세기 토지이용이 어떠하였는지 가히 짐작케
    한다(목포대 도서문화연구소, 『임자도의 사회와 문화』, 2004 하계 공공학술조
    사 자료집 ; 임자면사무소 제공).

39) 『成宗實錄』 권134, 성종 12년 10월 13일 갑진.

40) 『中宗實錄』 권11, 중종 5년 7월 5일 기미.

더욱 시급한 사안으로 부각되었다. 결국 목장에서 목마를 기르는 것보다 목장을 개간하여 백성들에게 도움이 되도록 개선하자는 의견이 속출하였다. 대표적인 사례가 숙종 6년(1680)에 병조판서 김석주金錫冑의 보고이다. 그는 임자도와 인접해 있는 임치도목장臨淄島牧場 개간에 대해 다음과 같이 제안하였다.

　　임치도 목장은 토지가 기름져서 1,000여 석의 씨를 뿌릴 만한 밭을 만들 수 있습니다. 더욱이 지금 사육하고 있는 말은 종류가 못 생기고 둔하며 기르는 수효도 적습니다. 지금 나라의 저축이 부족한 상황에 직면하였기에 목장을 개간하여 곡식을 거둬들인다면 그 이익은 실로 1년에 몇 필의 말을 기르는 것보다 갑절이 될 것입니다. 지금 말을 다른 목장으로 옮기고 백성으로 하여금 섬에 들어가서 경작하도록 허가하는 것이 어떻겠습니까?41)

라고 하자, 숙종은 병조판서의 제안을 받아들여 임치도목장 개간을 허용하기에 이른다. 이를 계기로 섬주민들은 본격적으로 목장개간을 요청하기 시작하였다. 임자도 주민들도 목장 개간을 건의하고 나섰다.

　임자도에 목장이 언제 설치되었는지, 정확한 년대는 확인되지 않는다. 다만 관찬기록에서 임자도 목장에 관한 최초의 기록인 숙종 39년(1713)의 기사에서 연원이 찾아진다. 즉 동년同年 2월에 대신과 비국당상이 입시하였을 때 영의정 이유李濡가 아뢰기를,

　　호남의 임자도荏子島는 사복시司僕寺의 목장인데, 진鎭을 설치하고 제언堤堰을 쌓아 비용을 충당하고자 합니다. 일찍이 순무사巡撫使가 장계狀啓를 올려 '제언堤堰을 쌓아 사용할 일'로 절목節目을 내려줄 것을 청하였습니다. 장차 절목을 내려준 후 요청대로 본도本道의 감사로 하여금 보堡에 군정軍丁을 지급하도록 분부함이 어떻겠습니까?42)

---

41) 『肅宗實錄』 권9, 숙종 6년 2월 3일 계해.
42) 『備邊司謄錄』 65책, 숙종 39년 2월 7일(6권 448쪽 상).

라고 하였다. 위의 사료에서 ①숙종 39년(1713)에 임자도목장이 이미 설치되어 있었다는 점이고, ②또 임자도에 수군진이 설치되었으며, ③바닷가에 제언堤堰을 쌓아 간척사업을 계획하였음이 확인된다. 다시 말해서 임자도목장은 임자도진이 설치되기 이전에 이미 조성되었던 것이다. 따라서 임자도진이 숙종 37년(1711)에 설치되었으므로, 임자도목장은 1711년 이전에 설치되었던 것으로 이해된다. 이러한 논리는 후대의 기록인 『호남진지湖南鎭誌』「임자도진荏子島鎭 사례성책事例成册」이 참고 된다. 임자도진荏子島鎭 사례성책事例成册에 수록된 상하질上下秩에 따르면, '本鎭設鎭初 本場有東西兩面'이라는 표현처럼, 임자도진이 설치된 1711년 임자도 내 동·서편에 2곳의 목장이 설치되어 있었음이 확인된다.43)

그런데 18세기 말엽에 이르면, 임자도 주민들은 목장을 혁파하고 그 터를 개간할 수 있도록 허용해 줄 것을 요청하게 된다. 그리하여 영광의 임자도목장과 나주의 압해도목장을 통합하는 방안이 논의되었다. 다음은 정조 15년(1791)에 비변사에서 좌의정 채제공蔡濟恭의 주도로 임자도목장 개간에 대한 논의가 이루어졌다. 이때 전라감사 정민시鄭民始의 보고 내용을 살펴보면 다음과 같다.

영광군수와 나주목사의 첩정牒呈에 의하면, '임자도 목마장의 둘레가 30여리나 되어 모든 곡식을 심을 만하며, 산 밑의 평평한 곳은 종달평終達坪이라 부르는데, 둘레가 4리쯤 되어 이곳에 작답作畓한즉 수백어결이 될 것이라 합니다. 금일 만약 목마牧馬 105필을 압해도로 옮긴다면 진鎭에 속한 백성들의 생활에 큰 도움이 될 것입니다. 백성들은 모두 목장을 옮기고 농사지을 수 있도록 허락해 줄 것을 간절히 원한다'고 합니다. 또 나주에서는 '목장을 설치하여 말을 기르게 하고 각기 소속 관청에 분급한 것은 반드시 뜻이 있어 설치한 것인데, 이제 이곳의 목장을 옮겨 저곳으로 합치는 것은 옳지 않습니다. 옥토에 농사를 짓지 못하는 경우나, 말 떼가 농사에 해를 끼치는 것은 피차가 마찬가지 입니다. 목마牧馬의 많고 적음에 따라 섬사람들

---

43) 『湖南鎭誌』「荏子島鎭 事例成册」上下秩.

의 고락이 달려있는데, 이제 또 하나의 목장을 첨가한다면 실로 압해도 백성들에게는 견디기 어려운 고통이 될 것입니다'라고 합니다. … 임자도가 비록 개간지로 적합한 땅이라 하지만, 그 목마牧馬를 압해도로 옮기면 압해도 백성들은 새로운 근심이 될 것입니다. (압해도민) 모두가 (목마를) 원하지 않으니 도신道臣은 편리함과 불편함을 생각하여, 반드시 뜻을 분명히 하여야 할 것 입니다. 조정에서는 어떻게 영광에만 후하게 하고, 나주에는 박하게 하십니까?[44]

위의 사료에 제시되어 있는 바와 같이, 임자도 주민들이 목장 개간을 건의하고 나서자, 영광군수가 임자도의 목마를 압해도목장으로 통합하는 방안을 제시하였던 것이다. 그러자 임자도의 목마를 수용해야 할 입장에 처하게 된 나주목사가 목장통합의 부당함을 지적하면서 강력히 반대하고 나섰다. 결국 중앙정부는 임자도와 압해도 주민들의 찬반양론에 부딪쳐 임자도목장 개간을 더 이상 추진하지 못하고 중단하였다.

18세기 임자도목장은 과연 어느 정도의 규모로 운영되고 있었을까? 이에 대해서는 『여지도서興地圖書』(1759)에 등재된 각 지역 목장의 양마養馬와 곡초穀草, 분양마分養馬의 규모가 참고 된다. 다음은 『여지도서』 「영광 임자도목장」의 내용을 정리한 것이다.

> 마馬 175필匹, 곡초穀草 3,780속束, 진마進馬 1필匹은 매년 4월에 상납上納하고, 사복시司僕寺의 분양마分養馬는 사복시의 분표分俵에 의거하여 각 읍邑에서 출급하되, 그 수치는 정해져 있지 않다. 목자牧子는 22명이다.[45]

즉 18세기 임자도목장에서 175필의 목마가 관리되고 있었으며, 매년 진상마進上馬 1필과 사복시의 분양마分養馬를 상납하고 있었다. 앞서 정조 15년(1791) 전라감사의 장계狀啓 내용과 비교해 보면, 18세기 임자도 목

---

44) 『備邊司謄錄』 79책, 정조 15년 10월 21일(17권 881쪽 하).
45) 『興地圖書』 영광현 목장.

장은 대략 100~180여 필의 목마를 사육하고 있었던 것으로 확인된다.

그렇다면 최고 180여 필의 목마를 사육하였던 임자도목장은 과연 폐장할 만큼 조잡한 수준이었을까? 이에 대해서는 앞서 임자도목장과 통합논의가 이루어졌던 나주 압해도목장과 비교해 보면 어느 정도였는지 평가할 수 있을 것으로 생각된다.

18세기 압해도에는 3개의 목장이 설치되어 있었다. 즉 서곶목장·남곶목장·북곶목장이 그것이다. 이들 목장에서 사육된 목마는 남곶목장 50필, 서곶목장 50필, 북곶목장 46필 등 총 146필이었다.[46) 또 17세기에 작성된 『목장지도牧場地圖』 「전라도」에 수록된 목마수를 살펴보면, 총 12읍 49개 목장 16처에서 사육되었던 목마는 2,465필로 확인된다. 즉 전라도 소속 목장에서는 평균 154필 정도의 목마를 관리하고 있었던 셈이다.[47) 비록 단순 비교에 불과하지만, 18세기 임자도목장은 적어도 평균 수준 이상이었던 것으로 보인다.

이런 실정이었음에도 불구하고, 임자도목장을 혁파하자는 논의가 재론되었다. 즉 정조 20년(1796)에 임자도목장 개간에 대한 논의가 재기되었다. 다음의 사료에서 임자도목장 개간에 대한 경과와 문제점이 무엇인지 살펴보도록 하자.

> 호조판서 이시수李時秀가 계啓를 올려 아뢰기를, '내수사 계목啓目에 임자도 목장의 이설과 개간 여부를 도신道臣에게 위임하여 소사한 연후에 품처하게 한 일'로 전라감사 서정수徐鼎修의 보고를 보니, '본 섬(필자 : 임자도)은 100여필의 병든 목마牧馬로 인해 섬 주민 전체가 일을 잃었습니다. 목장을 옮기는 일은 백성이 원하는 바이니, 신해년(필자 : 1791년) 내수사의 보고 내용에 있는 대로 말을 압해도로 옮기도록 하고, 토지는 선희궁宣禧宮에 소속하도록 한 일'로 비변사에서 관關을 발급하였습니다. 읍진邑鎭의 보고에 따르면 한편에서는 좋다고 하지만, 말을 인계받을 타 목장이 원치 않는 일

---

46) 『輿地圖書』 나주목 목장.
47) 『牧場地圖』(1678) 전라도 12읍 49목장 16처.

입니다. 그러나 (임자도) 백성들이 원하고 또 놀고 있는 땅을 그대로 방치하여 황폐시킬 바에야 말을 옮기는 것에 다소 폐단이 있다 할지라도 옥토를 잠재울 수 없으니 개간을 허락해 주십시오. … 금년 본도本道의 모든 읍에 나누어 준 말은 대부분 목장으로 보냈고, 지금 남아 있는 것은 불과 100여 필의 암말과 새끼 말 뿐입니다. 이것을 도내의 다른 목장에 분배한다면 한 곳의 목장에 많이 보낸다하여도 10마리 정도이니 큰 폐단은 없을 것입니다. 해당 사복시에서 1년 동안 거둬들이는 세금의 양도 많지 않으니, 비록 대납을 한다하여도 그다지 어렵지 않을 것입니다. … 목장을 옮기고 개간을 허락한 후에 토지에서 나오는 세금을 내수사의 계목啓目에 의거하여 시행하십시오. 화성의 내용고內用庫는 더욱 중요한 바, 본섬의 세입을 화성의 내용고에 속하게 하여 화성에서 별도로 간사를 본 섬에 내려 보내서 개간된 전답을 상세히 측량하고 매 결마다 세금부과를 정하십시오. 제방堤防과 목장牧場의 개간지는 백성에게 권장하여 일구게 하여 차차 개간의 땅이 되게 하십시오.[48]

위의 사료에서 주목되는 것은 임자도목장 혁파에 적극적으로 찬성하고 있는 주체는 전라감사, 임자도 주민, 그리고 궁방宮房이었다. 즉 임자도 주민 입장에서는 목장 운영으로 인한 고역에서 벗어날 수 있어서 찬성하였던 것이고, 궁방에서는 가만히 있어도 개간지의 세입을 확보할 수 있었기 때문에 적극적이었다. 반면에 임자도목장 개간에 반대하는 입장은 인근 목장 주민들이었다. 이들은 현재 관리하고 있는 목마牧馬만으로도 고역苦役인데, 여기에 임자도 목마까지 추가로 떠맡게 될 처지였기 때문에 결사적으로 반대하였다. 특히 다수의 목마를 인수하게 될 나주 압해도 주민들의 원성이 극에 달하였다. 이에 전라감사가 임자도 목마를 압해도목장에 전부 부담하지 않고, 도내道內 목장 곳곳에 고루 분배하여 폐단이 없도록 할 것이며, 또 새로 개간한 토지에 대한 세금을 궁방에서 정하는 대로 따르겠다는 조건을 제시하면서까지 임자도목장 개간을 적

---

48) 『正祖實錄』 권45, 정조 20년 8월 1일 계유 ; 『備邊司謄錄』 184책, 정조 20년 8월 8일(18권 471쪽 상).

극적으로 추진하였다.

이러한 전라감사의 제안을 받아들여 중앙의 내수사에서 임자도목장의 이설과 개간을 직접 지휘하였다. 그 결과 임자도목장은 정조 20년(1796)에 혁파되었다.[49] 이로써 임자도 주민들은 목장을 개간하여 농사를 지을 수 있는 농경지를 확보하게 되었고, 새로 개간한 토지에 대한 세금은 화성의 내용고內用庫에 상납하도록 최종 결정되었다.

이처럼 도서지역 목장개간은 여러 가지로 국가에 이득이었다. 왜냐하면 목장개간에 필요한 노동력은 섬주민들이 제공하였고, 또 개간지가 조성되면 그 땅을 경작하는 노동력 역시 섬주민들의 몫이었다. 그리고 무엇보다도 개간지에서 수확한 곡물에 대한 도지賭地가 국가에 귀속되었다. 왜냐하면 목장은 본래 사복시에서 국용을 조달하기 위해 조성되었기 때문에 섬에 방치되어 있는 폐목장을 섬주민이 개간하여 경작지로 조성하였다할지라도 토지소유권은 개간의 주체자인 섬주민이 아니라 국가로 귀속되었던 것이다. 이런 실태는 18세기 영광의 임자도에만 적용되었던 특수한 사회현상은 아니었다. 조선후기 서남해 도서지역에서 흔히 발생하는 일이었다. 일례로 장흥의 부속도서 주민들의 사례를 소개하면 다음과 같다.

> 대신大臣과 비국당상備局堂上을 인견하였을 때, 민진원閔鎭遠이 "평일도平日島 산일도山日島 내덕도來德島 득량도得良島 등 이들 섬은 본시 사복복눈司僕牧屯이지만 당초에 진황지陳荒地를 개간한 것입니다. 비록 백성을 모집하여 토지를 개간한 것이지만, 이것은 공전公田이지 사전私田이 아닙니다. … 1부負 2두斗 수세는 사가私家의 도지賭地인즉 원래 과중한 것이 아닙니다."[50]

위의 사료에서 보건데, 장흥지역 부속도서 주민들은 오랫동안 버려져

---

49) 『正祖實錄』 권45, 정조 20년 8월 1일 계유.
50) 『版籍司辛丑謄錄』 경종 원년 1월 28일.

있던 황무지를 개간하였다. 그런데 토지개간이 완료되자, 사복시에서 본래 목장이 설치되었던 곳을 개간하였으므로, 토지소유권은 국가에 귀속된다고 주장하였던 것이다. 결국 섬주민이 노동력을 제공하여 황무지를 개간하였지만, 토지소유권은 공전公田으로 귀속되고, 국가의 토지를 경작한 섬주민들은 도지賭地를 납부하게 되었던 것이다.

이처럼 개간지에 대한 토지소유권과 부당한 세금이 부과되는 실정이었음에도 불구하고, 섬주민들은 목장을 개간하는데 적극적이었다. 그만큼 섬에서 경작지 확보는 가장 우선적으로 해결해야 할 과제였던 것이다. 따라서 섬주민들은 황무지와 폐목장을 개간하여 경작지를 확보하려하였고, 또 토지소유권의 포기와 높은 이율의 토지세를 부담하면서까지 토지를 마련하는 일이 급선무였다. 이런 실정이었기에 임자도 주민들은 궁방의 부당한 세금부과를 감당하면서까지 임자도목장을 혁파하여 개간하는 일에 적극 찬성하였던 것이다.

5. 맺음말

이상에서 17~18세기 임자도의 실태를 섬주민들의 입도入島, 수군진水軍鎭의 설치, 목장牧場의 혁파 등을 통해 재구성하였다. 앞서 논의된 내용을 요약하는 것으로 맺음말을 대신한다.

조선시대의 임자도는 누대로 영광군의 부속도서로 편제되어 있었다. 조선시기 임자도가 관찬자료에 처음 등재된 것은 조선 숙종 때이다. 이후 실록에서 검출된 임자도의 실태는 서해西海 해로海路의 요충지로써 첨사진僉使鎭이 설치되었던 섬, 국용 조달을 위한 목장이 운영되었던 섬, 바닷길을 따라 청淸나라 사람들이 표류해 왔던 섬, 내륙지역 죄인들이 유배되어 왔던 섬 등으로 기술되어 있다.

　이러한 임자도에 주민들이 집중적으로 입도한 시기는 17~18세기였다. 입도민入島民들이 가장 선호했던 촌락은 대기리(7건), 도찬리(3건), 이흑암리(3건), 광산리(2건), 삼두리(2건), 재원도(1건) 순으로 파악된다. 이 가운데 17~18세기 입도민들이 가장 선호했던 곳은 대기리의 회산回山·장동場洞·삼막동三幕洞 등이었다. 왜냐하면 임자도 내 대부분의 촌락이 모두 높은 산 아래에 입지하고 있는데다 바닷물이 만입하고 있어서 경작지를 조성하기에 어려운 여건이었다. 그러나 대기리 일대는 지형이 베틀처럼 생겨 임자도 내에서 유일하게 농경지가 분포하고 있는 곳이었다. 18세기 입도민入島民들은 농경지가 분포하고 있는 대기리에 터를 잡고 정착하였다.

　17~18세기 임자도 주민들의 입도入島 전前 거주지居住地는 영광(7건), 무안(3건), 함평(2건), 영암(2건), 광주(1건), 담양(1건) 순으로 확인된다. 특히 <영광~함평~무안>으로 연결되는 내륙 연안지역이 무려 12건이나 확인되어 약 70%를 점유하였다. 이러한 현상은 바닷가 연안에 설치되어 있던 수군진과 무관하지 않았던 것으로 여겨진다. 즉 임자도진荏子島鎭, 임치진臨淄鎭, 다경포진多慶浦鎭, 목포진木浦鎭 등이 섬과 내륙을 연결하는 교두보적인 기능을 수행하였기 때문인 것으로 이해된다.

　이렇듯 17~18세기에 입도민들이 바닷가 연안에 입지한 영광·함평·무안 등지를 경유하여 임자도로 유입하자, 섬주민의 증가로 인한 다양한 사회문제가 발생하였다. 그 결과 섬주민을 통제하고 관리하기 위한 행정기구가 필요하였다. 그것은 수군진의 설치로 해결되었다. 특히 임자도의 입지적 조건은 우수영右水營과 고군산古群山을 연결하는 서해西海 해로海路의 중간 기착지로, 남쪽에서 북으로 항해하는 선박이 정박하기에 적합한 요해처였다. 이런 입지적 조건으로 인하여 조선 숙종 때 임자도에 첨사진僉使鎭이 설치되었다.

　임자도진荏子島鎭의 기능은 해안방어, 군량미 운송, 목장운영에 집중되

어 있었다. 먼저 해안방어의 기능은 18세기 초엽 서해西海에 황당인荒唐人
이 자주 출몰하였기 때문이었다. 황당인에 대한 문제는 국제관계도 중요
하였지만, 무엇보다도 서해西海 해로海路에 대한 방비가 더 큰 문제였다.
더욱이 황당인은 임자도 인근 해역은 물론 증도甑島와 지도智島, 흑산도黑
山島와 홍도紅島, 그리고 진도珍島 등 서남해 전역으로 확산되었다. 18세기
황당선荒唐船의 출몰은 서해의 해방체제海防體制를 강화하는 계기가 되었
다. 그런가하면 임자도진은 연해변 고을의 군량미를 경창京倉으로 운송
하는 업무를 수행하였다. 영조 7년(1731) 관찰사의 장계狀啓에서 '임자도
첨사를 군미軍米를 감독하여 운송하는 차사원差使員으로 정하였다'라는
기사에서 확인된다. 이렇듯 임자도진은 전선戰船과 병선兵船, 조운선漕運船
등을 이용하여 해창海倉의 곡식을 경창京倉으로 수송하는 업무를 수행하
였다. 또 임자도진은 목장 3곳을 운영하는데 필요한 윤번군輪番軍 260명
을 지원하였다. 즉 18세기 임자도 내 동편과 서편에 2개의 목장이 설치
되어 있었고, 또 영광과 함평의 경계에 위치한 진하산珠下山에 1개의 목
장이 설치되어 있었다. 이들 3곳 목장을 운영하는데 필요한 윤번군輪番軍
260명을 임자도진에서 지원해 주었다.

　한편 18세기 임자도에 수군진이 설치된 이후 또 하나의 시급한 문제
는 입도민入島民들의 경제생활을 영위하기 위한 경작지를 마련하는 일이
었다. 섬에서 경작지를 확보하는 방법은 황무지荒蕪地를 개간하거나, 제
방堤防을 쌓아서 간척지干拓地를 조성할 수 있었으며, 목장牧場과 같은 진
황지陳荒地를 개간하는 것이었다.

　18세기 임자도목장에서는 175필의 목마를 사육하고 있었으며, 매년
진상마進上馬 1필과 사복시의 분양마分養馬를 상납하고 있었다. 조선후기
임자도목장의 규모는 결코 폐장할 만큼 조잡한 수준은 아니었다. 왜냐하
면 17세기에 작성된 『목장지도牧場地圖』에 의하면, 전라도에 소속된 목장
은 평균 154필 정도의 목마를 관리하고 있었고, 18세기 압해도목장에서

는 146필이 사육되고 있었기 때문이다. 18세기 임자도목장은 타 목장과 비교해 볼 때 평균 수준 이상이었던 것으로 보인다. 이런 실정이었음에도 불구하고, 18세기 말엽에 임자도 주민들은 섬에 설치되어 있던 목장을 혁파하고 개간할 수 있도록 허용해 줄 것을 요구하였다.

임자도목장 혁파에 적극 찬성하였던 주체는 섬주민과 궁방宮房이었다. 왜냐하면 섬 주민들은 목장을 혁파함으로써 경작지를 마련할 수 있었고, 궁방에서는 노력하지 않아도 저절로 개간지의 세입을 확보할 수 있었기 때문이다. 반면에 임자도목장 개간에 반대하는 입장은 인근 지역 목장 주민들이었다. 이들은 현재 관리하고 있는 목마牧馬만으로도 고역苦役인데, 여기에 임자도 목마까지 추가로 떠맡게 될 처지였기 때문에 결사적으로 반대하였다. 특히 다수의 목마를 인수하게 될 압해도 주민들의 원성이 극에 달하였다. 결국 목장 개간으로 인해 가장 큰 혜택을 입게 될 중앙의 내수사에서 임자도목장의 이설과 개간을 직접 진두지휘하였다. 그 결과 임자도목장은 정조 20년(1796)에 혁파되었다. 이로써 임자도 주민들은 목장을 개간하여 농경지를 확보하게 되었고, 개간지의 세금은 화성의 내용고內用庫에 상납하는 것으로 최종 결정되었다.

이렇듯 17~18세기 임자도의 실태를 통해 섬주민의 유입과 증가, 수군진의 설치, 목장의 혁파와 개간 등이 상호 계기적으로 발생하여 연계되었음을 확인하였다.

제4장

19세기 후반~20세기 전반 金塘島 車牛里 木契의 조직과 기능

김 경 옥

1. 머리말

조선정부는 국용國用 목재木材를 조달하기 위해 전국에 송전松田을 설치하였다. 전라도의 송전은 주로 도서島嶼와 곶串에 설치되었다. 왜냐하면 연해沿海 도서島嶼는 소나무 배양지로 적합하였을 뿐만 아니라, 무엇보다도 해로海路를 통해 벌목한 목재를 운반하는데 용이하였기 때문이다.[1] 이러한 성향은 『조선왕조실록』에서도 확인되는데, "조선시대 최고의 송전松田으로 육지에서는 변산邊山, 바다에서는 완도莞島"라 기술되어 있다.[2] 그런데 조선후기에 목재의 용도가 보다 다양해지고, 소비량이 증

---

1) 김경옥, 『朝鮮後期 島嶼硏究』, 혜안, 2004, 155~165쪽.
2) 『正祖實錄』 권16, 정조 7년 10월 20일 정해.

가하면서 급기야 목재 부족 현상이 발생하였다. 이에 조선정부는 송전松
田을 보호하는데 주력하는 한편, 전국에 봉산封山을 설치하여 금송정책禁
松政策을 단행하였다. 이 과정에서 18세기 전라도全羅道 장흥부長興府의 부
속도서인 금당도金塘島3)에 봉산封山이 설치되었고, 19세기 말에 금당도
차우리 주민들은 동산洞山을 마련하여 목계木契4)를 조직하였다.

지금까지 목계木契(송계松契)에 대한 연구는 조선시기 산림제도山林制度
를 다루면서 부수적으로 다루어져 왔다. 예를 들면 조선정부의 금표禁
標·금송禁松·금산禁山·봉산제도封山制度 등과 관련하여 목계가 거론되
었는가 하면, 조선시기 토지소유와 인민지배라는 관점에서 산림정책山林
政策과 관련하여 목계가 언급되었으며, 산림 소유권 분쟁으로 인한 산송
山訟을 연구하면서 목계가 논의되었다.5) 다행스럽게도 최근 들어 송계에

---

3) 본고의 연구대상지역인 금당도는 전라남도 완도군의 부속도서로, 행정구역상
   완도군 금당면에 해당된다. 이는 19세기 말엽에 완도군莞島郡이 설군設郡되면
   서 단행된 행정편제의 결과이다. 조선시대에 간행된 각종 지리지地理誌에 의
   하면, 금당도는 서남해 내륙에 입지한 장흥부長興府의 부속도서로 등재되어
   있다(『東國輿地勝覽』,「全羅道 長興府 山川」;『長興邑誌』,「古邑坊 山川」, 丁卯
   譜, 1747 ;『戶口總數』,「全羅道 長興府 古邑面」, 1789). 한편 금당도의 자연환
   경은 저산성 산지로 이루어져, 들녘이 협소하다. 금당도 주민들의 생업은 반
   농반어半農半漁를 겸하고 있다. 금당도의 행정편제는 법정리 3개(차우리·육
   산리·가학리), 행리 10개(울포리·비견리·허우리·차우리·세포리·봉
   동리·육동리·삼산리·신흥리·가학리)로 편성되어 있다(『완도군지』,「연
   혁」, 1992).
4) 기존의 연구에 의하면, 목계木契의 명칭은 송계松契·금송계禁松契·송목금벌
   계松木禁伐契·송리계松梨契·산림계山林契·순산계巡山契·금양계禁養契·장
   작계 등으로 칭하였다. 금당도 차우리 마을문서에는 '목청계木廳契(禊)·목계
   木禊·산림계山林契·애림계愛林契·송계松契' 등으로 기술되어 있다. 본고
   는 현전하는 차우리 마을문서의 명칭을 그대로 인용하여 '목계木契'로 표기
   한다.
5) 송계와 관련하여 참고한 연구논저는 다음과 같다.
   심희기,『한국법사연구-토지소유와 공동체-』, 영남대 출판부, 1992 ; 황미

대한 사례연구가 이루어지면서 송계의 발생·유형·운영·소멸 등에 관한 내용이 발표되었다.[6] 그러나 기존의 연구는 소수의 특정지역에 대한 사례연구에 불과하고, 분석대상지역이 모두 내륙 산간지역에 집중되어 있어서 극히 제한된 연구라는데 한계가 있다. 현전하는 목계자료는 전통시대 마을 공동체 조직으로 결성되어 전국에 분포하고 있는 것으로 파악되며, 지역마다 목계의 시행주체와 시행목적에 따라 다양하게 변화된 것으로 이해되고 있다. 따라서 각 지역마다 여러 유형으로 현전하고 있는 목계자료의 수집과 분석이 요구된다. 이런 측면에서 본고는 또 하나의 목계자료를 수집하였다는 점에서, 또 내륙지역 자료가 아닌 도서지역 목계자료를 사례연구로 분석하였다는 점에서 연구의 의의가 있겠다.

본 연구는 19세기 후반~20세기 전반 금당도金塘島 차우리車牛里 목계木契의 조직과 운영, 기능 등을 살펴보기 위해 작성되었다.[7] 이를 위해 본고에서는 다음과 같은 내용을 살펴보고자 한다.

숙, 「조선후기의 木材의 증대와 국용재목의 조달」, 『典農史論』 2, 서울 시립대, 1997 ; 김경숙, 『조선후기 산송과 사회갈등연구』, 서울대 박사학위논문, 2002 ; 전경목, 『조선후기 산송 연구 — 18·19세기 古文書를 중심으로 — 』, 전북대 박사학위논문, 1996 ; 조윤선, 『조선후기 소송연구』, 국학자료원, 2002 ; 김선경, 「조선후기 山訟과 山林所有權의 실태」, 『동방학지』 54·55·56합집, 연세대 국학연구원, 1987.

6) 송계에 대한 사례연구는 역사학과 산림자원학 분야에서 발표되었다. 대표적인 연구 성과는 역사학의 경우, 박종채의 『조선후기 금송계 연구』(중앙대 박사학위논문, 2000)가 유일하고, 또 산림자원학 분야에서는 김연석의 「송계의 성격과 기능에 관한 연구 — 금산군을 중심으로」(국민대 석사학위논문, 1998)가 있다. 먼저 박종채는 전라도 나주, 경상도 하동, 충청도 금산을 연구대상지역으로 하여 금송계의 발생·운영·소멸 등을 검토하였고, 김연석은 충청도 금산 사례를 통해 송계의 발생, 성격과 기능, 송계의 해체 등을 기술하였다. 이처럼 기존의 송계연구는 나주·하동·금산 등 3개 지역 사례연구뿐이다. 따라서 보다 많은 송계자료의 수집과 분석이 요구된다.

7) 본고를 작성하는데 이용한 자료는 다음과 같다. 이 자료는 완도군 금당면 차우리 마을회관에 소장되어 있다.

첫째, 금당도 차우리 목계의 발생배경에 관한 것이다. 조선후기 중앙
정부는 서남해 도서 연안지역에 설치되어 있던 송전松田을 봉산封山으로
규정하고 금송정책禁松政策을 단행하였다. 그런데 18세기 말엽 금당도에
설치되어 있던 봉산이 중앙정부에 의해 혁파되었다. 그리고 19세기 말
엽에 금당도 차우리 주민들은 동산洞山을 마련하고 木契를 조직하였다.
그렇다면 18세기 말엽에 왜 금당도 봉산은 혁파되었고, 19세기 차우리
주민들은 왜 목계조직을 필요로 하였을까? 차우리 목계의 발생배경을
도서지역의 사회경제적 측면에서 살펴보고자 한다.

둘째, 차우리 목계의 조직과 구성에 관한 것이다. 현전하는 차우리 목
계자료는 계안契案이나 규약規約 관련 문건은 현전하지 않고, 유일하게

번호	자료명	년대	내용	비고
①	洞契冊	1862년~ 1928년	・洞契錢의 회계장부(세입과 세출) ・겉표지 : "洞契冊 下記 甲辰 十月 日 裂" ・매년 6월과 10월에 洞契錢 결산	筆寫本, 1冊, 連綴, 21cm×26cm
②	木契冊	1870년~ 1986년	・木契錢의 회계장부(세입과 세출) ・겉표지 : "木契冊 甲辰 十二月 日 裂" ・講信日은 매년 正月 初에 개최 ・錢有司의 名案과 殖利錢	筆寫本, 1冊, 連綴, 20cm×20.5cm
③	水門契冊	1936년~ 1984년	・1936년 금당도간척사업 때 조직한 수문 계 문서 ・大堤堰契序, 立規, 土地所有部, 任員名錄	筆寫本, 1冊, 連綴, 20.5cm×27cm
④	干拓地 重要書類	1934년	・차우리 地先公有水面 干拓工事 관련 문 서 ・겉표지 : "昭和九年 貳月 日 重要書類入 干拓地" ・차우리 洞民 공동소유 부동산 매도증서 ・제방건설 및 배수시설공사 관련 문서	筆寫本, 1冊, 連綴, 20cm×28cm
⑤	漁場分區 重要書類	1941년~ 1946년	・1941년 차우리 洞民 공동소유 不動資産 관련 문서 ・겉표지 : "一九四六年 漁場分區 重要書 類" ・내표지 : "林野巡視順番簿 車牛里 愛林 契 昭和十六年以降"	筆寫本, 1冊, 連綴, 19.5cm×28cm

목계전木契錢 하기안下記案만 전해오고 있다. 따라서 목계전의 세입과 세출내역을 분석하여 목계의 설립시기, 계원의 참여범주, 임원구성, 모임주기 등을 재구성하고자 한다.

셋째, 차우리 주민 소유 동산洞山의 분포와 목계전木契錢의 운영에 관한 것이다. 동산은 섬의 어디에 분포하고 있는지, 목계전은 어떻게 조성되고, 어떤 용도로 지출되었는가를 파악하고자 한다.

넷째, 차우리 목계木契의 기능機能에 관한 것이다. 차우리 목계는 과연 어떤 유형의 마을 공동체 조직이었으며, 그 기능은 무엇이었는가를 규명하고자 한다.

이를 통해 19세기 도서지역에서 자생적으로 발생한 차우리 목계가 섬 주민들의 실생활에 어떤 모습으로 반영되었는지, 그 실상을 밝혀낼 수 있을 것으로 기대된다.

2. 木契의 설치배경

조선후기 중앙정부는 전국에 봉산封山을 설치하였다.[8] 봉산을 설치한 목적은 1783년(정조 7) 비변사에서 올린 제도諸道 어사사목御史事目에서 확인되는데, "위로는 황장黃腸을 공상供上하고, 아래로는 선재船材를 대비하기 위한 것이다"[9]라고 하였다. 즉 봉산封山은 황장목黃腸木과 선재목船材木 등 국용國用 목재를 조달하기 위해 조성되었다.

서남해 도서지역 봉산에 관한 기록은 18세기 장흥 금당도金塘島에서 확인된다. 1755년(영조 31)에 좌의정 김상로金尙魯가,

---

8) 오성, 「목재상인과 송금정책」, 『조선후기상인연구』, 일조각, 1989, 76쪽.
9) 『正祖實錄』 권16, 정조 7년 10월 29일 정해.

a-1) 장흥의 금당도金塘島는 봉산封山입니다. 그 가운데 양향청糧餉廳에 절수折受한 땅이 있는데, 근래에 양향청에서 관문關文을 발송하여 경작을 허용하였다고 합니다. 청컨대 양향청의 절수折受를 영원히 혁파하십시오. 금당도 한 섬을 모두 봉산封山으로 만들고, 이후 제도諸道 봉산의 벌채 위반에 대한 법을 엄히 규찰하도록 하십시오.[10]

a-2) 금당도의 사면四面은 송목松木하기에 합당하고 선재목船材木과 소치송小穉松도 헤아릴 수 없이 많은 곳인데, 개간을 요구하는 무리들이 오로지 벌목伐木에만 관심이 있을 뿐, 토지개간에는 본래부터 뜻이 없는 간악한 무리들에 불과합니다.[11]

라고 하였다. 위의 기사에서 보건대, 18세기 금당도의 임야는 이미 봉산封山으로 설정되어 있었고, 또 금당도 섬 전체가 소나무를 재배하기에 적합하였을 뿐만 아니라, 실재 금당도 내에 선재목이 풍부하게 분포하고 있었음을 알 수 있다.

그런데 이런 논의가 있은 후 얼마 되지 않아서 이번에는 좌의정 홍봉한洪鳳漢이 금당도 봉산을 혁파하자는 상반된 주장을 하고 있어 주목된다. 1761년(영조 37)에 홍봉한이,

전라도 장흥 금당도金塘島는 양향청에 획급劃給된 것인데, 전에 이미 정탈定奪된 것입니다. 진실로 선재목船材木으로 쓸 만한 소나무가 없는 곳입니다. 설혹 있다고 하더라도 결코 작벌할 만한 것은 아닙니다. 평지는 기경起耕할 수 있고, 산山 허리 이상은 (소나무를) 심을 만 합니다. 본청本廳에서 산원算員을 보내 타량打量하고자 하였는데, 본사本司에서 사람을 보내어 그 땅을 상세히 조사하여 구별성책區別成冊하였다고 합니다. 가히 기간起墾할 만 것은 해당 청廳에 소속하도록 하고, 양송養松할 만한 곳은 수영水營에 소속하도록 하여 영구히 폐단이 없는 땅으로 하는 것이 어떻겠습니까?[12]

---

10) 『英祖實錄』 권83, 영조 31년 1월 20일 갑오.
11) 『備邊司謄錄』 128冊, 영조 31년 정월 22일 을해(12권 594~595쪽).
12) 『備邊司謄錄』 140冊, 영조 37년 9월 10일 신사(13권 589쪽).

라고 하였다. 즉 홍봉한은 금당도 봉산이 소나무를 배양하기에 적합하
지 않을 뿐만 아니라, 선재목으로 쓸만한 목재가 없는 곳이니, 아예 봉
산을 혁파하여 경작지로 만들자고 제안하였다. 또 굳이 봉산을 유지해
야한다면 산허리를 상하로 나눠서 산봉우리는 송목松木하여 수영水營에
소속시키고, 산허리 아래쪽은 개간하여 양향청으로 이속하자고 주장하
였다. 이 때 영조는 홍봉한의 의견을 받아들여 금당도 봉산 개간을 허
용하였다.

이렇듯 18세기 금당도 봉산에 대한 중앙관료들의 의견이 극명하게 상
반되고 있어 어느 쪽의 주장이 옳은 것인지 궁금하다. 이러한 의문은
1762년(영조 38)에 호조판서 김상복金相福이 올린 장계狀啓에서 미루어 짐
작케 한다. 김상복이 올린 장계의 일부 내용이다.

> 전라도에 거주하는 홍형보洪亨輔가 명인名人을 시켜 양향청 소속 금당도
> 의 송목松木 작벌용研伐用 도면圖面을 그리도록 하였다고 선공제조繕工提調 박
> 명원朴明源이 신臣에게 보고하였습니다. 그런고로 홍형보에게 그 경위를 물
> 어본 즉, 김적기金迪基가 공문을 얻어 저들에게 매매하였다고 하고, 김적기
> 는 선공감역繕工監役에서 도면을 가져왔다고 합니다. 또 선공감역 서명철徐
> 命喆은 정장呈狀에 의거하여 성급成給하였다고 운운합니다.[13]

위의 김상복의 장계狀啓는 금당도 목재 벌목에 따른 위조문서 사건에
대한 보고였다. 즉 향당鄕黨의 무리들이 관리들의 비호아래 가짜 문서를
만들어 금당도의 목재를 벌목하려다가 사전에 발각되었던 것이다. 금당
도 봉산 개간이 허용된 지 불과 1년 만에 일어난 일이었다. 즉 18세기
말엽 금당도에는 벌목할 만한 목재가 분포하고 있었음을 입증해 준 사
건이었다.

---

13)『備邊司謄錄』141책, 영조 38년 4월 15일 임오(13권 691쪽) ;『英祖實錄』권99,
영조 38년 4월 11일 갑술.

이처럼 금당도 봉산에 대한 김상노·홍봉한·김상복 등의 상반된 주장을 종합해 보면, 18세기 금당도는 소나무 배양지로 부적합하였다기보다 목재를 벌목하려는 세력들에 의해 선점되었던 것으로 이해된다. 즉 중앙세력들은 각자의 이권을 챙기기 위해 갖가지 명분을 내세워 금당도 봉산 혁파를 종용하였던 것이다. 그만큼 18세기 금당도 목재는 사람들의 관심의 대상이었다.

18세기 서남해 도서지역이 선재목의 보고였다는 사실은 금당도 인근 해역에 입지한 다른 섬에서도 목재 관련 기록이 발견되고 있어 이를 뒷받침 해준다. 이에 적합한 사례가 청산도靑山島·고금도古今島·보길도甫吉島 등 오늘날 완도군의 부속도서들이다. 즉 18세기 청산도靑山島의 동서면東西面에 길이와 넓이가 각각 5리里 정도 되는 송전이 설치되어 있었다. 이 곳 송전에서 청산도 주민들은 목재를 채취하여 상급관청인 신지도진薪智島鎭과 우수영右水營에 상납하였다.[14] 또 19세기 고금도와 보길도 주민들 역시 중앙 관부와 지방의 수군진水軍鎭에서 필요로 하였던 선재목船材木을 상납하였으며,[15] 가리포진加里浦鎭의 진속鎭屬들도 영암군과 해남군의 송전을 관리하였던 것으로 확인된다.[16] 이와 같이, 금당도를 비롯한 서남해 도서지역 주민들은 19세기까지 선재목·땔나무·숯 등을 중앙과 지방관청에 제공하였다.

한편 봉산이 중앙과 지방 세력들에 의해 점유되자, 목재와 관련된 폐단이 도서지역의 사회문제로 대두되었다. 그 중에서도 가장 극심한 문제는 섬주민들의 부역賦役으로 인한 폐단이었다. 다음의 기사가 황장목·선재목·땔감 조달로 인한 봉산 인근 주민들의 실태를 전달해 준다.

---

14) 김경옥, 「조선후기 청산도진의 설치와 재정구조」, 『전남사학』 22집, 전남사학회, 2004, 202쪽.

15) 『湖南島嶼帖』 19세기 초 제작, 전주박물관 소장 ; 김정호 편, 『전남의 옛지도』, 향토문화진흥원, 1994, 102~123쪽.

16) 『湖南鎭誌』, 「加里浦鎭誌及事例啓錄成册」, 서울대 규장각, 奎12188.

b-1) 비변사에서 제도諸道의 진폐책자陳弊冊子를 가지고 조목조목 계啓하기를, "황장목黃腸木을 봉진封進할 때, 판자를 만들 수 없을 경우 황장목을 매입하여 봉진하는데, 이는 변통해야 할 일입니다. 더욱이 산은 모두 악석惡石이고, 토질은 소나무가 자라기에 적합하지 않아서 주민들에게 돈을 거둬 대신 바치게 하니, 일이 매우 절실하고 민망합니다. 그러나 황장목의 사체事體가 지극히 엄중하므로 갑자기 의논하여 경장更張할 수 없으니, 지금은 우선 그대로 시행할 수 밖에 없습니다."17)

b-2) 호남위유사湖南慰諭使 서영보徐榮輔가 별단別單에서 "… 내년來年(1795년 : 필자)은 전선戰船을 개조하는 해입니다. 전선개조시 선재목船材木을 벌채하여 운반하는데 전적으로 백성들의 힘을 동원합니다. 그런데 백성들이 대부분 직접 역역에 나갈 수 없어서 호戶마다 돈을 거둬 방역防役을 하기 때문에 매번 개조할 때마다 연안 백성들에게 큰 폐단이 되고 있습니다."18)

b-3) 호남위유사湖南慰諭使 서영보徐榮輔가 별단別單을 올려 이르기를, "완도莞島에서는 우수영右水營에 매달 15파把의 땔나무와 한 달 걸러 한 번씩 20석의 숯을 상납합니다. 땔나무는 1파에 2위圍의 길이를 격식으로 삼고 있는데, 땔나무 묶음의 길이와 둘레는 모두 이것을 기준으로 하고 있습니다. 또 반드시 곧은 줄기를 골라서 가지와 잎을 잘라내고 단단하고 빽빽하게 묶어야 하며 감히 짧고 가는 나무를 그 사이에 섞지 못합니다. 이에 1파의 땔나무를 갖추려면 골라내고 버리고 하는 과정에서 버리는 것이 부지기수입니다. 숯은 2석을 1석으로 계산하기 때문에 들어가는 나무가 매우 많습니다. 산의 채벌을 금지하는 것은 얼마나 중한 것입니까? 어찌 오랜 세월 동안 길러온 나무를 해당 병영兵營의 땔나무로 사용할 수 있습니까? 땔나무와 숯을 배정한 것이 어느 때부터 시작된 것인지 모르겠으나, 당초의 정식은 썩은 가지와 떨어진 나뭇잎을 긁어모으는데 불과했을 것입니다. 그런데 영속營屬들이 농간을 부리고 퇴짜를 놓는 것이 나날이 심해져서 이런 지경에까지 이른 것입니다."19)

---

17) 『純祖實錄』 권14, 순조 11년 3월 30일 무인.
18) 『正祖實錄』 권41, 정조 18년 12월 25일 무인.
19) 『正祖實錄』 권41, 정조 18년 12월 25일 무인.

앞의 기록에서 보건대, 18세기 이래로 서남해 도서지역 주민들은 황
장목을 봉진封進할 때 목재를 대신하여 호戶마다 돈으로 대납하였고, 전
선戰船을 개조할 때 부역賦役에 동원되기도 하였으며, 관아官衙나 영진營鎭
에서 필요로 하는 땔감·숯 등을 조달하는 등 영속營屬들의 착취 대상이
었다.

또 목재뿐만 아니라 서남해 도서지역 주민들은 우수영右水營과 수군진
水軍鎭으로부터 부과되었던 각종 세금을 부담하였다. 이에 대해서는 금당
도 인근 해역에 위치한 청산도青山島·소안도所安島·여서도餘瑞島·고금
도古今島 사례에서 확인된다. 즉 18세기 청산도 주민들은 매년 봄과 가
을에 신지도진薪智島鎭과 우수영右水營의 응역應役을 담당하였다. 다음은
1797년(정조 21) 청산도 주민들의 민역民役에 관한 것이다.

> 청산도의 토지와 섬주민이 신지도진薪智島鎭에 영속된 즉 수용지물需用之
> 物과 군졸軍卒의 의무가 규정되어 수군水軍 192명, 보군保軍 192명을 배정한
> 다. 이에 대한 역가役價로 수군은 1명당 2량兩, 보군은 1명당 1량 7전씩, 모
> 두 710량 4전을 월별로 납부하도록 한다. … 또 전선개조시戰船改造時 전선戰
> 船 1척·병선兵船 1척·사후선伺候船 2척·수선水船 1척의 목재를 부담하도
> 록 규정되어 있는데, 이것은 청산도를 비롯하여 고금도古今島·조약도助藥
> 島·신지도薪智島·모도茅島 등 5도島 주민이 부담하라.[20]

위의 기사에서 보듯이, 18세기 청산도 주민들은 관할 수군진과 상급
기관인 우수영으로부터 수군水軍의 역가役價, 전선戰船을 개조할 때 필요
한 선재木船材木 등 각종 민역民役을 부담하고 있었다. 또 19세기 소안도
所安島 주민들은 선세船稅 53량, 곽세藿稅 51량 4전 8푼, 어장세漁場稅 2량
을 납부하였으며, 청산도青山島 주민들도 선세 42량, 어장세 1량 5전, 미
역세 35량, 해의세海衣稅 6량을 납세하였다. 또 여서도餘瑞島 주민들은 선

---

20) 『康津縣所在延齡宮屬青山島民役仍存革祛條件節目』, 「營門報辭」, 필사본, 1797.

세 44량 5전, 미역세 5량, 해의세 4량 등을 춘추로 나누어 6월에 가을 것을, 12월에 봄의 것을 6개월 전에 미리 발령하고, 각자 해당 섬에서 수봉하여 수영水營으로 직납直納한 다음 균역청에서 문기文記를 받도록 되어 있었다.[21] 또한 고금도古今島·신지도薪智島·임자도荏子島·지도智島 주민들은 사선私船에 대한 징전徵錢으로 대선大船 60~70량, 소선小船 10량 이하로 규정되어 있었다.[22] 이와같이 19세기 서남해 도서지역 주민들은 임야뿐만 아니라, 바다에서 산출한 산물에 대해서도 각종 세금을 납부하였다.

　이상에서 살펴본 바와 같이, 18세기 이래로 서남해 도서지역 주민들은 송전과 봉산에 대한 관리는 물론 각종 부세賦稅와 신역身役의 의무를 수행하고 있었다. 이러한 시대적 배경아래 도서지역 주민들은 섬생활을 영위하기 위해 다양한 유형의 계契를 조직하였다. 동일한 시기, 동일한 해역에 입지하고 있던 금당도 주민들 역시 예외일 수 없었다. 금당도 차우리 주민들은 19세기 말엽에 동산洞山을 마련하고 목계木契를 조직하였다.

3. 木契의 조직과 구성

　본 장에서는 차우리 목계의 세입과 세출내역을 분석하여 목계의 설립시기, 계원들의 참여범주, 임원구성, 모임주기 등을 재구성하고자 한다.[23]

---

21) 『湖南鎭誌』, 「青山島鎭誌」, 서울대 규장각, 奎12188.
22) 『全羅道古今島薪智島荏子島智島四鎭釐弊節目』, 1817년 10월, 서울대 규장각, 奎17214.
23) 목계木契의 하기안下記案(회계장부)을 분석하여 계의 조직과 운영을 재구성한다는 것은 자료적 한계가 많다. 더욱이 목계는 관찬자료나 문집류에서 전혀 발견되지 않고, 거의 대부분 해당 지역 마을 현장에서 수집되고 있다. 또 현재

차우리 목계가 언제 왜 조직되었는지, 이에 대한 목계의 서문序文·계안契案·규약規約 등이 현전하지 않는다. 유일하게 차우리 목계전의 세입과 세출내역을 전해 주는 회계장부만 전해온다. 목계책에 수록된 내용은 ①전리본봉상합문錢利本俸上合文, ②군기軍器칠 때 주민들로부터 거둬들인 수입금收入金, ③곡자曲子(누룩) 판매금, ④이상 3건을 합한 수입총액, ⑤지출내역, ⑥수입에서 지출을 제외한 잔액(④-⑤), ⑦전유사錢有司의 명단과 식리전 등이며, 년대 순으로 기재되어 있다.

다음은 목계전의 회계기록을 토대로 하여 목계조직을 재구성한 것이다. 첫째, 목계木契의 설립시기이다. 이에 대해서는 차우리車牛里 목계책木契册 표지에 "갑진甲辰 십이월十二月 일日 가契"라 기재되어 있다. 그러나 목계책 앞부분 일부가 낙장 되어서 갑진년甲辰年이 어느 해를 의미하는지 정확히 파악되지 않는다. 필자의 견해로는 아마도 금당도 봉산이 혁파된 1761년(영조 37) 이후의 갑진년甲辰年인 1784년 혹은 1844년으로 추정된다.[24] 적어도 금당

<사진 1> 木契册(표지)

목계조직이 해체된 상태이기 때문에 현전하는 자료 또한 완벽하게 남아 있지 않는 실정이다. 그럼에도 불구하고, 목계의 회계장부를 본 연구의 분석대상으로 활용한 것은 아직까지 도서島嶼 관련 목계木契 자료가 학계에 보고 된 바 없기 때문이다. 이를 통해 내륙지역 송계자료와 비교 검토할 수 있는 토대를 제공할 수 있을 것으로 기대된다.

24) 현장답사 시 금당도 주민들에게 차우리 목계가 언제 시작하였는가? 라고 질문하자, 주민들은 대부분 마을이 형성되면서 시작되었을 것이라고 답하였다. 차우리에 거주하는 박남순옹(86세)은 차우리 목계의 역사는 적어도 400~500년

도 봉산이 혁파된 1761년(영조 37) 이후에 목계가 조직되었을 것으로 생각되기 때문이다. 왜냐하면 조선시기 중앙정부의 도서정책은 공도정책空島政策이었다. 즉 섬에서 주민들의 거주를 금하였던 것이다. 또 임란과 같은 전쟁을 맞이하면서 도서지역은 극심한 혼란기를 맞이하게 된다. 이후 섬이 안정을 되찾은 것은 17·18세기이다.[25] 이 때 내륙지역 주민들이 섬으로 들어가 정착하였다. 금당도 현지답사에서 촌노村老들에게 토착성 씨에 대해 질문하자, 주민들은 한결같이 '서송강이徐宋姜李'라고 하였다. 즉 육동에 서씨, 삼산과 신흥마을에 송씨, 차우와 봉동에 강씨, 가학과 육동에 이씨를 지칭하였다. 이를 근거로 하여 각 성씨별 입도조를 족보에서 검출한 결과, 이천서씨의 입도조는 서일홍徐日弘(1656~1700)이었으

며, 여산송씨 입도조는 송수복宋壽福(1642~1706), 진주 강씨 입도조는 강시립姜時立(1574~?), 전주이씨 입도조는 이희경李熙景(1673~1732) 등으로 확인되었다.[26] 이렇듯 금당노 주민들은 17세기~18세기를 전후로 하여 섬에 이주한 것으로 이해된다.

그러나 금당도 주민들이 입도入島한 이후 섬에서의 주

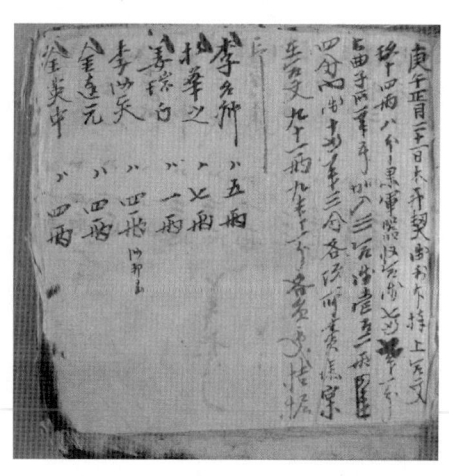

<사진 2> 木契錢의 세입과 세출
(1870년 사례)

이 되었을 것이라고 제보하였다.

25) 김경옥, 「족보를 통해서 본 도서 이주민 연구」, 『島嶼文化』 20집, 목포대 도서문화연구소, 2002, 56~60쪽.

26) 『利川徐氏元肅公(神逸)派譜』, 『礪山宋氏小尹公派家乘譜』(丁巳譜), 『晋州姜氏博士公派譜』, 『全州李氏德興大院君派家乘譜』(필사본).

도권은 섬주민이 아닌 새로운 세력에 의해 장악되었다. 즉 중앙정부에서 파견된 지방관(영아문營衙門・수군진水軍鎭・사복시司僕寺 소속 관리)과 왕실세력(내수사內需司)들이 권력을 이용하여 도서지역의 경제기반을 선점하였기 때문이다.[27] 또 18세기 중엽에는 중앙정부가 뒤늦게 도서지역 인구人口와 산물產物에 관심을 갖게 되면서 섬지역에 대한 행정편제를 단행하게 된다. 이러한 사정은 18세기에 간행된 『여지도서輿地圖書』(1759)와 『호구총수戶口總數』(1789)에서 확인된다. 18세기 금당도의 행정권을 관할하고 있던 장흥부의 행정편제를 살펴보면, 부속도서들이 '제도면諸島面'이라 하여 하나의 독립된 면面으로 편성되어 있음을 확인할 수 있다. 즉 18세기말 국가의 행정력이 도서지역까지 파급되면서 섬주민들도 국가의 제도권 안에 포함되었던 것이다. 결국 차우리 목계조직의 설치시기는 금당도 주민들의 입도시기인 17~18세기, 봉산의 해체기인 1761년, 19세기 말에 작성된 목계의 회계기록 등을 종합해 볼 때, 앞서 필자가 제시한 1784년(갑자甲子)보다 1844년(갑자甲子)에 조직되었을 가능성이 높다.[28]

둘째, 계원자격과 참여범주이다. 목계원은 차우리의 자연촌인 차우車牛・봉동鳳洞・세포細浦・울포鬱浦・비견도飛見島・허우도許牛島에서 거주한 세대주이면 누구나 가입할 수 있었던 것으로 추정된다. 물론 목계책의 입규立規 관련 기록이 현전하지 않아서 정확한 증거를 제시할 수는 없다. 그러나 목계전의 지출내역 가운데 매년 지출되고 있는 '연역烟役'과 '도제都祭'의 용례를 통해서 볼 때 이런 추론이 성립된다. 이에 대해서는 1871년(신미辛未) 목계전의 세입과 세출에서 확인된다. 즉,

---

27) 김경옥, 「조선후기 서남해 도서지방의 경제기반 변화」, 『전남사학』 14, 전남사학회, 2000, 16~44쪽.

28) 차우리 소장 마을문서에 의하면, 19세기 말엽 금당도에는 목계木契 이외에 동계洞契(1862), 사계射契(1878), 보민계補民契(1884), 서계書契(1888), 송계松契(1901) 등 계조직契組織이 별도로 운영되었던 것으로 확인된다.

辛未 正月 初十日 木廳契 錢利本捧上合 文一百十玖兩四錢五分果 軍器收合
文七兩三錢四分 加入兩合 文一百二十六兩七錢九分內 錢一兩六錢九分 都祭 錢
七兩二錢四分 軍器修補條 錢三兩 講會時經費條 錢一兩 折爾島 屯稅 錢二十兩
日後烟役條 實在 文九十三兩八錢六分 各有司處[29]

위의 기록에서 보건대, 1871년 목계전의 세입은 총 126량兩 7전錢 9푼
分이다. 이에 대한 지출내역을 보면, 도제비都祭費로 1량 6전 9푼을 사용
하고, 군기軍器를 보수하는데 7량 2전 4푼, 목계 모임 때 3량, 절이도折爾
島 둔세屯稅로 1량, 연역烟役에 20량 등을 각각 지출하고, 잔액 93량 8전
6푼은 전유사錢有司에게 분급한 것으로 기록되어 있다. 그런데 목계전의
지출규모에서 주목되는 것은 총 지출액 32량 9전 3푼 가운데 연역烟役이
20량으로 무려 65%를 차지하고 있는 점이다. 즉 목계전을 동중연역洞中
烟役이라고 하는 항목에 가장 많이 지출하였다는 것인데, 이는 차우리 주
민 대다수가 목계에 참여하지 않을 경우 거의 불가능한 지출 항목일 것
이다.

다음으로 도제都祭 역시 목계전에서 매년 지출되고 있었다. 도제란 차
우리 소속 자연촌 주민들이 해마다 정월에 지내는 마을 제사이다. 즉 차
우리 소속 자연촌 주민들은 매년 정월에 각 마을을 단위로 동제洞祭를
모셨다. 이것을 '도제都祭·도제禱祭·산제山祭·당산제堂山祭·당제堂祭'
등으로 칭한다. 예를 들면 원차우마을 주민들은 1월 6일에 마을 뒷산과
마을 앞 공터에서 당산제를 지낸다. 그리고 다음 날인 1월 7일에 차우리
주민 모두가 목계 모임에 참석한다.[30] 또 울포마을 주민들은 1월 7일 오
전 차우리 목계 모임에 참석하고, 당일 저녁에 마을 앞 선창가 공터에서
용왕신龍王神에게 헌식을 올리는 의례를 행한다. 또 세포마을 주민들도 1
월 15일 마을 입구에 위치한 당집에서 당할머니께 제사를 올리며, 비견

---

29) 『木契冊』辛未(1871) 正月 初二十日 木廳契.
30) 제보자 : 전장훈(74세, 완도군 금당면 차우리 거주).

도飛見島 주민들은 1월 14일 저녁에 마을 뒷산에서 산제山祭를 모신다.[31]

이와 같이 차우리 소속 자연촌 주민들은 매년 정월 초에서 보름 사이에 각 마을에서 당제堂祭를 지낸 다음 차우리 목계 모임에 참여했던 것이다. 이러한 마을 의례에 소용되는 경비를 차우리 목계전木契錢에서 지출하였다는 것은 차우리 주민들의 목계 가입이 의무적이었음을 입증해 주고 있다.[32] 때문에 차우리 주민들은 동산洞山의 산판 작업에 공동으로 참여하였고, 그 이익금을 마을 공공기금으로 사용할 수 있었던 것이다.

한편 '차우리 목계'의 참여범주는 차우리의 자연촌인 차우·봉동·세포·울포·비견도·허우도 등 금당도의 동부권 주민들이었다. 이를 지도에 표기해 보면, 다음 <도면 1>과 같다.

다음의 도면에 나타나 있는 바와 같이, 목계의 참여범주는 지도에 색칠해진 부분으로, 차우리 소속 자연촌과 부속도서에서 거주하는 주민들이었다. 차우리는 오늘날 금당도의 행정과 경제의 중심지로 기능하고 있다. 즉 위의 도면 아래쪽에 입지하고 있는 울포鬱浦의 경우, 금당도와 고흥을 연결하는 포구가 개설되어 있고, 또 면사무소를 비롯하여 농협과 수협 등 제반 시설이 밀집되어 있는 곳이다. 그만큼 차우리는 전통시대 금당도의 행정 중심지로써 기능하였던 곳이었다.[33]

---

31) 이경엽, 「금당 사람들의 삶과 민속신앙」, 『도서문화』 17집, 목포대 도서문화연구소, 2001, 170쪽.

32) 이러한 흔적은 목계가 파계된 1980년대까지 지속되고 있었다. 예를 들면 계원의 장자長子가 혼례를 올리고 가정을 이룰 경우, 한 가정의 세대주로서 목계에 가입하게 되는데, 이 때 "마을 호수戶數로 들어간다"는 뜻에서 입호금入戶金을 납부하였다고 한다(제보 : 강진수, 77세, 완도군 금당면 차우리 거주). 입호금은 목계전에 대한 권리금을 내는 것을 의미한다. 즉 목계전은 누대로 마을 주민들이 적립해 온 동리洞里의 자산資産이기 때문에 신입회원은 일정 부분 입회비를 납부함으로써 계원자격을 인정받았던 것이다.

33) 금당도내 차우리의 위상은 18세기 지리지에서도 확인된다. 즉 18세기 말엽에 작성된 『戶口總數』「장흥부」의 면리편제面里編制를 살펴보면, 장흥부長興府 고

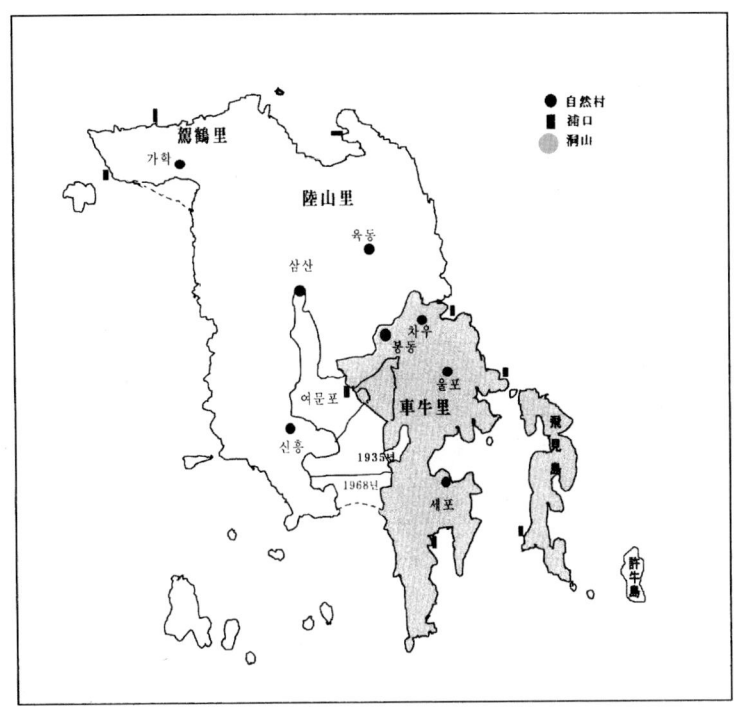

<도면 1> 차우리 목계의 참여범주

셋째, 목계조직의 임원구성이다. 초창기 목계책에서 확인된 임원은 유사有司·신유사新有司·전유사錢有司·계원契員 등이다. 그런데 일제강점기에 이르면, 19세기 목계전에서 볼 수 없었던 임원들이 목계책에서 발견된다. 즉 화주化主·구장區長·목청木聽 등이 그들이다. 차우리 목계책에서 화주化主가 처음 확인된 것은 1918년 목계전木契錢의 지출항목이다.

읍면古邑面에 금당도의 자연촌으로 유일하게 육동리六洞里와 차월리車越里가 등재되어 있다. 여기서 육동리는 육산리, 차월리는 차우리를 지칭한다. 본래 차우리의 명칭은 차월리였는데, 1914년 행정구역 통폐합에 따라 금당도 차월리車越里에 부속도서인 허우도許牛島가 편입되면서 차우리車牛里로 개칭된 것이다 (한글학회, 『한국지명총람』 15, 1983).

당시 화주化主에게 인건비로 5량이 지출된 것으로 기록되어 있다.[34] 이후 목계전에서 화주化主 몫으로 매년 5량씩 지급되고 있다. 반면에 같은 시기에 구장區長과 목청木廳에 대한 예우는 전혀 기록되어 있지 않았다. 그런데 1929년에 이르면, 목계 임원 3인에 대한 인건비 논의가 있었던 것으로 보인다. 이러한 내용이 「1929년 정례定例」 문건에서 확인된다. 이 문건의 내용을 그대로 옮겨보면, "洞中洞中 大木 致賀 定例 化主 15束, 區長 25束, 木廳 50束 以上 昭和四年 舊正月 日"이라 기록되어 있다. 이로써 보건대, 일제강점기 목계 임원들에게 인건비가 지급되고 있음이 확인된다. 특히 가장 많은 임금을 받았던 목청木廳의 주된 임무는 마을 동산洞山에서 실시하는 공동작업을 총괄 지휘하였고, 또 공동작업이 없을 때에는 수시로 주민들의 집을 방문하여 벌목 여부를 감시하였으며, 무엇보다도 목계전을 관리하는 오늘날의 총무의 역할을 수행하였다.[35] 이런 까닭에 목청은 화주나 구장보다 많은 수고비를 받았던 것으로 확인된다.[36] 결국 목계의 조직은 초창기에 유사有司와 계원契員 정도로 구성되었으나, 20세기에는 화주化主·구장區長·목청木廳 등으로 재편되었다.

넷째, 목계의 모임주기이다. 목계 모임은 년 1회 정월正月에 개최되었다.[37] 대체로 1월 7일~1월 10일경에 실시된 것으로 확인된다. 즉 새해가 시작되면 차우리 주민들은 집안에서 차례를 지내며 조상에 대한 예를 갖춘다. 그 다음 주민들은 마을 공동체의 안녕을 기원하는 마을 제사

---

34) 『木契冊』 戊午年 正月 三日 木契錢.

35) 초창기 목계책에 등재되어 있는 차우리 목계의 명칭은 '목청계木廳契'라 기록되어 있다. 이후 목청계 명칭은 1870~1874년, 1879년, 1881년 목계전에서 확인된다.

36) 『木契冊』, 「洞中大木致賀定例」 1929.

37) 1870년부터 이후 100여 년 동안 목계는 단 4차례(1906년 2월 2일, 1917년 2월 8일, 1986년 12월 28일, 1987년 12월 28일)를 제외하고, 모두 정월正月에 개최된 것으로 확인된다(목계의 강신일에 대해서는 본고 4장 2절 <표 1>을 참조바람). 반면에 동계는 매년 6월과 10월 년 2회 모임을 개최하였다.

인 도제都祭를 준비한다. 그리고 최종적으로 차우리를 총괄하는 목계 모임을 개최하여 새해 마을을 이끌어 갈 새로운 이장里長을 선출하고, 전년도 목계전을 결산하였던 것으로 이해된다.

4. 洞山의 분포와 木契錢의 운영

1) 洞山의 분포

차우리 마을문서인 「임야순시순번부林野巡視順番簿」(1941)에 목계의 동산洞山 분포지도가 첨부되어 있다. 이 지도에는 차우리의 리계里界, 자연촌, 임야, 섬과 바다의 경계지점의 지명地名, 부속도서 등이 구체적으로 표기되어 있다. 다음 <도면 2>가 차우리 동산洞山 분포지도이다.

<도면 2>에 나타나 있듯이, 금당도의 임야는 수재봉秀才峯·대송평大松坪·영산봉榮山峯·요망대遙望坮·상산봉上山峯·소삼각등小三角嶝 등으로, 금당도 전역과 부속도서인 비견도와 허우도에 펼쳐져 있다. 이 가운데 차우리 목계의 동산洞山은 원차우와 울포 사이에 위치한 영산봉榮山峯(안산案山) 일대, 세포마을의 서쪽에 위치한 상산봉上山峯 일대에 집중적으로 분포되어 있고, 수재봉秀才峯에 방풍림이 조성되었다.

그런데 이 지도가 흥미로운 것은 차우리의 동산분포洞山分布와 어장분구漁場分區가 함께 조합되어 있는 점이다. 즉 차우리 주민들의 임야林野에 대한 인식은 동산洞山이자, 공동으로 작업하는 산판山坂이었다. 그러나 문제는 바다에 대한 주민들의 인식의 차이였다. 즉 섬은 바다 속에 입지하고 있어서 마을이라는 정주공간과 바다라는 생업공간이 반드시 일치하지 않았다. 따라서 어장권漁場圈을 둘러싸고 주민들 간의 크고 작은 분쟁이 발생하였다. 왜냐하면 차우리 임야는 목계의 설치로 인해 처음부터

주민 공동 소유 동산洞山으로 출발하였기 때문에 갈등의 소지가 없었으나, 바다는 공동생산과 공동분배가 아닌 주민 개개인의 생업공간이었기 때문에 주민들 간에 이권다툼이 발생할 수밖에 없었던 것이다.

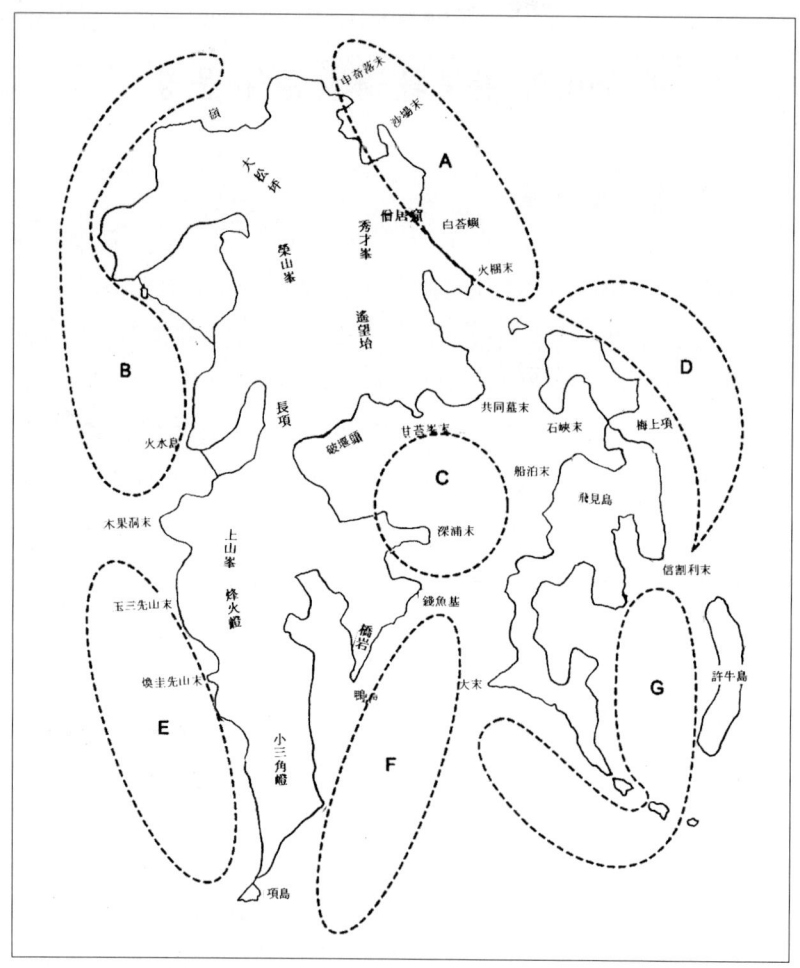

A:봉동어장(1). B:여문포어장, C:봉동어장(2), D:울포·비견도어장,
E:봉도어장(3), F:세포어장, G:차우어장
<도면 2> 車牛里의 洞山·漁場 분포도

더욱 흥미로운 사실은 바로 어장권 문제를 차우리 목계에서 관장하고 있었다는 점이다. 바로 차우리 주민들이 합의하여 작성한 어장분구도漁場分區圖의 기본 토대가 동산분포도洞山分布圖였다. 이런 내용이 차우리 마을문서인『어장분구중요서류철漁場分區重要書類綴』에서 확인된다. 이 서류철에 첨부되어 있는「임야순시순번부林野巡視順番簿」에 수록된 동산洞山 분포지도에 차우리의 리계里界, 동리洞里, 임야林野, 포구浦口, 바다와 경계를 이루는 지점의 지명地名 등이 구체적으로 기록되어 있다. 이러한 지명이 차우리 소속 자연촌 주민들의 어장을 구획하는 경계 표시로 활용되었던 것이다. 이에 목계는 차우리 소속 자연촌에 거주하는 호구수戶口數를 산정한 다음, 인구수에 따라 각 마을별 어장漁場 영역을 구획하였다. 그 결과 울포와 비견도 주민들의 어장은 비견도의 동쪽 바다에 설정되었고, 원차우리 주민들의 어장은 비견도의 동남부 바다로 표기되어 있다. 또 허우도 주민들의 어장은 허우도 인근 해역이고, 봉동어장은 <차우~울포~세포권>, 그리고 <항도(목섬)~목과동말木果洞末>에 입지하였으며, 세포어장은 <세포~목섬>에 이르는 바다로 각각 구획되었다.

이처럼 차우리 목계에서 마을 어장을 구획하는데 주도적인 역할을 할 수 있었던 것은 바로 목계가 마을 공동 자금을 운영하는 주체였기 때문에 가능하였던 것으로 보인다. 즉 차우리 목계가 계원 대다수의 균등한 어업활동과 경제생활을 영위할 수 있도록 동洞을 대표하는 자치기구로써 실력행사를 하였던 것이다. 20세기 전반기 차우리 주민들에게 있어서 목계의 위상이 어느 정도였는지 가히 짐작케 한다.

2) 木契錢의 세입과 세출

목계원들은 해마다 나무에서 물이 내리는 8월~10월경이면 호당戶當

1명씩 공동 산판 작업에 참여하였다.[38] 아침 식사 후 계원들은 각자 점심을 싸들고 공동 산판으로 향하였다. 공동작업은 작업량에 따라 하루 이틀 정도 소요되기도 하고, 여러 날 동안 지속되기도 하였다. 공동작업이 끝나면, 재목과 땔감은 일정 단위로 묶어서 분배되거나 판매되었다.

현전하는 목계책에 수록된 내용은 해당 년도의 ①전리본봉錢利本俸, ②수입내역(군기수합軍器收合・곡자曲子 등), ③수입총액(①＋②), ④지출내역(일후연역日後烟役・도제비都祭費 등), ⑤실재총액實在總額(③－④), ⑥전유사錢有司의 명단과 식리전 등이다. <표 1>은 1870~1890년 목계전의 재정구조를 표로 작성한 것이다.

다음 <표 1>에 제시되어 있는 목계전의 세입・세출은 현전하는 차우리 목계책의 일부 내용을 정리한 것이다. 비록 초창기 20년 동안의 목계전 세입과 세출을 정리한 것에 불과하지만, 목계의 재정구조를 어느 정도 파악할 수 있었다.

목계전은 어떻게 조성되었을까? 목계 창설 당시의 기록이 현전하지 않아서 정확히 알 수 없다. 다만 목계책의 기록 내용을 살펴본 결과, 세입항목으로 전리본봉錢利本俸과 군기수합軍器收合이 거의 매년 기록되어 있었고, 세출항목으로는 연역烟役과 도제都祭가 빠짐없이 기록되어 있었다. <표 1>에 나타나 있는 바와 같이, 목계전은 계원들의 식리전殖利錢, 정월正月에 농악을 칠 때 거둬들인 군기수합軍器收合, 누룩을 판매한 수입금인 곡자가曲子價 등으로 조성되었다. 초창기 약 20년 동안 목계전 세입의 구성비율을 보면, 목계전 총액이 3509량 96전 7푼인데, 이 가운데 전리본봉이 3305량 72전 8푼을 점유하였고, 군기수합문은 214량 5전 2푼으로 거의 미미한 수준에 불과하였다. 따라서 식리전이 목계전의 94% 이상을 차지하고 있는 것으로 확인된다. 이로써 보건대, 목계전은 계원

---

38) 제보자 : 박남순(86세, 완도군 금당면 차우리 거주).

들에게 원리금을 빌려주고, 그 대가로 받은 식리전에 의해서 증식되었던 것으로 이해된다.

<표 1> 1870~1890년 목계전의 세입과 세출[39]

(단위 : 兩/錢/分)

年.月.日	歲入			歲出				實在總額	錢有司
	錢利本俸	軍器收合	총액	日後烟役	都祭費	기타	총액	(殘額)	
1870.1.21	94/0/8	7/7/1	101/1/0			各項所費	9/1/9	91/9/1	38
1871.1.10	119/4/5	7/3/4	126/7/9	20/0/0	1/6/9	軍器,講會,屯稅	32/9/3	93/8/6	38
1872.1.14	121/9/6	1/1/9	128/1/6	24/0/0	1/5/2		27/2/9	110/9/1	38
1873.1.14	131/1/2	9/7/3	141/4/9		2/2/2	軍器,松子	26/1/3	115/2/7	38
1874.1.8	149/8/3	8/9/1	158/7/4	0/9/5			24/6/1	134/0/9	41
1875.1.27	174/2/9	32/2/5	219/7/9		2/1/5	軍器,火藥	87/7/7	131/9/3	42
1876.1.18	171/1/1	11/0/0	182/7/1		1/4/0		28/4/9	154/2/1	44
1877.1.	200/8/0		200/6/0	29/3/5	4/8/5	場買得,烟役	56/3/9	144/2/1	37
1878.1.	187/2/5	5/3/3	193/5/8	14/1/7	1/3/3	烟役	40/9/3	152/5/7	37
1879.1.11	198/3/2	7/2/0	198/3/1	6/9/0	2/2/0	軍器	58/3/2	139/9/8	42
1880.	181/9/5	25/5/9	181/9/5	20/0/0	1/9/5	買得田,	28/8/0	153/1/0	33
1881.1.10	160/4/3	8/0/0	173/4/3	47/0/0	1/5/9	軍器,	50/8/7	122/5/3	38
1882.1.6	159/2/7	11/5/0	171/4/5	36/9/2		各項改修,	48/8/7	122/5/3	38
1883.1.7	159/2/8	8/2/0	167/4/8	33/5/8	1/0/0	軍器,松子	44/9/0	122/5/0	38
1884.1.5	159/2/0		159/2/8	35/6/6	0/7/9	軍器,烟役	36/6/7	122/5/3	36
1885.1.8	159/2/0	11/2/5	170/4/6	35/0/0	1/5/8	軍器	45/7/7	124/6/3	46
1886.1.8	162/0/1	9/5/2	171/5/1	42/3/0	0/5/8	軍器	46/8/7	124/6/3	34

39) <표 1>은 목계전의 재정에서 전리본봉錢利本俸, 군기수합軍器收合, 일후연역日後烟役, 도세비都祭費 등이 각각 차시하는 비율을 파악하기 위해 정리한 것이다. 따라서 <표 1>에 제시되어 있는 세입총액은 전리본봉錢利本俸, 군기수합軍器收合, 기타 수입을 모두 합한 것인데, 현재 표에는 기타 수입에 대한 항목을 생략하고 수입총액으로 대신하였다. 기타 세입항목의 규모는 미미한 수준이었다. 또 목계전 세출에 있어서도 지출항목을 지면 관계상 모두 정리하지 못하였다. 위의 <표 1>에 제시되어 있는 세출항목인 일후연역日後烟役과 도제都祭는 거의 매년 목계전에서 지출되고 있었으며, 이외의 지출항목은 기타 항목에 약자로 표기해 두었다. 예를 들면 군기軍器의 경우는 '군기수보軍器修補' 혹은 '군기작인軍旗作人'과 관련된 내용이며, 소나무 재배와 관련된 경우 송자松子로 표기하였다. 이외에 화약가火藥價와 전답매입田畓買入 등이 확인된다.

1887.1.10	162/0/1	16/1/5	178/1/6	46/5/0	0/8/3	軍器,講會	53/4/7	124/6/3	36
1888.1.17	162/0/1	16/0/5	178/0/6	29/0/3	1/0/0	軍器	63/9/7	114/6/3	36
1889.1.11	149/0/1		149/0/1		7/9/9	講會	34/3/7	114/6/3	35
1890.1.24	149/7/0	17/6/0	166/6/1	18/9/9	2/2/3	軍器	53/1/7	113/4/3	35
합계	3305/72/8	214/5/2	3509/96/7	434/45/0	28/98/5	424/92/4	888/25/9	2618/17/1	800

목계전은 주로 어떤 용도로 사용되었을까? 또 항목별 지출규모는 어느 정도였을까? 목계전의 지출항목은 다양하지 않았다. 가장 주목되는 항복은 연역烟役과 노제都祭였나. 넌서 넌역은 '동중언역洞中烟役' 혹은 '일후연역日後烟役' 등으로 기재되어 있었다. <표 1>에서 보면, 목계전의 세출은 약 888량이고, 이 가운데 연역으로 지출한 금액이 434량이다. 즉 목계전은 동중洞中에 지원하는 연역비烟役費로 거의 1/2를 지출하고 있었다.

그런가 하면 목계전에서 거의 매년 지급하고 있는 항목이 도제비都祭費이다. 목계전에서 제사비용을 처음 지출한 해는 1871년이다. 도제비의 규모는 가장 적을 경우 1886년에 5전 8푼이 지출되었고, 많게는 1889년에 7량 9전 9푼이 지출되었다. 그러나 도제비가 목계전에서 차지하는 비율은 약 3% 정도에 불과하였다. 이외에도 목계전은 파송시전가播松時田價(1873), 화약火藥(1875), 군기보용軍器補用(1878), 계회시주가契會時酒價(1887), 목재운반선가木材運搬船價(1897) 등으로 지출되고 있으나, 이 역시 지출규모가 미미하였다. 따라서 목계전의 지출은 주로 동중보용洞中補用에 집중된 것으로 파악된다.

그렇다면 목계전은 누가, 얼마 동안이나 대출하였고, 식리규모는 어느 정도였을까? 목계전을 융자한 사람은 '유사有司' 혹은 '전유사錢有司'라 하였다. 목계책에 등재된 전유사의 수는 위의 <표 1>에 제시되어 있는 바와 같이, 20년 동안 약 800명이 등재되어 있는 것으로 보아, 년 평균 36명 정도로 확인된다. 이들 전유사의 성씨별 구성을 살펴보면,

1870년의 경우, 이씨李氏(7명)·박씨朴氏(2명)·강씨姜氏(8명)·김씨金氏(11
명)·전씨全氏(6명)·정씨鄭氏(2명)·송씨宋氏(2명) 순이었다.[40] 즉 전유사
의 성씨별 분포는 차우리의 토착성씨로 전해오는 '서송강이徐宋姜李'와
흡사하였다.

전유사가 목계전을 융자한 기간과 식리규모는 어느 정도였을까? 목계
책에 등재된 전유사의 식리전 규모를 살펴보면 다음과 같다. 1870년 전
유사에 등재된 강사길姜士吉의 경우, 1870년(2량), 1871년(2량), 1872년(1
량), 1873년(2량), 1875년(3량), 1876년(3량) 등으로 기록되어 있다. 또 김
경원金敬元의 경우, 1870~1876년까지 7년 동안 1~2량씩, 임화준林花準의
경우는 1875년부터 1882년까지 8년 동안 1량 3전씩 식리전을 납부한 것
으로 기록되어 있다. 이로써 보건대, 전유사는 평균 5~8년 동안 목계전
을 융자한 것으로 보이며, 식리전의 규모는 년 평균 1량~3량 정도로 확
인된다.[41]

이상에서 살펴본 바와 같이, 차우리 목계전의 세입은 계원들의 식리
전에 전적으로 의존하고 있었고, 목계전의 세출은 동중연역洞中烟役에
집중되어 있었다. 또 차우리 목계전의 20년 동안 세입총액이 3509량인
데 반하여, 세출총액은 888량이었다. 즉 목계전은 수입의 약 25% 정도
만 사용하고, 나머지 75%를 동중보용洞中補用을 위해 비축한 것으로 이
해된다.

한편 차우리 동계전의 재정구조를 살펴보면, 목계전의 지출내역과 뚜
렷하게 구분되고 있어 주목된다. 차우리 동계의 창설배경은 '주인 없는
제사'에서 비롯되었다.[42] 즉 현재 차우리 주민들은 매년 마을 회관에서

---

40) 『車牛里木禊册』, 「庚午年(1870년) 正月 二十一日」.
41) 『木契册』 1870~1882.
42) 차우리 동계전洞契錢의 형성에 대해서는 마을 촌노村老들에게 전해오는 구전자
료가 참고된다. 구전口傳에 따르면, "전라도 함평에서 살던 모씨某氏 부부가 금
당도에 입도하여 정착하였다. 그런데 이들 부부에게는 자식이 없었다. 노년기

<사진 3> 洞契册(표지)

주인 없는 제사를 모시고 있다. 이장이 제주祭主로써 제사를 주관하고 있지만, 동제洞祭가 아닌 노부부를 위한 의례이다. 바로 후사 없이 평생을 살아온 마을 주민이 자신들의 사후에 제사를 지내줄 것을 부탁하면서 평생 모은 재산을 동민에게 희사하였다고 한다. 이 기부금이 차우리 동계의 창설 초기 원리금이 되었다.

차우리 동계가 언제 창설되고, 어떤 사람들이 계원으로 참여하였으며, 계원의 입회조건과 임원진은 어떻게 구성되었는지, 이를 전달해 주는 동계서문洞契序文·계안契案·규약規約 등이 현전하지 않는다. 다만, 유일하게 동계전洞契錢의 회계장부만 남아있는데, 겉표지에 '동계책洞契册 하기下記 갑진甲辰 십월十月 일日 가契'라 기재되어 있을 뿐이다. 갑진년甲辰年의 년대 추정은 동계 하기안 식리전에 등재되어 있는 유사들의 생존시기를 기준으로 하여 추정한 결과 차우리 동계책의 내용은 1862년 6월부터 1928년 6월까지 동계전의 세입과 세출내역으로 확인되었다.[43)]

에 접어든 부부는 자신들의 소유 전답 180평을 동답洞畓으로 희사하고, 그 대신 자신들이 죽은 다음 매년 제사를 지내달라고 요청하였다. 그 후 차우리 마을에서는 이들 부부의 제사를 매년 9월 9일 마을회관에서 이장里長과 동답洞畓을 경작한 소작인이 함께 제祭를 모시고 있다(제보자 : 이금태, 64세, 완도군 금당면 차우리 이장)."

43) 동계책 표지 안쪽 앞부분이 심히 마모되고, 낙장이 되어 있어서 초창기 동계 전의 세입과 세출 내역을 정확히 알 수 없다.

현전하는 차우리 동계전 하기안의 기본 양식은 '임술 유월 십오일 동 중 유치전 49량 4전 내'라고 하여 전년도 동계전 총액이 먼저 제시되 고, 그 다음 지출용도와 지출금액이 나열되어 있다. 다음은 차우리 동계 전의 지출내역을 몇 가지 유형으로 구분해 보면 다음과 같은 특징이 주 목된다.

①동중洞中에 부과된 곽세藿稅·포세浦稅·호역戶役 등 부세賦稅
②지방관과 그 예하 구성원에 대한 보수 및 접대비
③면리面里의 호적성책戶籍成册 등 행정업무 추진비
④서계書契·서당書堂·향교향교鄕校鄕校의 교육비
⑤남사당男士堂과 가객歌客 등 초청비
⑥표류민漂流民에 대한 구휼비
⑦천정泉井·선창船艙·구언舊堰·수문水門·금고金鼓 등 수리비
⑧목계木契·산직山直·벌목伐木·송전松田 관련 경비

위에 제시되어 있는 바와 같이, 동계전은 동중洞中에 부과되었던 각 종 잡세雜稅를 지출하였다. 예를 들면 곽세藿稅·포세浦稅·둔세屯稅·해 세海稅·수산세水産稅·어업세漁業稅·염도조鹽賭租·안산세案山稅·지세地 稅·호세戶稅·산세山稅 등이 그것이다. 이 가운데 미역세와 포구세는 거 의 매년 빠짐없이 지출되었다. 그리고 둔세屯稅(1895), 산세山稅(1902· 1903·1907·1908), 수산세水産稅(1909) 등은 극히 드물게 지출되었다. 또 한 동계전은 금당도 주민들에게 부과되었던 연역烟役[44]·호역戶役·잡역

---

44) 연역烟役의 경우, 현전하는 동계 문건에서 확인된 것은 1862년과 1863년 기록 에서만 확인된다. 연역은 목계의 조직과 연관되어 있었다. 즉 목계전 지출항 목 가운데 연역이 확인된 것은 1871년(辛未)이다. 따라서 목계전에서 연역을 지출하기 시작한 1871년 이전 시기에만 동계에서 연역을 지출한 것으로 이해 된다.

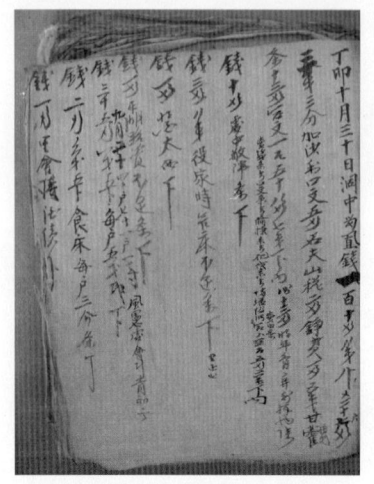

<사진 4> 洞契錢의 세입과
세출(1867년 사례)

雜役, 금당도의 행정업무를 추진하는데 필요한 호구조사戶口調査, 호적성책戶籍成册의 개수비改修費, 오가작통五家作統, 장표掌標 발급, 해안측량海岸測量, 임야정리林野整理, 축산조사畜産調査, 수해조사水害調査 등 섬주민들의 행정 전반에 필요한 경비를 모두 지출하고 있었다. 뿐만 아니라 동계전으로 금당도 인근 지방관리들에 대한 접대비를 지출하였다. 예를 들면 풍헌風憲 접대비(1862), 육산도감陸山都監 접대비(1864), 둔장屯長 접대비와 해창주인海倉主人 식상비食床費(1866), 어전리於田里 감고監考와 절이도折爾島 감고監考(1867), 녹진장鹿鎭將(1868), 절이도折爾島 도장都掌(1878), 진장리眞莊里 감고監考(1881) 등이 이에 해당된다. 이외에도 접장接長·풍헌風憲·영장領長·둔장屯長·해창주인海倉主人·진장鎭長·읍주인邑主人·읍하인邑下人·이장吏長·도장都掌·송감松監·직장直長·호방戶房·형방刑房, 좌수영左水營·병영兵營의 걸혜乞惠 등에 대한 접대비 지출이 확인된다. 또 극히 드문 사례이기는 하지만, 주민들을 위해 남사당과 가객을 초대한 사례가 1880·1892·1897·1902·1905년 문건에서 확인된다. 뿐만 아니라 동계는 완도향교를 비롯한 금당도에 개설되어 있었던 서당書堂과 서계書契의 교육 지원금, 금당도 간척공사에 필요한 제언堤堰이나 수문水門 관리에 필요한 수리비, 표류민에 대한 구휼비 등 금당도에서 발생하는 모든 대민업무對民業務를 총괄하고 있었다. 특히 목계木契와 관련하여 산직山直(1883·1884)에 대한 관리는 물론 벌목伐木할 때 주가酒價(1883·1892·1893·

1895·1899), 송전松田의 경계를 설정하는 업무(1901), 송계松契 분집分執 (1905) 등에 동계전이 사용되었다. 따라서 동계는 차우리의 행정과 주민 들의 조세 등 모든 대민업무를 총괄하는 자치기구로 평가된다.

이상에서 살펴본 바와 같이, 차우리 동계전은 행정 및 부세 등 대민업 무에 지출된 반면, 차우리 목계전은 도제都祭와 동중연역洞中烟役에만 지 출된 것으로 확인된다. 다시 말해서 동계는 차우리의 행정을 총괄하는 기능을 수행하였고, 목계는 차우리의 동중자산洞中資産을 증식하는데 주 력하였던 것으로 이해된다.

5. 마을문서를 통해서 본 木契의 기능변화

본 장에서는 차우리의 마을문서를 통해 목계의 기능변화를 살펴보고 자 한다. 특히 일제 강점기의 외적인 변화를 마을 공동체 조직이 어떻게 수용하고, 그 가운데 목계가 섬 주민들의 실생활에 어떻게 반영되었는가 를 검토하고자 한다.

목계의 기능을 전달해 주는 것은 역시 목계전의 지출내역에서 찾아진 다. 차우리 목계는 일제강점기에도 창설초기의 운영 실태를 그대로 유지 하고 있었다. 즉 현전하는 『목계책木契册』에서 일제강점기 목계 재정상태 를 살펴보면, 이전 시기와 크게 변화되지 않은 것으로 확인된다.[45] 일례 로 1913년 목계전의 재정을 정리해 보면 다음 <표 2>와 같다.

---

45) 『木契册』 1896~1945.

<표 2> 1913년 1월 8일 목계전의 세입과 세출[46]

세 입		세 출	
木廳契 錢利本俸上合	256兩 6錢 6分	都祭費	1兩 7分
軍器收合	18兩 4錢 3分	講信饌價	2兩 1錢
曲子價	1兩 5錢	日後洞中補用	75兩 9錢 6分
총액	276兩 5錢 9分	총액	79兩 1錢 3分
實在 總額 197兩 4錢 6分			

<표 2>에 나타나 있는 바와 같이, 목계전의 세입 요인은 식리전殖利錢, 정월正月에 군기軍器칠 때 주민들에게 거둬들인 군기수합軍器收合, 곡자曲子(누룩) 판매대금 등이며, 총 276량兩이다. 각 항목별 세입규모를 살펴보면, 역시 전유사錢有司로부터 받은 전리본봉錢利本俸이 256량으로, 수입금의 92%를 차지하고 있다. 이러한 성향은 앞서 살펴보았던 19세기 말엽 목계전의 세입구조와 동일한 추세이다. 또 목계전의 세출내역을 살펴보면, 마을제사에 지출하였던 도제비都祭費, 강신일講信日에 지출한 반찬값, 동중보용洞中補用 등이 전부이다. 특히 목계전 지출총액 79량 1전 3푼 가운데 75량 9전 6푼이 동중洞中에 지원되고 있어 역시 일제강점기에도 목계전은 동중연역洞中烟役에 94% 이상을 지출하고 있다. 결국 20세기 전반 목계전의 재정구조는 19세기 말엽과 거의 동일한 방식에 의해 지속되고 있었다. 다만, 차이점이라고 한다면, 목계전의 총액이 증가한 정도이다. 즉 1871년에 목계전은 약 93량인데, 1913년의 목계전은 197량으로, 약 47% 정도 증가되었다. 이처럼 일제강점기임에도 불구하고, 차우리 목계는 중단되지 않고, 기존의 방식대로 주민들에 의해 자체적으로 보존되고 있었다.[47]

---

46) 『木契册』 1913년 1월 18일.

47) 이러한 성향은 목계 모임주기에서도 확인된다. 즉 현전하는 차우리 목계 하기안下記案은 1870년(庚午) 1월 21일부터 1987년 12월 28일까지의 기록인데, 한 해도 빠짐없이 회계내용이 기록되어 있다. 즉 목계모임은 사회변화에 관계없이 차우리 주민들에 의해 자체적으로 관리되어 왔던 것이다.

이러한 흐름은 차우리 주민들의 공동체 생활에도 그대로 반영된 것으로 보인다. 그것은 차우리 주민 대표 박종대朴種大가 지역 유지有志들과 함께 1915년에 창립한 '금당도 진흥회'의 활동에서 찾아진다.[48] 금당도 진흥회는 차우리 유지들이 금당도 발전을 도모하기 위해 조직한 모임으로, 1915년 4월에 회원 423명이 참여하여 출범하였다. 진흥회의 창립취지문에 따르면,

> "섬이기 때문에 낙후될 것이 염려되어 주민 박종대 외 3인이 진흥회를 조직하였다. 회원은 금당도 주민 일동이며, 입회금은 30전錢씩 갹출하였다. 사업의 조목은 민풍개선民風改善·근검저축勤儉貯蓄·교육보급敎育普及·산업장려産業獎勵·위생보건衛生保健·교통민속交通民俗 등이다."

라고 언급되어 있다. 이렇듯 1915년 금당도 진흥회는 도서개발을 목표로 주민들에 의해 새롭게 결성되었던 것이다. 이후 진흥회는 섬주민들에게 매월 호당戶當 10전錢씩 근검저축을 권장하는 한편, 한문서당을 대신할 사립학교 건립기금을 모금하였다. 또 금당도 내에 농경지가 협소한 점을 감안하여 주민들의 생업기반을 농업에서 해태양식으로 전환하도록 하였으며, 금당도와 장흥을 연결하는 동력선 운항을 추진하였다.

이러한 진흥회의 활동 가운데 가장 주목되는 것은 근대학교의 건립이다. 당시 금당도에는 차우리에 안골서당, 육산리(육동)와 가학리(가학)에 사숙私塾과 서재書齋 등이 운영되고 있었다. 바로 진흥회는 한문서당을 대신할 근대교육기관을 건립하기 위해 학교 설립 기금을 지원하고 나선

---

48) 『호남일보』, 「완도군 금일면 금당도 진흥회의 실적」 제18호, 1928년 6월 5일. 1910년대에 금당도 진흥회의 활동이 추진되자, 아마도 차우리 동계의 기능이 대폭 축소된 것으로 이해된다. 현전하는 차우리 동계전의 기록이 1928년에 종결되고 있는 것으로 보아, 차우리 동계가 일제강점기에 사실상 파계破契된 것으로 추정된다. 반면에 차우리 목계는 기존의 조직체계를 그대로 유지하였으며, 1986년에 해체되었다.

것이다. 그 결과 1924년 5월 금당도에 금당학원이 개설되었고, 1928년에 금당학원은 사립금당보통학교로 승격되었다.[49]

이처럼 일제강점기에 금당도 차우리 주민들의 향촌활동이 활발히 이루어진데에는 차우리 목계와 무관하지 않았던 것으로 보인다. 이에 대해서는 차우리 소장 마을문서인 『간척지干拓地 중요서류重要書類』(1934)와 『수문계水門契』(1936) 자료가 참고 된다. 이 자료에 따르면, 1930년대 차우리 주민 대표 박종대를 비롯하여 동민洞民 일동이 공유수면公有水面에서 출원한 간척지, 어장, 부동산 매입 등을 통해 주민 공동소유 자산을 확보해 나가는 과정이 자세히 기술되어 있다. 이러한 내용이 『수문계水門契』「대제언계서大堤堰契序」에서 찾아진다. 다음은 수문계 서문의 일부 내용이다.

> "차우리 서남쪽에 있는 크고 작은 제언은 대부분 차우리 주민 공동으로 축언한 것이다. 본 섬은 토지가 협소하고 인구는 조밀한데, 농작물의 수확량은 반년半年의 양식으로도 부족하다. 갑술년(1934) 봄에 이원창李源昌씨가 간척의 필요성을 역설하자, 내가(필자 : 박종대) 동지들과 협동하여 설계하였다. 군都에서도 적극 협조하여 조서調書와 면허免許를 발급해 주었다. 이에 동洞의 임야 잔여금 전부를 수문계 자산으로 삼았다."[50]

위의 서문에서 주목할 것은 금당도 간척사업이 차우리 주민들을 중심으로 추진되고 있는 점이고, 특히 간척사업에 필요한 운영자금이 차우리 임야 관련 기금으로 마련되었다는 사실이다.

---

49) 사립금당보통학교는 1933년 4월에 금당사립심상소학교, 1944년 5월에 금당공립학교, 1953년에 금당국민학교로 변화하게 된다. 또 1961년에는 가학리에 금당국민학교 가학분교장이 신설되었고, 1967년에 금당국민학교 차우분교장과 금당중학교가 신설되는 등 금당도 내에 교육시설이 구축되었다(완도군 금당면사무소 제공).

50) 『水門契册』,「大堤堰契序」, 1936, 朴鍾大 書.

그런데 차우리 간척사업이 주민들에 의해 추진되고 있을 때, 차우리 공동체 조직은 일대 전환기를 맞이하고 있었다. 그것은 19세기 말엽에 주민들에 의해 자체적으로 조직되어 차우리의 행정을 주도해 왔던 동계가 파계되어 중단된 것이다. 그 결과 지금까지 차우리의 행정과 경제가 동계와 목계에 의해 각각 이원화되어 운영되었던 것이 동계의 소멸로 인해 목계가 차우리를 대표하는 단일 창구로써 위상을 정립하게 된 것이다.

이러한 배경아래 금당도 간척사업은 1934년 5월에 본격화되었다. 즉 「차우리車牛里 지선地先 공유수면公有水面 간석지干潟地 제방공사堤防工事 경영經營을 위한 서약서誓約書」에 차우리 주민 238명이 서명함으로써 금당도 발전을 위한 경제활동에 적극 동참하는 계기를 마련하였다. 이러한 차우리 주민들의 활동은 구체적인 성과로 나타났다. 다음은 1930년대 차우리 주민들의 경제활동의 일지를 정리한 것이다.[51]

<표 3> 1930년대 차우리 주민들의 경제활동

년도	활동 내역
1934년	- 2월, 차우리 공유수면 매립면허. - 5월, 차우리 간사지 제방공사 건에 대한 진정서(박종대 외 25명) 제출. - 5월, 공유수면 간척지 공사비 8,000원 출원에 대한 議案 확정. - 6월, 公有水面에서 출원한 간척지를 차우리 洞民의 공동 소유로 승인. - 7월, 차우리 양식어업면허 10482호 승인, 地先 면적 24,310평. - 10월, 차우리 公有水面 준공 검사 실시(防潮堤 및 排水門 등).
1935년	- 5월, 차우리 동민이 일본인으로부터 畓360평, 田426평, 雜地 768평 등을 매입. - 5월, 飛見島 해태양식장 건에 대한 陳情書 제출.
1936년	- 8월, 차우리 816번지 토지 매입.
1938년	- 鬱浦의 乾海苔倉庫 앞에 위치한 10尺의 토지를 洞民의 공동소유로 이전. - 9월, 納多地漁場件에 대해 차우리 동민과 삼산리 구장이 협정.

---

51) 『干拓地重要書類』(1934) ; 『水門契册』(1936).

앞의 <표 3>에 제시되어 있는 바와 같이, 1930년대 차우리 주민 대표 박종대를 비롯하여 동민洞民들의 경제활동은 상당히 실효를 거두었던 것으로 평가된다. 즉 1934년 2월에 간척지 매립공사에 착수하고, 동년 6월에 출원한 간척지에 대해 주민 공동소유권을 신청하였으며, 1935년 5월에는 일본인의 전답을 매입하였다. 이런 과정을 거치면서 차우리 주민들은 차우리車牛里·울포鬱浦·비견도飛見島·허우도許牛島 일대에 전답과 저수지, 임야와 보호림 등 동민洞民 공동 소유의 부동자산不動資産을 확대해 나갔다.

이상에서 살펴본 바와 같이, 차우리 목계는 시대의 변화를 수용하면서 보다 다양하게 운영되었던 것으로 이해된다. 즉 1870년대에 차우리 목계는 소나무 확보를 위한 파송播松과 범벌犯伐, 송추수매松楸收買, 벌목伐木 운반運搬, 순장巡場과 권선勸善, 도제都祭와 강회講會, 연역烟役 등 주로 임야를 관리하여 마을 공동 자산을 축적하는데 주력하였다면, 일제강점기의 목계는 목계전을 재원財源으로 삼아 간척지를 조성하고, 저수지와 수문을 개설하였으며, 전답과 임야 매입 등을 통해 마을 공동체의 경제 생활을 영위하기 위한 기반시설을 확보하는데 주력하였던 것으로 평가된다.

6. 맺음말

이 논문은 전라도 장흥부 소속 금당도 차우리 목계木契의 조직과 운영, 기능을 살펴보기 위해 작성되었다. 앞에서 논의된 내용을 요약하는 것으로 맺음말을 대신한다.

조선시대의 금당도는 전라도全羅道 장흥부長興府의 부속도서였다. 그런데 19세기 말엽에 서남해의 크고 작은 섬들이 3개 군郡(돌산군突山郡·완도군莞島郡・지도군智島郡)으로 설군設郡되면서 행정편제가 단행되는데, 이 때 금당도金塘島가 완도군莞島郡으로 이속되어 오늘날 완도군 금당면이 되었다.

차우리 목계의 연원은 장흥 금당도 봉산封山에서 찾아진다. 조선후기 중앙정부는 황장목黃腸木과 선재목船材木 등 국용國用 목재를 조달하기 위해 전국에 봉산封山을 설치하였다. 금당도에 언제 봉산이 설치되었는지 정확히 알 수 없다. 문헌에 의하면, 1755년(영조 31) 금당도에 이미 봉산이 설치되어 있었던 것으로 확인된다. 그런데 1761년에 금당도 봉산은 소나무를 재배하기에 적합하지 않다는 판정을 받고 혁파된다. 즉 목재를 벌목하려는 중앙세력들에 의해 금당도 봉산이 선점되었던 것이다. 그런데 중앙세력이 섬에서 주도권을 장악하자, 이제 목재와 관련된 다양한 폐단이 도서지역의 사회문제로 대두되었다. 즉 18세기 이래로 서남해 도서지역 주민들은 전선戰船을 개조할 때 필요한 선재목船材木을 비롯하여 땔나무와 숯 등을 중앙과 지방관부에 상납해야만 하였다. 심지어 바다에서 산출된 산물産物에 대해서도 선세船稅・곽세藿稅・어장세漁場稅・해의세海衣稅 등의 명목으로 각종 세금이 부과되었다. 그 결과 도서지역 주민들은 공동체를 영위하기 위해 다양한 유형의 계契를 조직하게 되는데, 19세기 말엽에 금당도 차우리 주민들은 동계洞契와 목계木契를 결성하였다.

현전하는 차우리 『목계책木契册』에는 1870년부터 1986년까지 목계전木契錢의 수입收入・지출支出・식리殖利 등에 관한 내용이 기록되어 있다. 목계전의 세입과 세출내역을 통해 목계의 조직과 운영, 기능을 재구성하였다. 차우리 목계의 설치시기는 정확히 파악되지 않지만, 금당도 주민들의 입도시기入島時期, 금당도 봉산이 혁파된 시기, 현전하는 목계책의 회계기록 등을 고려해 볼 때, 1844년(헌종 10)에 조직된 것으로 추정된다. 목계원은 차우리 소속 차우車牛・봉동鳳洞・세포細浦・울포鬱浦・비견도飛見島・허우도許牛島 등 자연촌에서 거주한 주민들이었다. 초창기 목계는 유사有司・신유사新有司・전유錢有司 등으로 구성되었으며, 일제강점기에 목계임원은 화주化主・구장區長・목청木聽 등으로 재편되었다. 이 가운데 목청木聽은 공동 산판작업을 총괄 지휘하였고, 벌목伐木을 감시하였으며, 목계전木契錢을 운영하였다. 목계의 모임 주기는 정월正月에 년 1회 개최되었다. 차우리 동산洞山은 차우마을에서 울포에 이르는 영산봉榮山峯(안산案山) 일대와 세포마을의 서쪽에 위치한 상산봉上山峯 일대에 집중적으로 분포하였다.

19세기 말엽 목계전의 재정구조를 살펴본 결과, 목계전은 계원들의 식리전殖利錢, 정월正月에 농악을 칠 때 거둬들인 군기수합軍器收合, 누룩 판매 수입금인 곡자가曲子價 등으로 조성되었다. 이 가운데 식리전이 목계전의 약 94% 이상을 점유하였다. 목계전은 동중연역洞中烟役, 도제비都祭費, 파송시전가播松時田價, 화약火藥, 군기보용軍器補用, 강회주가講會酒價, 목재운반선가木材運搬船價 등으로 지출되었다. 특히 목계전은 연역烟役에 무려 49% 정도를 지출하였고, 나머지 항목에 대한 각각의 지출은 거의 미미한 수준이었다. 결국 목계전은 주로 동중연역洞中烟役에 집중되어 있음을 확인할 수 있었다. 반면에 목계와 동일한 시기에 조직된 동계의 지출내역을 검토해 본 결과, 동계전洞契錢은 호역戶役과 잡세雜稅, 관리들의 보수와 접대비, 호적戶籍과 관련된 행정업무, 향교의 교육비, 표류민 구휼비, 제언堤堰과 수문水門 수리비, 벌목伐木과 송전松田 관리비 등 차우리의 행정行政과 주민들의 부세賦稅에 대한 대민업무對民業務를 총괄하는데 지출되고 있었다. 결국 19세기 말엽 동계는 차우리의 행정권을 담당하였고, 목계는 차우리의 경제권을 주도한 것으로 이해된다.

그런데 일제강점기에 이르면, 차우리 동계는 소실되고, 목계는 창설초기의 운영실태를 그대로 유지하였다. 즉 일제강점기, 차우리 목계는 주민들에 의해 자체적으로 전승되었던 것이다. 이러한 성향은 차우리 주민들의 경제활동에도 그대로 반영되어 나타났다. 즉 1930년대 차우리 간척지干拓地, 어장漁場, 부동산不動産 매입 등에 소요된 운영자금이 차우리 임야 기금에서 지원되었기 때문이다.

이와 같이 19세기 말엽 차우리 목계는 동산洞山을 관리하고 목재를 벌목하여 마을 공동 자산資産을 축적하는데 주력하였다면, 20세기 전반기 차우리 목계는 목계전을 재원財源으로 삼아 간척지를 조성하고, 저수지貯水池와 수문水門을 개설하였으며, 전답과 임야 매입 등 차우리 공동체 생활을 영위하기 위한 기반 시설을 확충하였다. 결과적으로 목계는 차우리 주민들의 경제생활을 총괄하는 마을 공동체 조직으로써 그 기능을 수행하였던 것으로 평가된다.

제2부
도서지역의 공간변화

제1장

신안군 임자면 소재지의 공간구조 변천

박 종 철

1. 서 론

1) 연구의 목적

도서지역은 환해성環海性, 격절성隔絶性 등으로 인해 주민생활의 제약이 뒤따르고 육지부에 비해 상대적으로 불리한 사회경제적 토대를 가지고 있는 것이 현실이다.

더구나 신안군 지역은 전체인구의 20.8%(전남 14.1%, 전국 7.9%)가 65세 이상 노인으로 유엔이 정한 초고령사회(20%)로 진입했다. 2004년 말 현재 신안군의 총 인구는 4만6천315명으로 올해 들어 4.3%인 2천183명(6월 말 현재)이 주는 등 급격한 인구감소 추이를 보이고 있어 급격한 쇠락의 길을 걷고 있다.

더욱이 서남해안 최대의 젓갈산지였던 전장포가 지도읍 송도로 옮겨가고 파시가 열렸던 재원도 또한 섬 존립까지 흔들리고 있는 추세다.

이런 반면에 임자도 지역은 새우젓과 민어, 병어, 민어 등 수산물과 대파, 월동배추 등 특화작물로 인한 높은 소득을 보이고 있다. 또한 대광해수욕장의 투자유치 성공으로 하계관광지로서 자리를 잡아가는 등 도서지역만이 가지는 독특한 잠재력도 보여주고 있다.

이러한 도서지역 특유의 사회경제구조 하에서 협소한 토지활용 공간 및 농지확보를 위한 간척사업 등으로 급격한 변화를 겪고 있는바 도서 지역의 중심시가지 발달은 육지부와 다른 양상을 보일 수 있다. 또한 중심시가지가 육지부 목포·무안·지도 등 도시가 담당하는 상업기능을 상당부분 대신하고 있으므로 도서개발 방향 또한 토착화된 방향으로 구상하는 것이 타당할 것이다.

본 조사의 목적은 신안군 임자면 소재지 진리를 대상으로, 토지이용과 도로망 조사를 통해 시가지 공간구조의 현상을 파악하는 것이다. 이를 통해 도서지역 중심시가지의 특성을 이해하고 중심시가지 개발과정에서 파생된 문제점을 통해 바람직한 도서 중심시가지 개발방향을 찾아보고자 한다.

2) 연구의 방법

본 연구는 제1장에서 연구의 목적 및 방법과 조사지역의 개요를 밝히고, 제2장에서는 조사 대상지의 인구변화에 대하여 분석한다. 제3장에서는 토지이용 현황을 파악하여 공간분석을 하고, 제4장인 결론 부분에서는 지금까지의 내용을 요약·정리하고 개괄적인 대안점을 모색해 본다.

이를 위해서 다음과 같은 연구방법이 사용되었다.

첫째, 지적도, 토지대장, 건출물대장, 지형도 등의 문헌자료를 수집하였다.

둘째, 현장조사(2004년 7월, 9월)를 통해 업종별, 건물별 토지이용 현황, 도로망 현황 등을 조사하였다.

3) 조사지역의 개요

신안군은 총 면적 653.13㎢, 인구 4만6천3150명(2004)이고 인구밀도는 77.6명/㎢(2003), 가구 수는 1만9천233(2004), 행정구분은 1읍 13면이다. 동쪽은 바다 건너 무안군과 목포시, 서쪽은 황해, 남쪽은 다도해, 북쪽은 영광군의 낙월군도洛月群島와 접해 있다. 유인도 111개, 무인도 719개 등 830개 섬으로 이루어져 있는데 이는 국내 전체 섬의 약 25%를 차지한다. 섬들이 해양에 넓게 산재돼 있어 해역이 넓으며, 구릉성 산지가 많고 농지의 발달은 협소하지만 일찍부터 시작된 갯벌 간척으로 수많은 토지를 확보한 상태다.

조사지역인 임자면의 면적은 47.04㎢, 인구 3,878명(2004)이며 가구 수는 1천617세대다. 면 소재지인 진리는 211세대 563명이 거주하고 있으며 8개리로 이루어져 있다. 동쪽은 지도읍智島邑, 남쪽은 자은면慈恩面과 이웃하고, 북쪽과 서쪽은 황해에 인접해 있다. 13개의 유인도有人島로 구성되는데, 주민 200명 이상인 섬은 임자도荏子島·재원도在遠島·수도水島 등으로, 임자도의 인구가 대부분을 차지한다. 주요농산물은 대파, 쌀·보리·참깨·유채 등이다. 연안의 해역에서 병어·부서·민어·새우 등의 어획량이 많다. 천일염과 규사硅砂도 생산한다. 임자도 북부 해안의 대광大光해수욕장은 길이 8km의 백사장이 전개되고 주위에 해당화가 피는 아름다운 경치로 널리 알려졌다.

임자도는 무안과 지도 경제권에 속하여 신안군 내 타 도서와는 유기적 관계를 갖지 못하고 있다.

<그림 1> 임자면 지도

2. 임자면 진리의 인구변화 추이

1) 인구수의 변화

<표 1>에서 보는 바와 같이 신안군의 경우 산업화가 본격적으로 추진되던 1980년 이후 인구가 급격히 감소하고 있으며, 현재까지 61.27% 감소하였다. 특히 1995년과 2000년엔 감소율 최고조에 달하는데 각각 38.51%, 15.44%에 이른다. 이는 자녀들의 교육 문제와 도시에 대한 문화·소비적 욕구가 증가함에 따라 육지로 이주 하거나 섬과 육지 양쪽에서 생활하는 사람들이 점차 늘고 있음을 증명하고 있다.

임자면 또한 1980년 9,268명 있었던 인구가 2003년에는 4,042명의 인

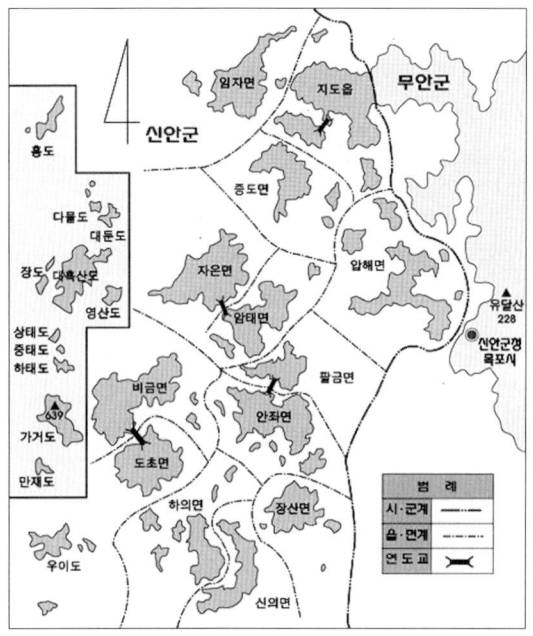

<그림 2> 신안군 행정구역

구로 56.39%의 대폭적 감소율을 보이고 있어 타지로의 전출이 심화되고
있다. 그러나 1990년까지 신안군 인구감소율을 상회하던 임자면이 1995
년 이후 신안군 감소율을 둔화시키는 추세로 돌아서게 된다. 특히, 조사
대상지역인 진리의 경우 1980년 802명이던 인구가 2003년에는 641명으
로 20.08%의 인구 감소율을 보이고 있는데 이는 타 지역과 비교하면 상
대적으로 감소율이 낮은 편이다. 더욱이 1995년 이후 인구는 증가세로
돌아서 타 지역 면소재지와는 다른 양상을 보이고 있다. 임자면의 감소
곡선이 둔화되고 중심시가지인 진리 감소율이 증가세로 돌아 선 것은
임자면 내부에서의 리里간 이동(면 소재지로의 인구유입)이 늘어났음을
의미한다. 더 나아가 사회적 기대심리와 경제적 유발효과가 잠재돼 있다
고 보는 것이 타당하다. 사회적 기대심리로는 1990년 임자면 대광해수

욕장의 '국민관광단지'로 지정됨에 따라 개발에 대한 기대심리가 대폭 작용한 것으로 보인다. 경제적 유발효과로는 섬 전체가 모래지형이라 농업용수 확보의 어려움으로 인해 이농의 원인이 되었던 것이 대단위 '대파단지조성'과 '일본수출' 등의 호재로 농가소득이 증가한 때문이다.

<표 1> 신안군, 임자면, 진리의 인구 변화추이 (단위 : 명)

인구		신안군	임자면	진리
1980	계	130,973	9,268	802
	남	66,343	4,558	396
	녀	64,630	4,710	406
1985	계	115,026(12.18)	8,067(12.96)	746(6.98)
	남	59,292	4,351	369
	녀	55,734	3,716	377
1990	계	102,224(11.13)	6,425(20.36)	569(23.73)
	남	53,057	3,643	290
	녀	49,184	2,782	279
1995	계	62,854(38.51)	4,629(27.95)	595(+4.57)
	남	31,663	2,381	310
	녀	31,191	2,248	285
2000	계	53,150(15.44)	4,183(9.64)	609(+2.35)
	남	26,898	2,180	316
	녀	26,252	2,003	293
2003	계	50,726(4.57)	4,042(3.34)	641(+5.25)
	남	25,515	2,079	317
	녀	25,211	1,963	324

출처 : 신안군 통계연보
주   : ( ) 안은 전 분기 대비(%)

2) 인구 구조 변화

낙후지역의 인구 감소는 출산연령층 위주의 인구유출로 인구비율이 낮아지면서 출생율이 감소하는 원인과 고령인구비율의 증가로 인한 높은 사망률로 나눌 수 있다.

<표 2>와 <표 3>에서 임자면의 1995년과 2000년의 인구분포를 보면 15세 미만 인구가 18.49% 감소하였으며, 15~64세 인구도 12.53% 감소하였음을 알 수 있다. 또한, 출산연령인구(15~44세)의 경우 1995년 2,128명에서 2000년 1,764명으로 17.11% 감소하였다. 이는 위에서 설명한대로 출산연령층 위주로 구성되는 유출인구의 특성 때문에 출산연령인구의 감소가 15세 미만 연소인구의 감소를 초래한다고 정의할 수 있다.

또한 남녀성비에 있어서도 결혼적령기인 20~34세의 경우를 살펴보면, 1995년의 경우 181.32%에서 2000년 188.50%로 증가하였다. 연령대별로 보면 2000년의 경우 20~24세의 남녀성비가 180.3%, 25~29세 241.1%, 30~34세 159.1%로 5.56명당 1명꼴로 결혼을 하지 못하고 독신으로 살아가는 사람들이 많을 것이고, 이로 인해 남성들의 육지로의 전출이 심해져 결국에는 노동인력 부족이라는 결과를 낳을 것이다.

<표 2> 임자면 연령 및 성별 인구변화 (단위 : 명)

	1995년				2000년			
	계	남	여	성비(%)	계	남	여	성비(%)
0~4세	200	102	98	104.1	176	96	80	120.0
5~9세	208	108	100	108.0	215	108	107	100.9
10~14세	333	152	181	84.0	213	110	103	106.8
15~19세	611	316	295	107.1	330	157	173	90.8
20~24세	509	337	172	195.9	426	274	152	180.3
25~29세	270	176	94	187.2	249	176	73	241.1
30~34세	245	147	98	150.0	228	140	88	159.1
35~39세	257	163	94	173.4	254	160	94	170.2
40~44세	236	128	108	118.5	277	172	105	163.8
45~49세	307	150	157	95.5	258	143	115	124.3
50~54세	375	190	185	102.7	303	152	151	100.7
55~59세	400	177	223	79.4	347	165	182	90.7
60~64세	262	119	143	83.2	365	151	214	70.6

65~69세	155	52	103	50.5	237	98	139	70.5
70~74세	120	44	76	57.9	140	44	96	45.8
75~79세	63	12	51	23.5	80	25	55	45.5
80~84세	45	6	39	15.4	46	8	38	21.1
85세이상	33	2	31	6.5	39	1	38	2.6
계	4,629	2,381	2,248	105.9	4,183	2,180	2,003	108.8

출처 : 통계청, 인구 주택 총 조사(1995, 2000년) / 주 : ( ) 안은 남녀 구성비(%)

인구부양율은 <표 3>에서 보는 것처럼 1995년 33.32%에서 2000년 37.74%로 증가하였다. 연소인구의 부양율은 21.34%에서 19.87%로 1.07% 감소한데 비해 노년인구의 부양율은 11.98%에서 17.85%로 5.87% 증가함으로써 연소인구는 감소한 반면 노년인구는 증가하는 것으로 나타났다. 이러한 이유는 생산연령인구의 감소로 인한 인구부양율 증가와 노년인구의 증가를 들 수 있다.

65세 이상 인구는 95년도에 비해 2000년에는 23.25% 늘어났으나, 노령화지수[1]는 43.86%에서 10.27%로 감소하여 초고령(20% 이상)사회에서 고령화(7%)사회로 완화 추세를 보여 타 지역과 사뭇 대조적인 추세를 보였다. 또한 65세 이상의 남녀성비를 조사해본 결과 각각 32.47%와 67.53%로 두 배 이상의 차이를 보였는데 이는 한국전쟁 후유증과 전장포 젓갈시장과 재원도 파시 폐쇄 이후 남성인구의 대폭 감소로 이어진 것으로 추정된다. 따라서 노년 여성인구의 독신생활의 증가와 심각한 노동력 문제로 인해 취약한 경제생활이 예측된다.

또한 이러한 노령화 추세에 비추어 도보이용이 용이하도록 공공·공익 시설 및 병원 등의 연계화·복합화 및 이들 시설에 접근을 용이하게 하는 보도정비 등이 새롭게 요구될 것이다.

---

1) 노령화지수는 연소층(0~14세)에 대한 노령인구(65세 이상)의 인구비율.

<표 3> 임자면의 인구부양율과 노령화 지수 (단위 : 명)

	연소인구 (0~14세)	생산연령인구 (15~64세)	노년인구 (65세이상)	인구부양율(%)			노령화지수 (%)
				연소	노년	계	
1995년	741	3,472	416	21.34	11.98	33.32	43.86
2000년	604	3,037	542	19.89	17.85	37.74	10.27

출처 : 통계청, 인구 주택 총 조사(1995, 2000년)

3. 임자면 중심시가지의 토지이용 현황

1) 지목별 토지이용 현황

임자면 진리의 지목별 현황을 보면 구 동헌 부지인 구릉지역으로 주거지가 형성돼 있고 동쪽에서 서쪽으로 이어지는 국도國道를 중심으로 최근 대지가 집중되어 가는 양상을 보이고 있다. 주변에 전田과 답畓이 산재되어 있으나 그 면적은 많지 않으며 각종 개발행위로 인해 그 면적이 축소돼 가는 추세다.

과거에는 면사무소를 중심으로 반경 100m이내가 임자면 진리의 중심시가지였으나 선착장이 폐쇄돼 진리항으로 통합되고 중심 도로노선이 변경된 이후 주변 시가지는 급속한 쇠락양상을 보이고 있으며 대광해수욕장 방향 잡종지를 중심으로 새로운 상업시설이 대거 형성됐으며 이는 상권과 주거의 집중정도를 나타낸다.

그러나 구시가지에 공지와 폐가가 늘어가고 구시가지가 급속히 쇠락하고 있음에도 시가지가 A(<그림 4> 참조)구역으로 급속히 확장되고 있어 구시가지 활성화방안 등 대책마련이 병행돼야 할 것으로 보인다.

2) 토지이용 현황

임자면 진리를 지적도상 시가지 형태에 따라 4개 권역으로 분류해 토지활용을 조사해 본 결과 흥미로운 결과가 도출됐다. 과거 중심지 역할을 했던 D구역의 경우 선착장이 폐쇄되면서 급속한 쇠락을 거듭하고 있으며 역으로 신시가지로 급속도로 성장하고 있는 A구역의 경우 군도가 통과하고 있다. 또한 옛 동헌이 위치하는 등 전통적인 중심주거 역할을 했던 C구역의 경우 급속한 공동화 현상을 보이고 있으며 A구역의 배후에 위치한 B구역의 경우 A구역 포화에 따라 최근 주택 신축이 눈에 띈다.

임자면 진리의 업종별 구성을 보면 농협과 면사무소를 중심으로 판매·서비스 기능이 집중되는 타 지역과 달리 진리항~대광해수욕장 간 국도변 A구역에 집중적으로 상가가 형성되는 특징을 보인다. 이는 협소한 시가지 면적에 따라 도시성장이 정체되다가 도로 개설에 따라 인근 잡종지로의 교통이 용이해지면서 새로운 시가지가 형성된 것으로 보인다.

<표 4>에서 보는 것처럼 주거기능이 42.03%를 차지하고 상업기능이 20.38%를 차지하는데 식음료기능이 4.78%, 위락시설이 4.46%, 개인서비스가 3.50, 근린상업기능이 2.87%, 건축이 2.23%를 차지한다. 타 도서에 비해 위락기능이 높은 것은 흑산도와 마찬가지로 대광해수욕장 등에 따른 관광수효가 작용한 탓으로 보인다. 주거기능 다음으로 높은 비중을 차지한 기타기능 23.89% 중에는 무려 22.61%의 빈집과 폐가 양상을 보여 심각한 이농실태를 나타냈다. 그러나 빈집(폐가포함) 집중률이 중심 상업지구인 A구역의 경우 3.39%에 불과한 반면 구시가지인 C구역의 경우 42.86%에 달해 5가구 중 2가구 이상이 비어있거나 사라진 것으로 나타났다. B구역의 경우도 32.05%에 달해 3가구 중 1가구가 비어있거나

사라진 것으로 나타났는데 C구역에 비해서는 그 속도가 완만한 편이었다. 과거 중심시가지였던 D구역의 경우 21.95%로 중심시가지 이동양상을 극명하게 보여 주었다.

이 밖에도 업무시설인 공공서비스 가능은 4.45%였으며 운수, 종교, 통신 등 시설은 1%에도 미치지 못했으며 특히 교육시설은 어린이집 1곳을 제외하고는 면소재지 내에 위치하고 있지 않았다.

임자면 진리지역의 업종별 특징을 보면 관광배후시가지의 특성을 반영해 위락기능 등 상업시설은 타 도서에 비해 다소 높은 편이었으나 노령인구를 위한 복지시설이 최근 신축되는 등 의료시설 및 인구이동을 억제할 교육시설 등은 아주 협소해 시가지 발전에 장애요인으로 작용할 가능성이 농후해 대책마련이 필요할 것으로 보인다.

특히 중심시가지로부터 2㎞ 가량 떨어진 초·중학교와 학원 등과의 단절을 극복하고 주 거주지역에 교육기반을 확보하는 방안도 강구돼야 할 것이다. 또한 노령화에 대비한 위락시설과 실버상점이 전무하고 어린이를 위한 상점도 문구점 한 곳과 PC방 한 곳뿐이고 제대로 된 놀이시설이 없다.

또한 상업지역이 구시가시와 떨어져 있고, 확산모양은 도보 접근이 불편한 선형으로 변해가고 있다.

<표 4> 토지이용 현황 (단위 : 개)

대분류		중분류	소분류	A	B	C	D	소계	구성비	
주거계	A	단독주택	주택	37	38	40	17	132	42.03	42.03
업무계	B	업무시설	우체국, 파출소, 면사무소, 보건소, 예비군대, 일반사무소	7	4		3	14	4.45	5.09
		금융시설	은행, 보험	1			1	2	0.64	
상업계	C	근린상업	소형슈퍼, 잡화, 정육점, 방앗간, 전파상, 비디오, 음반점, 식육점, PC방	7	1		1	9	2.87	20.38

	코드							합계	%	분류%
		식음료	대중음식점, 간이음식, 호프	13	1		1	15	4.78	
		개인서비스	약국, 건강원, 이발소, 미장원, 농약사, 노래방	11				11	3.50	
	D	선매품판매	양품점, 구두, 낚시, 문구	1				1	0.32	
	E	위락시설	유흥주점, 노래방, 다방, 당구장, PC방	11	2		2	14	4.46	
		숙박시설	여관				2	2	0.64	
	F	기계	오토바이 판매점, 공업사	3				3	0.96	
		건축관련	철물, 유리, 페인트, 집수리, 벽지	5			2	7	2.23	
	G	집단판매	대형슈퍼마켓		1		1	2	0.64	
교육	H	학교	어린이집, 초등학교, 중학교	1				1	0.32	0.32
	I	학원	학원							
	J	문화	연구원							
		전시관								
		운동시설								
종교복지	K	종교시설	교회, 사찰, 성당	1		1		2	0.64	0.64
		의료복지	노인정, 마을회관							
운수시설	L	운수시설	택배, 택시	1				1	0.32	1.28
		자동차관련	주유소	3				3	0.96	
공업계	M	소규모공장								6.69
		일반 공장	레미콘	1					0.32	
		창고	창고, 농산물유통창고	9	5	2	2	20	6.37	
통신	N	언론								
		통신								
기타	O	공지	공지, 축사		1	1		2	0.64	23.89
		주차장	주차장	2				2	0.64	
		기타	빈집, 공가 등	4	25	33	9	71	22.61	
총계				118	78	77	41	314	100	100

출처 : 현지 토지이용조사

3) 건물의 층별 토지이용 현황

층별 토지이용을 살펴보면 <표 4>와 같이 1층은 주거가 42.61%로 대부분을 차지하고 창고가 6.87%, 식음료 4.81%, 개인서비스 3.78%, 업무시설 3.44%의 순을 보였다. 2층은 주거가 44.4%를 차지했으며 위락시설이 31.5%를 차지해 사업기능이 타 도서에 비해 비교적 왕성함을 보여 주었으며 사무실이 15.7%였는데 면사무소 등 공공서비스가 주 용도였다.

그러나 위락시설의 2층 밀집은 안전사고 등 문제발생 요인으로 작용할 수 있어 노령화 추세에 역행하는 것으로 1층으로 노령인구에 대한 배려가 필요할 것으로 보인다.

3층은 위락시설과 주택, 사무실 등으로 활용되고 있었다. 임자면 진리의 경우 1층은 주로 주거기능을 담당하고 있으나 중심상업지구인 A구역의 경우 대부분 상업기능을 가지고 있었다. 따라서 주거와 사업기능이 분리된 시가지 발달양상을 보이고 있었으며 2층 은 업무와 사업기능 목적으로 주로 사용되고 있었다.

<표 5> 건물의 층별 토지이용 현황 (단위 : 개)

층수	업체수	층별 건물이용 현황																	
3층	4	주택 1	위락시설 2	사무실 1															
%	100	25	50	25															
2층	19	주택 8	식음료 1	위락시설 6	창고 1	입무계 3													
%	100	44.44	5.26	31.58	5.26	15.79													
1층	291	주택 124	업무시설 10	근린상업 9	식음료 14	개인서비스 11	선매품판매 1	위락시설 8	기계 3	건축 7	집단판매 2	어린이집 1	종교시설 2	운수택배 1	주유소 3	창고 20	공지주차장 4	빈집폐가 71	숙박 2
%	100	42.61	3.44	3.09	4.81	3.78	0.34	2.75	1.03	2.40	0.69	0.34	0.69	0.34	1.03	6.87	1.37	24.40	0.69

4) 건축구조 현황

주거공간의 건축적 특징 또한 시가지 발달형태와 무관하지 않다.

전통적 주거지역인 A구역의 경우 스레트와 기와지붕의 형태로 개량

됐으나 대체적으로 벽면은 목재에 흙을 바른 한옥형태를 취하고 있다.

상업지역이 밀집해 있는 C구역의 경우 대체적으로 2~3층의 고층건물이 밀집해 있으며 지붕의 재료는 슬라브가 대체적이며 벽면의 재료는 철근콘크리트와 시멘트(블록)가 주로 사용되고 있다.

B구역의 경우 한옥형태인 새로 건축되는 주거용 건물이 많은 것이 특징인데 지붕재료는 조립식 판넬이 주종을 이루고 있으며 벽면은 벽돌과 철근콘크리트가 주로 사용되고 있다.

구 상업지역인 D구역의 경우는 한옥형태가 눈에 띄기도 하지만 대체적으로 시멘트(블록)가 주종을 이뤄 도시발달 형태에 따라 건축양식도 확연히 구분되는 특징을 지니고 있다.

현재 진리의 폐·공가는 모두 71채로 전체 건물수의 22.61%에 달해 경관을 해치고 있는바 이에 대한 재정비 계획 수립과 함께 공지에 대한 재활용방안이 마련돼야 할 것으로 보인다.

진리의 경우 대체적으로 슬라브 양식의 건축구조가 주류를 이뤄가는 추세인데 이는 비교적 완만한 구릉과 바다로 둘러싸인 도서지역 경관과는 맞지 않다.

5) 공공시설 분포 현황

임자면 관공서는 주로 구 선착장 주변에 밀집해 있는데 면사무소는 옛 동헌이 위치한 진리91번지에 위치했으나 소금과 농산물 등을 실어 나르던 선착장과 거리가 멀어 업무의 효율성이 떨어지면서 현재의 진리 466-2로 이전했다. 파출소는 일제시대인 1929년 민가에 주재소를 설치한 이후 현재의 위치에 1938년 설치되었다. 우체국은 1964년 건축되었으며 농협과 농업기술센터는 분군 시점인 1969년에 현재 위치에 자리잡았다.

임자면 진리의 관공서 위치는 도로개설 후 공공기관이 이전되고 그 주변에 시가지가 형성되는 타 지역과는 달리 선착장 기능에 따른 업무의 효율성이 근거가 되었다. 이후 선착장 폐쇄와 중심 관통도로 변경에 따라 면사무소 주변 D구역의 시가지 기능이 쇠퇴하고 A구역으로의 시가지 이전양상을 보인다.

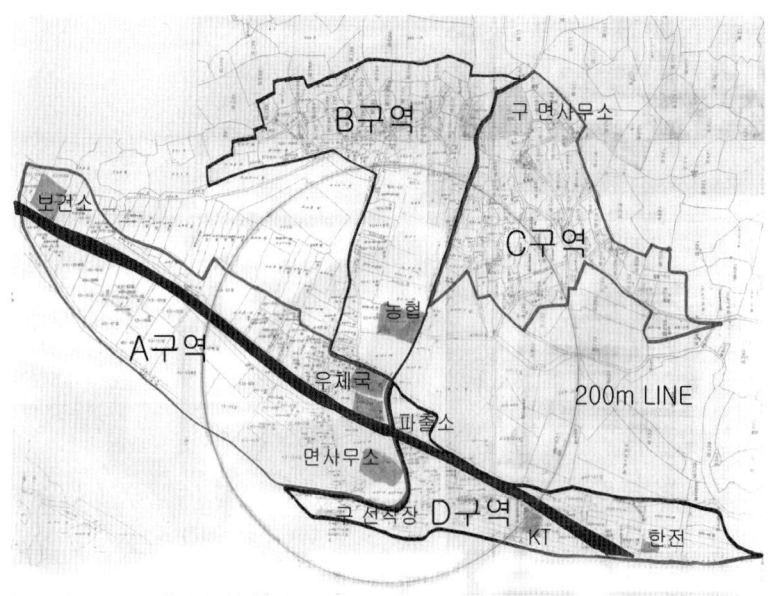

<그림 4> 구역별 공공시설 분포도

현재 진리의 경우 우체국과 파출소를 중심으로 반경 200m 이내에 면사무소와 농협 등 중심업무시설이 집중돼 있어 업무의 편리성을 담보할 수 있으나 노령화 추세에 견주어 보건소 건물이 가장 인접해 있어야 함에도 400m 가량 떨어져 있어 문제점으로 지적된다.

6) 도로망 현황

임자면 진리의 도로망은 진리항에서 시작해 대광해수욕장 방면으로 향하는 폭 10m의 지방도 825호선을 제외하고는 대부분 콘크리트 도로 며 면사무소 앞 지방도에서 이흑암리 방면 진리교가 군도다. 90년대와 2000년대에 도서개발정책에 의해 건설된 확·포장된 일부도로를 제외 하고는 나머지 도로는 대부분 3m 이하로 농어촌도로로 일제시대 때부 터 비포장형태로 이용되다가 70~80년대 새마을사업에 의해 포장된 것 이다.

A구역의 경우 새로 조성된 신시가지임에도 불구하고 관통도로인 지 방도 825호선을 제외하고는 무질서한 콘크리트도로가 주류를 이루고 있

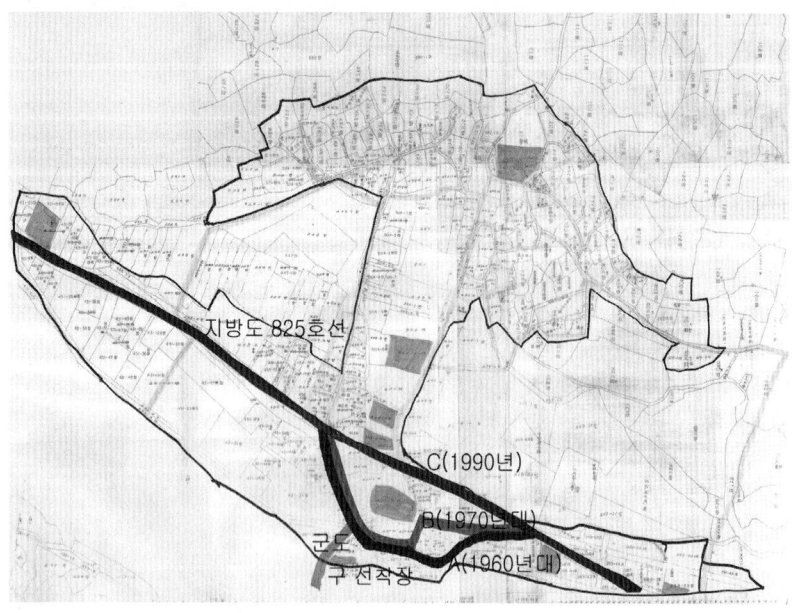

<그림 5> 진리 도로망도

어 체계적이고 종합적인 도로개발이 필요하다. 다만 도로 폭원이 3~4.5m 내외 도로가 많아 차량출입이 용이해 활용도가 높을 것으로 보인다.

B구역의 경우 농협 뒤편으로 이어진 3~4.5m의 콘크리트 도로가 중심도로 역할을 하고 있고 산 밑 경사지역에는 일제시대 때부터 이어져 내려온 3m 이하의 좁은 골목길이 많은 것이 특징이며 대체적으로 포장돼 있으나 일부도로는 비포장이다.

구시가지인 C구역은 농협 앞에서 노인정에 이르는 길은 6m의 포장도로로 소통이 원활하지만 경사지에 위치한 주거지역은 대부분 3m 이하의 좁은 소로로 포장은 돼 있으나 농기계나 차량진입이 원활치 않아 활용도가 떨어지는 단점을 가지고 있다.

D구역은 옛 중심 관통 도로를 중심으로 콘크리트 도로가 6~8m로 잘 닦여 있으며 도로주변으로 옛 상점 터들이 많고 좁은 골목이 거의 없는 것이 특징이지만 시가지 쇠퇴로 활용도가 감소하는 추세다.

현재 진리의 도로망의 문제는 구 시가지를 중심으로 도로망이 발달해 있고 개발수효가 폭증하고 있는 A구역과 그 배후지에 대한 도로망 구축이 중구난방으로 이뤄지고 있어 체계적인 계획수립이 필요할 것으로 보인다. 또한 노령화에도 불구하고 공공시설 등 노인다중이용시설 접근로에 대한 보도설치는 전혀 이뤄지지 않고 있으며 초·중학교 통학로 역시 사정은 마찬가지다.

7) 토지이용과 도로망의 관계

상업용 건물, 공공시설 및 2층 이상의 건물은 폭 6m 이상의 도로와 큰 상관관계가 있다.

<표 6> 토지이용과 도로폭에 따른 분류

비교 유형		지목별 현황	업종별 현황	층별 토지 이용 현황	건축양식적 특징	공공시설분포
도 로 폭	3m 미만	주거지역 대지 와 연접해 있 고 상호간 접 근성은 용이함	거의 업종별에 영향을 미치지 않음	주로 주거지로 서 1층이 대부 분이고 접근성 이 용이함	벽면구조는 흙 벽이나 시멘트 블록, 지붕형태 는 슬레트와 기 와가 많음	공공시설과의 접근성은 없음
	3~6m 미만	마을의 중심도 로로서 대지와 전·답 진입 도 로임	농업, 우체국 등 업무시설과 근 린 상업과 주 거를 연계하는 도로임	면사무소와 A·D지역은 주로 2층으로 상업과 주거 중 심이고 기타 지 역은 1층으로 주거지역임	벽면구조는 시 멘트블록, 벽돌 이고 지붕형태 는 슬라브로임	농협, 우체국, 농 업기술 센터, 노인정, 교회 등 이 접한 도로 로서 주민들이 쉽게 이용할 수 있음
	6~10 m 미만	지방도로 시가 지를 관통하고 있고 주로 대 지가 연접함	대부분 상업시 설과 접해있어 중심시가지의 축으로 이용됨	대부분 2~3층 의 건물이 분포 하며 상업이 주 를 이루고 있음	벽면구조는 철 근콘크리트이 고 지붕형태는 슬라브로임	면사무소와 파 출소, 보건소, 한국전력. KT, 농협창고, 성당 등이 연접함

<표 7> 토지이용과 도로포장 형태별 분류

비교 유형		지목별 현황	업종별 현황	층별 토지 이용 현황	건축양식적 특징	공공시설분포
도 로 포 장 형 태	아 스 팔 트	지방도로 각 행 정구역을 연계 하며 시가지의 중심을 이루고 있고 대지와 소 량의 전·답과 접해있음	대부분 상업시 설과 접해있어 중심시가지의 축으로 이용되 며 신시가 발 달에 결정적 영 향을 미침	2~3층의 건물 이 주로 분포 하며 상업이 주 를 이루고 있음	벽면구조는 철 근콘크리트이 고 지붕형태는 슬라브로서 2층 이상의 건물이 분포해 있음	면사무소, 파출 소, 보건소, 한 국전력, KT, 농 협창고, 성당
	콘 크 리 트	마을의 중심도 로로서 대지와 전·답으로 접 근로임	주로 업무시설 과 근린상업과 주거를 연계하 는 도로임	업무지역은 2층 이 많지만 대부 분 1층이고 주 거와 상업을 연 계하여 접근성 이 용이	벽면구조는 시 멘트블록, 벽돌 지붕형태는 슬 라브로임	농협, 우체국, 기 술센터, 노인정, 교회
	비 포 장	주로 전·답을 연결해 주는 도 로로서 농로로 이용되고 있음	연계성이 없으며 노후주택과 공 ·폐가가 많음	대부분 1층임	흙집 및 시멘트 블록 주택과 공 ·폐가가 접함	연계성이 없음

8) 공간구조 변천에 끼친 주요 배경 요소

임자면 진리의 중심시가지는 초기에는 면사무소 등 관공서 위치와 선착장이 주도적인 역할을 했지만 현재는 도로개발과 협소한 시가지 확장을 위한 간척사업이 영향력이 높다.

시가지 변화의 단초는 1968년 진리에서 이흑암리로 가는 노두가 없어지고 다리가 시공되면서 소금과 양곡을 실어 나르던 선착장이 폐쇄돼 진리항으로 통합되면서 시작된다. 폐쇄 이후 주변상업시설이 쇠락하고 시가지가 위축된다.

또한 당시까지 면사무소 앞과 해수로 주변을 관통하던 시가지 관통로가 70년대 들어 일부 노선이 변경되면서 시가지 위축에 가속도가 붙고 1990년 간척사업 등으로 생긴 유휴지 등을 거쳐 지방도가 새로 건설되면서 주로 간척지로 이뤄진 A구역으로 중심상업지역은 옮겨가게 된다. 비슷한 시기에 간척이 이뤄졌음에도 D구역 배후지 발달이 지체된 것은 공공기관과 상업시설 유치에 적극적인 A구역과 달리 D구역은 잦은 토지분쟁이 상존했기 때문이다.

이와같이 간척사업과 간선도로 건설, 이에 수반된 공공건물 이전이 공간구조 변천에 큰 영향을 끼쳤다.

4. 결론 및 과제

본 연구에서 임자면 중심시가지의 인구 변화와 토지이용 현황, 도로망 현황을 살펴보았다. 분석·조사한 내용을 요약하면 다음과 같다.

첫째, 임자면 낙후지역의 특징인 인구 감소가 꾸준히 진행되고 있으나 신안군 인구감소율에 크게 영향을 미치지 않으며 진리의 인구는 오히려 증가세로 돌아 섰다. 또한 인구부양율과 노령화 증가세도 둔화되고 있는 추세이다. 이는 대광해수욕장 등 관광개발에 대한 기대심리와 대파 농사 등 경제적 부가가치 창출 등이 작용한 것으로 보인다.

둘째, 중심시가지의 업종별 구성 현황을 살펴보면 구 시가지가(B·C구역) 주거가 가장 높은 비중을 차지하고 있는 반면 신시가지(A·D구역)는 상업 기능이 활성화되고 있다. 또한 A·B구역 연접지역을 중심으로 시가지 확장이 가시화되고 있고 C·D 연접지역에 대한 개발욕구가 발생할 수 있어 체계적인 도시계획 수립이 요구되고 있다.

셋째, 중심시가지 건축은 구시가지의 경우 스레트와 기와지붕이 많은 반면 신시가지는 철근콘크리트와 시멘트(블록)가 주종을 이루고 있다. 구시가지는 폐가와 노후화된 건물이 많아 주거환경개선이 시급한 반면 신시가지는 무분별한 난개발이 이뤄지고 있어 체계적 개발계획 수립이 필요하다.

넷째, 공공시설은 면사무소를 중심으로 반경 200m 내에 분포하여 집적도를 보여 주고 있으나 노령화시대와 역행하게 보건소는 400m 가량 떨어져 있어 문제점으로 지적된다.

다섯째, 도로망 조사에서 포장 재료는 대부분 아스팔트와 콘크리트로 이루어져 있으며 C구역 등 구시가지는 좁아 농기계 등 출입이 용이치 않고 A구역 등 신시가지는 도로개발이 무질서하게 이뤄지고 있어 문제점으로 지적된다.

여섯째, 간척사업과 신설된 간선도로, 이에 수반된 공공건물 이전이 공간구조 형성에 중요한 역할을 하고 있다. 신설된 간선도로는 토지이용 변화에 직접적 영향을 끼치기 때문이다.

제2장

생일면 면소재지(서성리)의 토지이용실태 분석

박종철 · 문병채

1. 서 론

본 논문은 완도군 생일면 면소재지인 서성리 마을을 대상으로 인구, 토지이용, 그리고 도로망 변화 연구를 통해 마을모습이 어떻게 변화해왔고, 그로 인한 특성과 문제점을 파아함으로써 지역개발수립에 기초자료 제공과 개발방향을 제시하는데 목적을 두고 연구된 것이다. 그리고 이 목적 달성을 위해 다음과 같은 연구방법이 사용되었다. 첫째, 원초적인 1차 자료를 얻기 위해 대장 등 각종 문헌자료와 기초통계자료를 수집 · 정리하였다. 둘째, 두 차례(1차조사 2002년 8월, 2차조사 2003년 8월)의 현장조사를 통해 업종별과 건물별 토지이용 현황, 건축물 구조, 도로망 형태와 구조 등의 기초 자료를 획득하였다. 셋째, 이들 현장조사자료를 기반으로 지번도와 토지대장, 건축물대장, 그리고 지형도 등과 비교하여 도면을 작성하고 관련 속성을 분석하여 결과를 도출해 냈다.

연구지역인 전남 완도군 생일면은 면적 12.76㎢, 해안선 23.0㎞ 크기에 총 10개(유인도 2, 무인도 8) 도서로 이루어져 있는 섬이다. 지리적으로는 완도항과는 15.5㎞나 떨어진 동쪽에 위치하고 있다. 따라서 생활권은 완도가 아닌 강진 마량항 혹은 장흥 회진항을 통한 광주광역시로 연결되어 있다. 섬 한가운데 해발 483m의 높은 백운산이 위치하여 사방으로 소하천이 형성되어 맑은 물이 흘러내리고 있고, 서쪽에는 상록활엽수림을 낀 금곡해수욕장 남서쪽에는 갯돌밭이 관광지로 이용되고 있다. 인구는 총 546가구에 1,335명(어업인구 78%)이 거주하고 있으며 3개 법정리를 형성하고 있다. 또한 산업구조는 농수산업 95%, 서비스업 0.1%, 기타 4.9%로 구성되어 있는데, 특히 주변 해역은 수심이 깊고 조류 흐름이 빨라 청정해역을 만들어내 다시마 양식이 매우 성행하고 있으며, 최근 어류와 전복 양식 어가도 늘고 있다.

2. 인구변화 추이

우리나라 모든 도서지역이 그렇듯이 완도군도 1986년 이후 인구가 급격히 감소하고 있다. 1981년에 비해 2003년 현재 50.7%가 감소하였다. 특히 1991년에 감소율이 가장 컸다(22.8%). 생일면 또한 예외가 아니어서 1991년 2,379명이던 인구가 매년 감소하여 1996년에는 1,579명의 인구로 34.1%라는 큰 감소율을 보이고 있다. 연구지역인 서성리의 경우 1986년 785명이던 인구가 매년 감소하여 1991년에는 514명으로 1986년에 비해 무려 34.5%의 인구 감소를 보이고 있다. 이는 생일면의 인구 감소율과 비교할 때 년도는 틀리지만 면소재지의 중심지임에도 불구하고 감소율이 비슷하게 감소하고 있어 생일면 내부에서의 리里간 이동보다는 타지역 즉, 육지로의 이동이 심화되었다고 파악할 수 있다. 또한 1996년에서 2001년의 인구 감소율이 크게 나타나지 않고 있는데 이는 연소인구의 감소폭이 노년인구의 감소폭 보다 크다는 것을 알 수 있고 노령화 지수가 높아지고 있다는 증거이기도하다.

이러한 인구감소의 원인 역시 여느 농·어촌 지역과 마찬가지로 소득의 증가와 함께 문화·향수욕구 증대 및 자녀들의 교육문제로 인한 육지로의 이주에 의한 결과로 보여진다. 도서지방에 대한 인구 유입 및 정주대책이 필요하다.

<표 1> 인구변화 추이

	1986			1991			1996			2001		
	계	남	여	계	남	여	계	남	여	계	남	여
완도군	111,210 (-11.9)	56,352	50,256	85,793 (-22.8)	43,121	42,683	74,035 (-13.7)	37,181	36,862	62,243 (-15.9)	33,430	33,610
생일면	·	·	·	2,379	1,190	1,189	1,579 (-34.1)	783	796	1,346 (-14.7)	674	672
서성리	785	402	393	514 (-34.5)	259	255	455 (-11.4)	231	224	433 (-4.8)	223	210

출처 : 통계청, 인구주택총조사(1986, 1991, 1996, 2001, 2001년도)
주 : ( )는 전년도 대비 인구 증감율, '·'는 자료 없음, 단위 : 명, %

낙후지역의 인구감소는 출산연령층 위주의 인구유출로 인구비율이 낮아지면서 출생율이 감소하는 원인과 고령인구비율의 증가로 인한 높은 사망률로 나눌 수 있다. 서성리의 1995년과 2000년의 인구분포를 보면, 15세 미만 인구가 27.7% 감소하고 있고 15~64세 인구도 16.9% 감소하고 있다. 그리고 출산연령인구(15~44세)의 경우 1995년 980명에서 2000년 539명으로 45% 감소하고 있다. 이는 위에서 설명한 대로 출산연령층 위주로 구성되는 유출인구의 특성 때문에 출산연령인구의 감소가 15세 미만 연소인구의 감소를 초래한다고 정의할 수 있다. 또한 남녀성비에 있어서도 결혼정령기인 20~34세의 경우를 살펴보면, 1995년의 경우 150.48%에서 2000년 207.38%로 증가하였다. 특히 2000년에서의 25~29세의 경우 남녀성비가 236.36%로 엄청난 격차를 보이고 있어, 여성인구의 부족으로 남성 10명당 2명 이상이 결혼을 하지 못하고 독신으로 살아가는 사람들이 많을 것이고, 이로 인해 남성들의 육지로의 전출이 심해져 결국에는 노동인력 부족이라는 결과를 낳을 것이다.

<표 2> 서성리의 인구변화율과 노령화지수 (단위 : 명)

	연소인구 (0~14세)	생산인구 (15~64세)	노년인구 (65세이상)	인구부양율 (%)			노령화지수 (%)
				연소	노년	계	
1995년	265	1143	171	23.1	14.9	38.1	10.8
2000년	190	949	206	20.0	21.7	41.7	15.3

출처 : 통계청, 인구 주택 총 조사(1995, 2000).

인구 부양율은 1995년 38.1%에서 2000년 41.7%로 증가하였다. 연소인구에 대한 부양율은 23.1%에서 20.0%로 3.1% 감소한데 비해 노년인구에 대한 부양율은 14.9%에서 21.7%로 6.6%나 증가하고 있다. 이러한 이유는 생산연령인구의 감소로 인한 인구부양율 증가와 노년인구의 증가를 들 수 있다. 65세 이상 인구는 95년 대비 2000년에 16.9% 늘어났으며, 노령화지수도 10.8%에서 15.3%로 증가하고 있다. 또한 65세 이상 연령층의 남녀성비가 각각 38.9%와 42.5%로 나타나 여성노령인구 비율이 더 높음을 알 수 있다.

3. 토지이용실태 분석

1) 지목분석

생일면소재지인 서성리의 지목별 토지이용현황을 보면, 전체적으로 서쪽으로 전답과 야산이 산재해 있고 남북측을 따라 길게 초승달 모양으로 민가가 형성되어 있는 구조와 함께 대부분의 민가가 반경 200m 이내에 위치하고 있다.

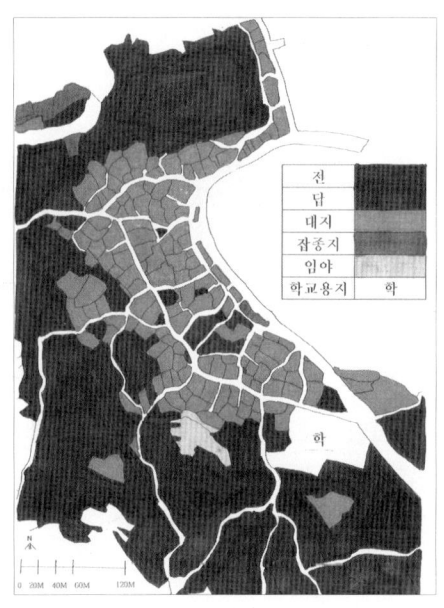

<그림 1> 지목현황

2) 업종분석

<표 4>에서와 같이 주거기능이 142개소(84%)로 가장 많은 비중, 다음으로 교육과 복지시설이 5개소(2.7%), 도서지역의 특징인 폐가와 개인소유창고 및 비닐하우스 등이 7개소(3.8%), 그리고 상업계의 근린상업기능 5개소(2.9%), 식음료기능 1개소(0.5%), 대개인서비스 1개소(0.5%), 건축자재는 1개소(1.1%)의 비중을 차지하고 있다. 이는 도서지역의 업종구

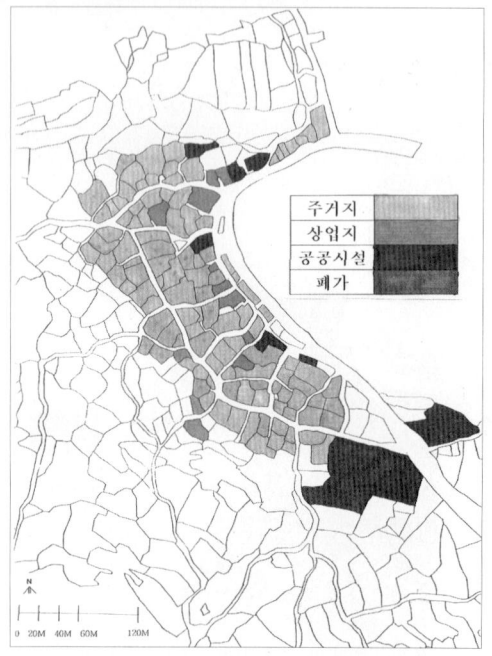

성 양태를 확연히 들어낸 결과로 해석된다. 특히 폐가·공점포의 높은 비중은 이를 잘 대변한 결과로 해석된다. 또한 업종들이 대부분 주민들의 소비욕구를 충족시킬만한 상권을 형성하지 못하며 시가지의 일반적 기능이라 할 수 있는 전문화, 고급화되지 못한 상태를 보여 전문상품을 구입하려면 인근의 강진이나 완도를 이용하게 하고 있다.

<그림 2> 1층 건물의 토지이용 현황

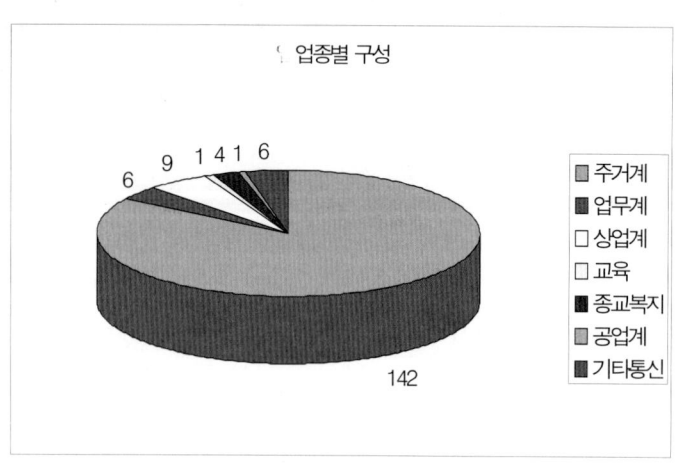

<그림 3> 1층 건물의 업종별 구성

<표 3> 업종별 구성 (단위 : 개)

대분류		중분류	소분류	업체수	구성비(%)	
주거계	A	단독주택	주택	142	84.0	84.0
업무계	B	업무시설	우체국, 파출소, 면사무소, 보건소, 예비군대대, 일반사무소, 협회	5	2.9	3.4
		금융시설	금융	1	0.5	
상업계	C	근린상업	소규모슈퍼, 잡화, 정육점, 방앗간, 전파상, 비디오, 음반점	5	2.9	5
		식음료	다방, 대중음식점, 간이음식, 호프	1	0.5	
		대개인 서비스	약국, 건강원, 이발소, 미장원, 농약사, 당구장, 노래방	1	0.5	
	D	선매품판매	양품점, 구두, 낚시, 문구			
	E	위락시설	유흥음식점			
		숙박시설	여관			
	F	기계기구	오토바이 판매점			
		건축자재	철물, 유리, 페인트, 집수리, 벽지	2	1.1	
	G	집단판매	대형슈퍼마켓			
교육	H	학교	초등학교, 중학교	1	0.5	0.5
	I	학원	학원			
		문화	연구원			
	J	전시관관	*			
		운동시설	*			
종교 복지시설	K	종교시설	교회	1	0.5	2.2
		의료복지시설	노인정, 마을회관	3	1.7	
운수시설	L	운수시설	택배, 택시			
		자동차 관련시설	주유소, 정비소			
공업계	M	소규모공장	*			0.5
		일반공장	*			
		창고	자재창고	1	0.5	
통신	N	언론	*			0.5
		통신	*	1	0.5	
기타	O	공지	공지	1	0.5	2.8
		기타	빈집, 계단실, 비닐하우스, 개인창고	4	2.3	
		주차장	주차장			
총계				169	100	100

3) 건물의 층별이용

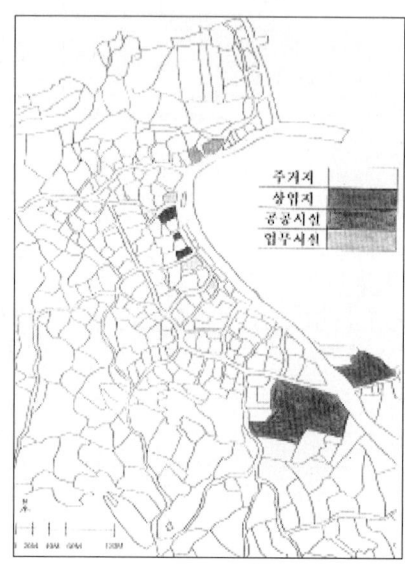

<그림 4> 건물 2층의 토지이용현황

마을에 있는 건물의 층별 토지이용은 1층은 주거용이 84.0%로 대부분을 차지하며, 식음료 0.5%, 근린상업시설 6.0%, 창고, 공지, 통신. 기타 등의 순으로 나타나고 있다. 2층은 주거용이 30.0%, 업무시설 30.0%, 그 외 대개인서비스, 학교, 의료복지시설 등의 순으로 나타나고 있다. 2층은 주거용과 업무 및 공공시설이 대부분을 차지하고 있음을 알 수 있다. 그리고 3층 역시 업무시설로 이용되고 있다. 특이한 사항은 상업 및 업무시설이 해안을 따라 이어지는 간선도로변을 따라 줄지어 늘어서 있는 패턴을 보인 것이다 (<그림 4> 참조).

<표 4> 건물의 층별 토지이용 현황

층수	업체수	활동내용											
3층	1	업무 (1)											
비율	100	100											
2층	10	주택 (3)	업무 (3)	서비스 (2)	학교 (1)	복지 (1)							
비율	100	30	30	20	10	10							
1층	169	주택 (142)	업무 (6)	상업 (5)	식료 (1)	서비스 (1)	건축 (2)	학교 (1)	종교 (1)	복지 (3)	창고 (1)	공지 (1)	통신 (1)	기타 (4)
비율	100	84.0	3.5	2.9	0.5	0.5	1.1	0.5	0.5	1.7	0.5	0.5	0.5	2.3

4) 건물구조의 특징

주거용 건물양식을 조사한 결과, 지붕재료는 칼라아스팔트슁글이 80.9%로 가장 많이 쓰였으며, 다음으로 슬라브 17.6%, 기와 1.1% 순으로 나타났다. 또한, 벽면재료는 벽돌이 89.2%로 가장 많고, 다음으로 목조 6.3%, 철근콘크리트 4.1% 순으로 나타났다. 좀 더 자세하게 살펴보면, 슬라브 형태의 지붕에 벽면을 벽돌로 건축한 가옥이 많았고, 칼라아스팔트슁글 형태의 지붕 경우에도 역시 벽면을 벽돌로 건축한 가옥이 많았다. 결론적으로 이곳 가옥건물의 특징은 마을의 일부 관공서나 상가 건물만이 다른 형태의 건축양식만을 보이고 대부분이 차이가 없었다.

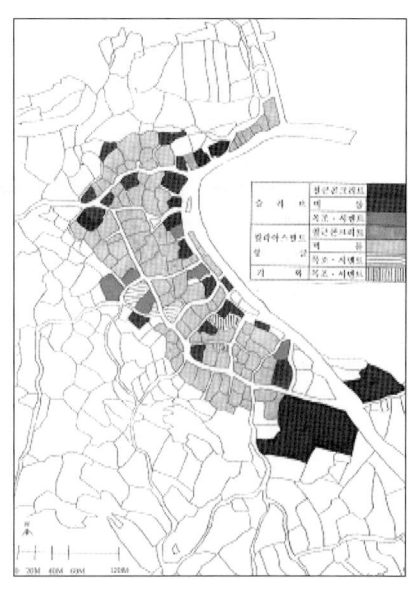

<그림 5> 건축양식

<표 5> 건축양식 (단위 : 개수, %)

지붕구조	벽면구조	개수	구성비	총개수	구성비
슬라브양식	철근콘크리트	7	4.1	30	17.6
	벽돌	17	10.0		
	시멘트(목조)	6	3.5		
칼라 아스팔트슁글	철근콘크리트	0	0	137	80.9
	벽돌	134	79.2		
	시멘트(목조)	3	1.7		
기와 양식	시멘트(목조)	2	1.1	2	1.1
총 계		169	100	169	100

5) 공공시설의 분포특성

과거에는 공공시설들이 초등학교 앞 구 도로를 따라 마을을 가로질러 위치해 있었다. 그러나 최근 들어서 도로가 확·포장됨에 따라 면사무소가 이전하게 되고 선착장까지 이어지는 길을 따라 모든 공공시설들이 연이어 위치하게 되었다. <그림 8>은 이러한 현상이 잘 나타난 그림이다. 수협과 우체국 마을회관 노인정 그리고 파출소까지 모든 공공시설들이 이 도로를 따라서 인접해 있는 것이 보인다.

6) 마을경관의 변화

(1) 토지대장 분석에 의한 결과

<그림 6> 공공시설 분포

토지대장에 나타난 마을의 연도별 변화모습을 살펴보았다. 아래 지도에 시기별 모습이 그려져 있다. 1910년부터 1970년대까지는 해변쪽 보다는 현재 마을의 뒤쪽 전·답분포 지역에 마을이 형성되어 있었음을 보이고 있다. 또한 상당히 분산되어 펼쳐져 있었음을 보인다. 그러던 것이 1980년대에 들어서면서부터 선착장 옆으로 방조제가 생기고 많은 변화를 가져오게 된다. 가장 큰 특징은 마을이 바다 쪽을 중심으로 형성되어 간 점이다. 마을 앞쪽의 도로 확·포장도 이러한 결과를 뒷받침하고 있다.

그리고 1990년대에 이르러 현재의 마을경관이 거의 완성되어지고 있음을 알게 한다.

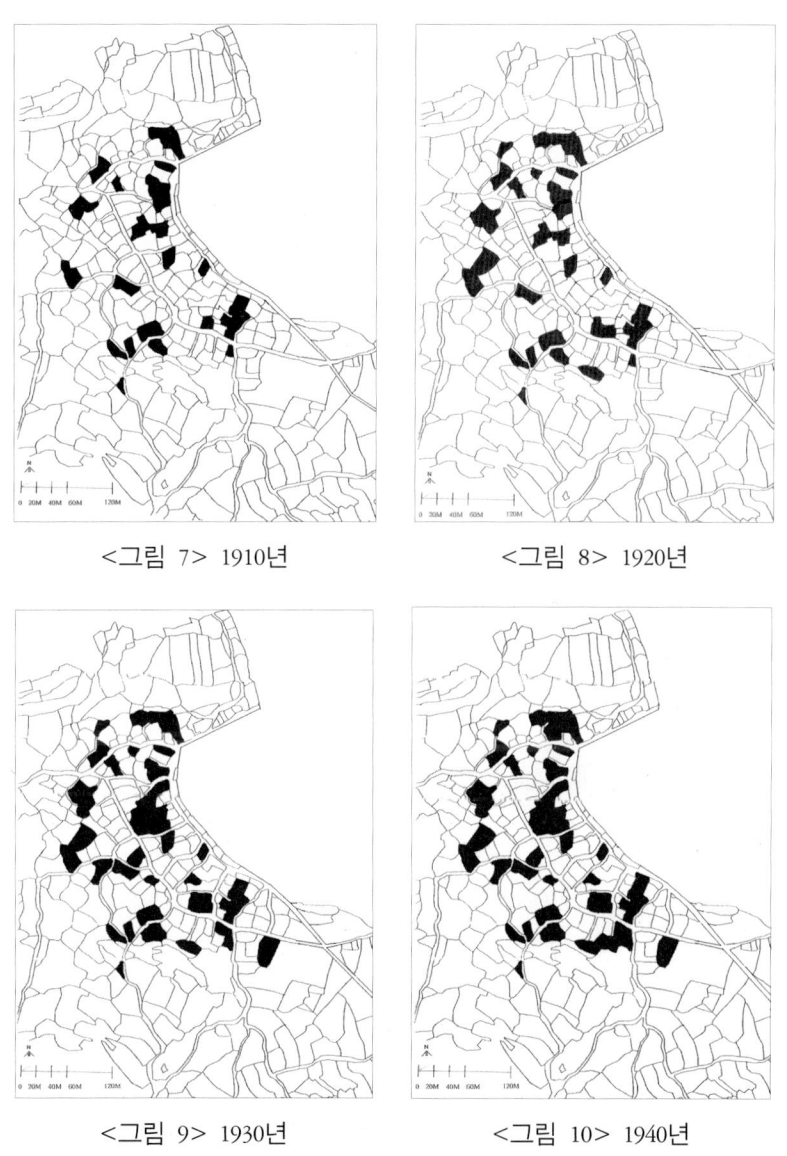

<그림 7> 1910년   <그림 8> 1920년

<그림 9> 1930년   <그림 10> 1940년

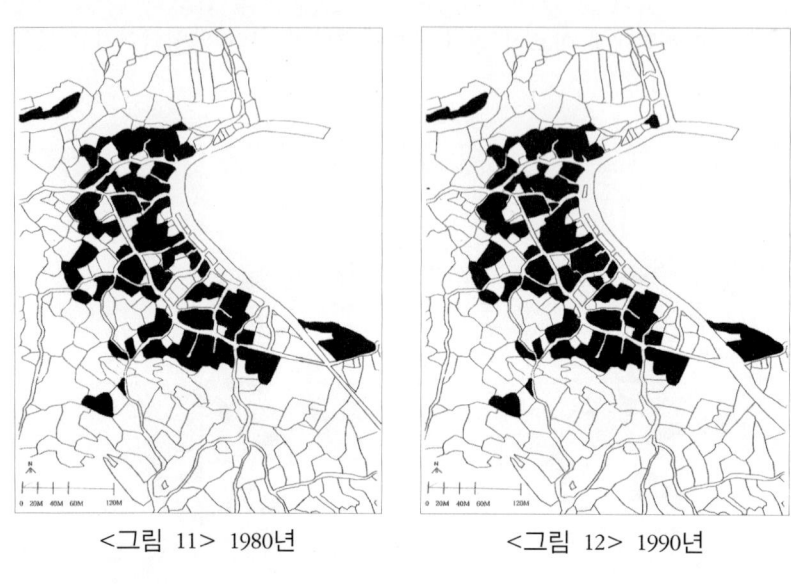

<그림 11> 1980년   <그림 12> 1990년

<그림 13> 2000년

(2) 건축물대장 분석에 의한 결과

건축물대장에 나타난 연도별 마을의 변화모습을 살펴보았다. 아래 지도는 시기별 변화모습을 그린 것이다. 지도를 보면, 1930년부터 1940년대에는 건물이 한 곳밖에는 들어서 있지 않았지만 1960년대 이후 급격한 변화를 보이며 현재 모습의 기초적인 형태를 보이고 있다. 1970년도와 1980년도에 들어서는 두드러진 특징이 나타나지 않고 있고, 다만 현재 모습과 비교해 볼 때, 마을 앞쪽부터 방조제를 지나 선착장 쪽으로 건물이 위치해 가면서 마을 중심축

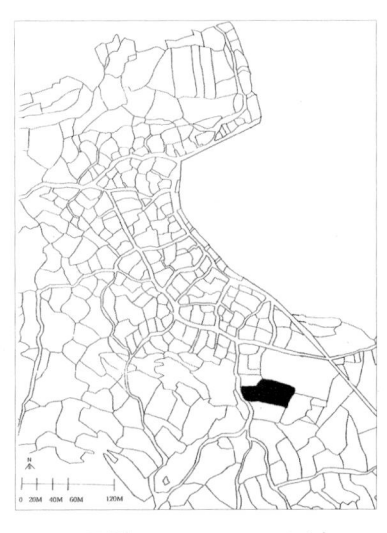

<그림 14> 1930~1940년

이 확장되어 갔고, 이와 더불어 섬 전체로 발전해 나갔다는 것을 상상해 볼 수 있다.

<그림 15> 1960년

<그림 16> 1970년

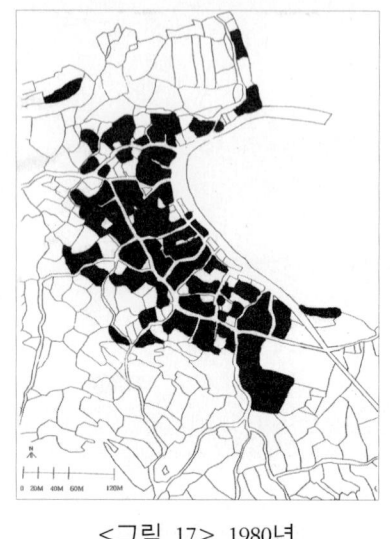

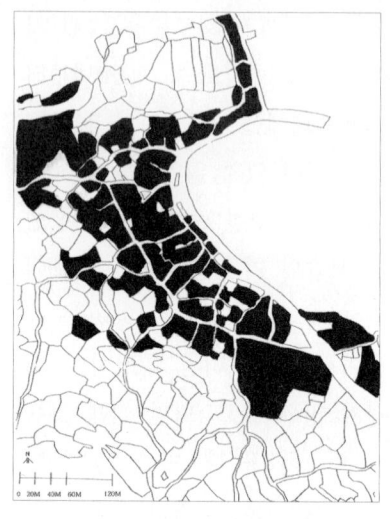

<그림 17> 1980년   <그림 18> 2000년

(3) 도로망 변화 분석에 의한 결과

서성리의 도로 노면상태는 전체적으로 콘크리트 포장이 가장 많은 비율을 차지하고 그 다음이 아스팔트, 그리고 비포장 도로 순으로 되어 있다. 콘크리트도로는 주로 주거지와 인접해 있으며 아스팔트도로는 상업지와 인접해 있으면서 마을의 중심축을 이루고 있다. 그리고 비포장 도로는 마을 뒤쪽의 전·답을 주로 연결해주는 기능을 하고 있다.

도로형태를 폭원 별로 볼 때, 폭원이 0~2m 미만의 도로는 주거지보다는 전·답과의 연계성이 나타나고, 2~4m 미만의 도로는 마을의 중심 기능적인 도로로써 주거지와 공공시설, 업무시설, 생활편의 시설과의 연계성이 가장 좋은 편이며, 4~6m 이상의 도로는 군도로 마을의 중심축이루고 있으며 대지와 접해 있는 특성을 보이고 있다.

<표 6> 도로 포장별 분류(단위 : m)   <표 7> 도로 폭원별 분류(단위 : m)

포장재료	실제길이	비율(%)
아스팔트	360	11.7%
콘크리트	2,370	77.4%
비포장	330	10.7%

도로 폭원	실제길이	비율(%)
0~2m	426	13.9%
2m~4m	2,058	67.2%
4m~6m이상	576	18.8%

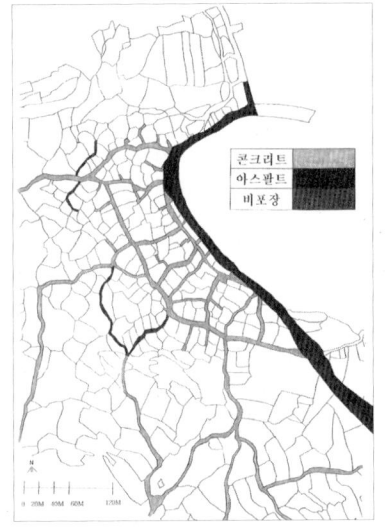

    <그림 19> 도로 포장별 분류   <그림 20> 도로 폭원별 분류

<표 8> 토지이용과 도로 폭과의 연관성

도로 폭원	토지이용용도와의 관계	업종과의 관계	선물용도와의 관계	건축양식과의 관계	공공시설 분포와 관계
0~2m 미만	대지에 접해있어 주거지접근로 역할 수행	2m미만 도로는 거의 업종별 분포에 영향을 미치지 않음	주로 주거지로서 1층이 대부분이고 접근성이 용이함	시멘트나 목조주택과 밀접한 연관	공공 시설과의 접근성은 거의 없음
2~4m 미만	마을 중심도로 기능을 가지지만 전·답과의 접근성은 좋지 않음	업무시설과 근린상업과 주거지를 연계하는 도로임	1층이 대부분이고 주거와 상업을 연계하여 접근성이 용이	대부분이 벽돌 벽면, 슬라브구조지붕과 연결	대부분의 공공시설을 접하는 도로로서 주민들이 쉽게 이용할 수 있음

| 4~6m 이상 | 군도로 마을의 축을 이루고 있고 대지와 접해있음 | 대부분 상업시설과 접해있어 중심시가지의 축이 되고 있음 | 상업이 주를 이루고 있음 | 2층 이상의 건축물 형태인 철골구조와 인접 경향이 큼 | 우체국, 수협, 마을회관, 노인정, 파출소, 학교, 면사무소가 접해 있음 |

<표 10>토지이용과 노면상태와의 관계성

노면 형태	지목별 현황	업종별 현황	층별 토지 이용 현황	건축양식적 특징	공공시설분포
아 스 팔 트	군도로로 각 행정구역을 연계하며 마을 축을 이루고 있고 대지와 접해 있음	대부분 상업시설과 접해 있어 중심시가지의 축으로 이용됨	2층 이상의 건물이 분포하며 상업이 주를 이루고 있음	벽면이 벽돌이고, 지붕구조가 슬라브로서 2층 이상의 건물이 분포해 있음	우체국, 수협, 마을회관, 파출소, 하교, 면사무소가 접해 있음
콘 크 리 트	마을의 중심도로로서 대지와 전·답으로 접어들기 위한 도로임	주로 업무, 상업과 주거지를 연계하는 도로로서 콘크리트 도로가 많음	1층이 대부분이고 주로 주거와 상업을 연계하여 접근성이 용이함	벽면구조는 벽돌, 지붕형태는 칼라아스팔트 성글로서 현대적 특징이 있음	주도로와의 연계성은 좋은 반면 공공시설과의 연계성은 미흡하다.
비 포 장	주로 전·답을 연결하고 골목 안쪽 주택과의 연계도로기능도 가지고 있음	연계성이 없음	대부분이 1층 주거와 연계되어 있어서 층별 토지이용과는 무관함	연계성이 없음	연계성이 없음

도로망이 변해 온 과정을 시기별로 살펴보았다. 아래 지도는 이를 시기별로 나타낸 것이다. 지도를 보면, 1920년대까지는 기본적인 선형구조를 보이면서 해변 쪽 보다는 육지 쪽으로 발달해 있는 것을 확인 할 수 있고, 이후 1930년부터는 사다리꼴 구조로 변화면서 바다 쪽으로 발전해 가는 것을 알 수 있다. 이는 일제시대에 해안지대 방조제 건설과 관련지어 설명될 수 있을 것으로 보인다. 그리고 1980년도부터 소규모 어항공사로 선착장과 본격적인 방조제가 생기면서 마을 중심축의 도로형태로 나타나고 전·답으로 이어지는 도로까지 발달하는 것을 볼 수 있

다. 2003년 현재의 도로망 형태는 선착장에서 면사무소로 이어지는 마을 중심도로망의 확·포장과 함께 섬 전체 일주도로로 이어지는 간선도로 형성과 함께 섬 내 전체적인 도로구조가 확정되게 되었다고 볼 수 있다.

<그림 21> 1920년대의 도로망   <그림 22> 1930년대의 도로망

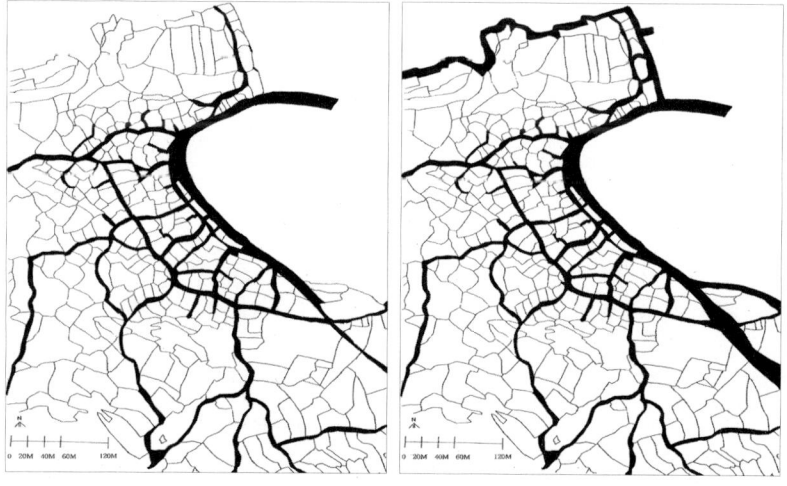

<그림 23> 1980년대의 도로망   <그림 24> 2003년 현재의 도로망

4. 결 론

앞의 서두에서 말한바와 같이 도서지역의 문화, 사회, 경제적 특징은 육지지역과 현격한 차이를 보이고 있다. 따라서 도서지역의 개발 역시 육지지역과 다른 방향으로 나아가야 할 것이다. 그러기 위해서는 도서지역의 특징을 정확히 이해해야만 그 지역에 맞은 개발이 이루어진다고 여긴다. 생일도의 면소재지이면서 중심지 역할을 수행하는 중심 마을인 서성리 특징을 살펴보면 다음과 같다.

첫째, 인구가 1986년부터 1991년까지의 감소율이 34.5%로 나타나고 있고, 인구이동이 생일면 내부에서의 마을간 이동보다는 타지역 즉 육지로의 이동이 심하며, 65세 이상 인구가 매년 증가하고 이에 따른 인구의 노령화가 가속화되고 있다. 그리고 이러한 현상이 마을모습에 지대한 영향을 끼친다는 것이 밝혀졌다.

둘째, 마을 토지이용이 1층 건물이 대부분이며, 대부분이 주거지로 이용되고 있고, 섬 지역의 일반적인 특징인 폐가와 공점포 등이 많은 비중을 차지하고 있으며, 2층 건물은 대부분 간선도로를 따라 선형으로 나타나고 상업 및 업무기능이 주된 용도로 사용되는 것으로 분석되고 있다.

셋째, 공공시설이 이전할 경우 과거에는 주거지 중앙을 선호하는 경향을 보였으나, 근래에 와서는 교통여건이 좋은 간선도로변의 마을 중심에서 약간 벗어난 공터가 있는 곳을 선호하는 것으로 나타나고 있다. 즉, 공공시설의 입지가 도로망의 변화에 따른 접근성과 연계성, 그리고 지가에 큰 영향을 받는다는 것으로 이해된다.

넷째, 마을 모습은 1970년대 이후 해안가의 방조제 축조와 간선도로의 포장화가 가장 크게 영향을 미쳐 산록에서 점차 해안가로 옮겨오는 패턴을 보이고 있음이 파악되었다.

다섯째, 도로망 분석결과 2미터 미만의 비포장도로는 전답을 주로 연결해 주는 역할을 하고 있고, 콘크리트도로는 2미터 이상 4미터 미만이 대부분이고, 마을의 중심적 도로기능을 수행하고 있으며 주거지와 공공시설, 업무시설, 생활편의시설과의 연계성을 이루고 있는 아주 중요한 도로로 파악되었다. 그리고 아스팔트도로는 간선도로를 형성하여 이웃 마을과 연결시키는 것으로 연구되었다.

끝으로, 도로망 구조가 일제시대까지는 선형구조를 보이다가 해방 후 항만공사 등 어항공사와 더불어 사다리꼴로 그리고 최근에 확·포장사업의 영향으로 직선화로 되어 가는 경향을 보이고 있다.

제3장

GIS를 이용한 임자도의 간척과정과 지역변화 연구

문 병 채

1. 서 론

1) 연구배경 및 목적

간척의 역사는 매우 오래 전으로 거슬러 올라가며, 비록 규모나 기술적인 면에서는 현재와 비교하지 못할 만큼 뒤떨어졌지만, 지속적으로 사람들이 생활하는 여러 곳에서 이루어져 왔다. 특히 지난 반세기 동안 화란의 북해안과 한국 서해안 지역에서 세계적으로도 간척사업이 활발해 왔었다.

특히 한국 서해안은 간석지(갯벌)가 잘 발달되어 간척개발 적지가 많고 해안선의 굴곡이 심하며 연안에는 많은 섬들이 산재하고 있어 간척이 활발하게 이루어져 온 곳이다. 그 가운데에서도 전남지역 즉 목포를 중심으로 한 서남해역은 리아스식해안과 많은 섬이 집중되어 있는 곳으로 해안선 길이가 전국의 51.1%에 해당되며, 지금까지 이루어진 매립면적을 보더라도 총 635,418ha 가운데 368,133ha(58%)가 전남지역에서 이루어지는 등 해양개발의 필요성과 실제 간척사업이 가장 활발히 이루어져온 지역이었다(한국농촌공사, 1996).

그 결과 국토 영역은 넓어졌으며, 농업생산량 또한 늘어나는 계기를 마련해 줬다. 그러나 최근에 이르러 농산품 특히 쌀 가격 하락과 소비격감, 그리고 갯벌을 중심으로 한 해산물의 상품가치 증대와 환경보전 중시 경향 등으로 국가 시책의 변화를 겪는 동안 간척사업 추진이 지양되고 있을 뿐만 아니라, 이미 계획되어 진행중인 작업도 수정되거나 중단되는 경향을 보이고 있다.

그러나 그 동안의 많은 간척사업 수행 결과는 섬들의 자연경관과 주민 문화형성에 큰 영향을 주어왔다. 그럼에도 불구하고 지금까지 이루어진 기존연구는 과학적이지 못했을 뿐만 아니라 편협적인 부분 영역으로 이루어져 왔다. 예를 들면, 지리적, 역사적인 측면에서 도서지역에 대한 사람들의 생활이나 문화에 대해 다루는 연구가 주를 이루고 있었다. 해안저습지 개간에 관련된 연구는 이경식(1973), 권혁재(1974), 이태진(1983), 송찬섭(1985), 남궁본(1983) 등이 있다. 그 외 지형학적 측면에서 간석지 및 간척평야를 연구한 것으로 최영준(1997), 최근의 연안역 및 도서지역의 특정지역을 대상으로 하는 연구들이 김경수(1999), 최영준(2000), 최운식(2000), 그리고 간척지를 중심으로 문병채(2002) 등에 의해 연구가 있었다. 그러나 간척지의 역사적 변천과 공간형태를 계획측면에서 다룬 연구는 아직 진행되고 있지 않다.

이에 본 논문에서는 한국 서남권 간척사업지구 중 특히 임자도를 택해 우리나라 도서지역에서 지금까지 이루어져왔던 간척사업의 형태 즉 진행과정에서 나타나는 공간구조의 변천특성을 밝혀볼 목적으로 간척과정(간척사적 고찰)과 그 영향에 대해 살펴보았다. 과거 우리들의 선조들은 어떤 목적으로, 어떠한 방법으로, 어떤 순서로 간척사업을 계획하고 진행시켜 왔는가를 살펴보는 작업은 앞으로의 해양개발을 이루어나가는 데 있어 대단히 중요하고 의미가 깊은 과제라 생각되었기 때문이다. 따라서 본 논문은 시기별 지도화(Time-Series Mapping) 및 간척에 의한 섬들의 면적 및 해안선 변화 등의 자료를 GIS(지리정보시스템)으로 분석하여, 간척사업의 역사적 전개과정 및 그에 대한 배경, 매립형태 및 변천 특성의 유형화, 시기별 생산 및 거주 가용영역 추계와 경제활동과의 상관성 등에 관한 내용이 연구되었다.

본 연구의 가장 큰 의의는 지금까지 인문사회학적인 측면에서 다루어져 왔던 도서지역에 대한 연구가 21세기 해양시대를 맞이하여 해양경관에 대한 부분을 공간형태의 변화측면에서 조명해보는 연구와 접목될 수 있다는 점에 있다고 생각한다. 아울러 환경파괴의 주범으로 크게 부각되고 있는 간척사업에 대한 부정적인 측면만을 강조하고 무조건적인 반대만을 할 것이 아니라, 간척이 이루어진 역사와 과거 선조들의 계획을 살펴보는 단계를 거친다면 앞으로 해양에 대한 자연친화적인 개발방향을 찾아내는데 조금이나마 도움이 될 수 있을 것으로 기대한다. 또한 도서지역에서 간척의 역사를 되짚어보는 일은 과거 해상교통 및 도서지역의 생활에 관련된 연구에도 기초자료로 활용될 수 있을 것이다.

2) 연구방법 및 진행

간척을 통한 환경 개조는 오랜 시일에 걸쳐 이룩되기 때문에 과거에 이루어진 간척지에 관한 상세한 정보는 많지 않다. 따라서 과거 지형 및 그에 따른 경관을 복구하는 데는 많은 어려움이 따른다. 빈약한 자료의 한계를 극복하여 지도화 하는데 다음 네 가지 방법을 사용하였다.

먼저, 기존의 연구성과를 검토하였다. 기존 연구 검토는 역사학계와 지리학계에서 여러 학자들에 의해 연구된 논문들을 분석하였고, 둘째 고 문헌과 고지도, 그리고 여러 시기의 현대의 지형도를 비교·연구하여 과거의 지형을 찾았으며, 셋째 고 정밀(1m 공간해상력) 3차원 위성영상 자료를 가지고 GIS를 이용하여 해안선 복원작업을 수행하였다. 그리고 마지막으로는 실내작업의 한계성을 극복하기 위해 여러 섬들을 수차 답 사하면서 간척과 관계있는 유적과 유물 즉, 방조제 및 수문, 절토와 성 토지, 관개시설 주거지와 우물, 토지이용 등을 살피고, 주민들로부터 지 명의 유래, 농법, 자연재해, 주거이동 등에 관한 정보를 수집하고 분석하 여 매핑작업을 수정 보완했다.

지도제작은 역사적으로 의미있는 몇 개 시점을 설정하고 각 시기별 로 특성과 변화요인을 추적한 후 그 내용에 기초하여 시점별 지형형상 을 시뮬레이션을 해냈다. 그에 따라 면적, 해안선길이, 간척지 면적 등 제반 사항을 통계적으로 산출했다. 이 때 사용된 기술은 전적으로 역시 GIS를 활용하였다. 지도제작 및 공간분석에는 Window 2000 환경에서 Arc/Info 8.0을 사용하였으며, 자료는 국가 기본도인 1/25,000과 1/5,000 수치지형도가 사용되었고, 여기에 디지타이징 된 방조제대장 자료를 조 합하여 수치지도를 제작하고 최종적으로 고지도와 위성영상 등을 참고 자료로 삼아 왜곡되고 누락된 대장자료를 수정·보완하도록 하였다. 사 용된 위성영상은 정밀도가 높은 Space Imaging 사의 IKOMOS 영상을 활용했다.

또한, 본 논문에서는 위의 연구목적을 달성하기 위해 오늘날 도서문 화의 근원과 형성 및 변화과정을 밝히는 데는 시대사적 고찰이 필요함 을 느끼고 해면개척 과정을 역사적 시기별, 그리고 경제공간과 주민생활 에의 영향에 대해 논의했다. 이를 위해 각 시대별 변수설정을 위해 정치 적 배경 파악과 함께 각종 사료의 분석·정리 작업이 행해졌으며, 각 시점별 결과는 국토개척의 관점에서 해석되었다. 이어서 삶의 방식을 협소한 농경지와 해양자원 두 가지를 이용하는 상호보완적인 적응전략이라는 관점에서 풀기 위해, 환경·생태적 여건의 차이를 생업을 연계시켜 규명하고 해석하였다. 한편, 본 연구에 사용된 연구방법은 전반적으로 귀납적 접근법에 의해 기초자료의 철저하고 정확한 분석 속에서 하나하나 개념을 정리해 가는 기법이 동원되었다.

2. 임자도의 일반적 특성

임자도는 지리적으로 전남 신안군의 북서부에 위치하고 있으며, 광주로부터 90㎞, 목포와의 거리는 66.6㎞, 지도 점암에서는 12㎞ 지점(동경 126° 5″, 북위 34° 5″)에 위치해 있다. 동으로 지도읍, 남쪽으로는 자은면, 북쪽으로는 바다 건너 영광군 낙월면과 이웃하고 있다.

또한 13개의 유인도有人島로 구성되어 있고 면적은 약 4.60㎢의 비교적 큰 섬이다. 인구는 4,183명(2004년 기준)이 거주하고 잇는데, 임자도荏子島·재원도在遠島·수도水島의 3개의 섬에는 수민 200명 이상이 서주하고 있다.

임자도 지역은 약 20억년 전후의 암석들로부터 신생대 4기 및 현세의 충적층과 토양들에 의한 넓은 범위의 퇴적층이 존재한다(국립지질조사서, 1973). 그리고 이들은 복잡한 지질구조적 현상에 의해 한번 형성된 지역, 그 자리에 항상 그대로 존재하는 것은 아니고 풍화, 침식, 퇴적, 융기, 침강 등의 자연 현상 및 지질현상에 의해 그 모습을 변해왔다. 이 지역의 암석은 대체로 화산암 및 화산쇄설암으로 구성되어 있고, 대부분이 화산쇄설암 중 응회암이라는 암석으로 형성되어 있다. 이들 암석의 형성 시기는 약 8, 9천만 년 전으로 추정하고 있다(전남도, 1999). 따라서 임자도는 주로 응회암, 사암, 응회암질 이암, 유문암, 안산암, 화강암 등으로 이루어 졌으며, 그 결과 대부분의 토양이 모래가 많이 섞인 사질성을 보이고 있어 지표에 두꺼운 사질 퇴적층을 발달시키고 있다.

예전에 "임자도 처녀들은 모래 서 말을 먹어야 시집간다"는 말이 있었다. 임자도에 그만큼 모래가 많아서 바람에 날려 입에 들어오는 모래가 많았다는 소리이다. 임자도는 섬 자체가 하나의 사막이다. 섬 전체가 잘디잔 먼지모래로 덮여 있다. 산도 모래로 이뤄졌고 밭도 모래밭이다. 논은 물을 가두기 위해 개펄을 파다가 모래땅 위에 객토를 해야 한다. 갯바람이 몰아치면 논과 밭은 하룻밤 사이에 사막으로 바뀐다. 민가 마당들도 모래가 쌓여 작은 사막이 된다. 그래서 임자도에는 놀랍게도 중동이나 아프리카의 사막에서만 볼 수 있는 희귀한 오아시스가 있고 이를 이용한 '오아시스 농업'이 잘 발달해 있다. 임자도의 오아시스는 모래가 머금고 있던 물을 골진 곳으로 쏟아 내려서 이루어진 것이다. '둠벙(작은방죽)보담은 크고 저수지보담 작은' 이 오아시스를 임자도 사람들은 '물치' 또는 '모래치'라 부른다. 그리고 옴팍한 곳을 파고 모래치를 만드는 일을 "똘을 친다"고 한다. 이 모래치 오아시스의 물은 농사물로도 쓰이지만 해수욕객들의 '갯물 씻김물'로도 그만이다. 임자도 바닷가에는 모래언덕이나 산중턱 또는 들 가운데에 이런 오아시스가 열대여섯 개나 있다. 그중 세 개는 길이가 500~600m, 폭이 8m가 넘는다. 그리고 아무데나 1m 이상 모래땅을 파면 금방 물이 고여 오아시스가 된다. 모래가 늘 머금고 있던 물을 오아시스에 토해내기에 어지간히 가물어도 모래치 오아시스만 파면 물 걱정은 없다. 그야말로 임자도의 오아시스는 임자도의 생명수이다.

선착장에서 5km쯤 떨어진 대기리와 광산리 뒷단에 펼쳐진 대광해수욕장은 우리나라에서 가장 길고 넓고 깨끗한 해수욕장이다. 백사장의 길이는 12km나 되고, 폭이 300m가 넘는다. 해수욕장 이 끝에서 저 끝까지 가려면 걸어서는 1시간 20분, 자전거로도 30분이나 걸리는 광활한 백사장이다. 넓은 백사장 너머로 보이는 수평선 또한 서정적이고 아름답기 그지없다. 이렇듯 아름다운 경관 때문에 신안의 4대 해수욕장으로 꼽힌다.

임자도는 대광해수욕장과 함께 새우젓으로도 유명하다. 임자도의 북쪽 맨 끝 동네 전장포는 우리나라 새우젓의 대명사이다. 전장포의 먼지모래를 딛고 사는 백화새우는 특히 그 몸집과 색깔이 먼지모래처럼 곱다. 전장포에서는 해마다 1천여 톤의 새우를 건져내 전국 새우젓 어획고의 60%를 차지한다. 특히 전장포에서 5월과 6월에 잡히는 살찐 새우젓은 각각 '오젓', '육젓'이라고 하여 맛있는 젓으로 유명하다. 전장포 마을 뒤 솔개산 기슭에는 길이 102m, 높이 2.4m, 넓이 3.5m의 말굽모양 토굴 네 개가 있다. 이것은 새우젓 저장실로 이곳에서 저장된 새우젓은 김장철에 맞춰 비싼 값으로 팔려 나간다.

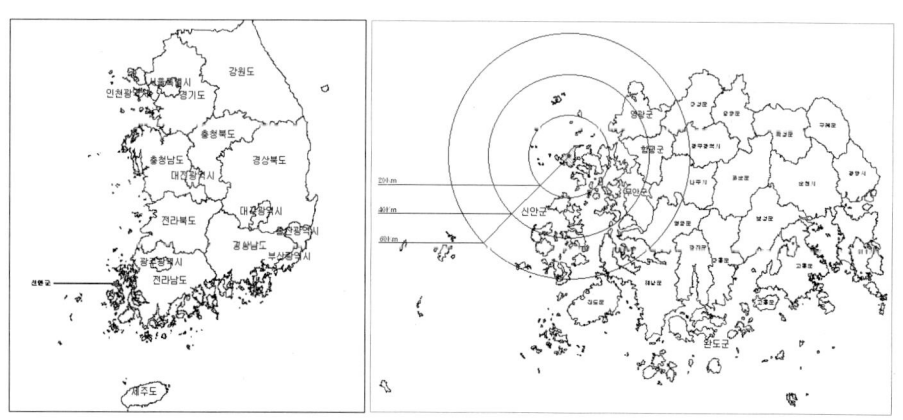

3. 임자도의 시기별 모습과 형태

1) 임자도 원지형

임자도는 한반도 서남 해의 모든 도서지역이 그러했듯이 지금으로부터 약 15,000년 전에는 전남 내륙과 연륙連陸되어 있었다[1]. 그러나 그 후 해수면 상승과 함께 약 2000년 전에야 비로소 현재와 같은 해안선이 형성되었던 것으로 보인다.

이 때 형성된 해안선의 모양(즉, 2000년 전의 해안선)을 그려내는 것은 매우 어려운 작업이다. 왜냐하면 그 후 바람과 해수 작용으로 엄청난 침식·퇴적 등의 운동이 이루어졌으며, 또한 사람이 거주하면서부터 크고 작은 수많은 간척사업을 해 왔기 때문이다. 이러한 어려움 속에서 자연경관 및 지질조사를 토대로 피상적이지만 초기의 지형을 그렸다.[2] 연구결과에 의하면,[3] 육지와 연륙되었던 임자도가 해수면의 상승으로 바닷물이 들어와 섬으로 변한 후, 이 지역 주변은 조수의 영향을 받아 6천년 전 얼마간은 해발 10m 정도까지 미쳤고, 석기시대 이후는 10m 이하로 점점 내려가다 고대 사회로 들어와 농경사회가 되면서 5m 정도에 이른 것으로 조사되었다. 여기에 조차를 고려해 보면 임자도 주변에 분포하고 있는 간석지의 범위는 대략 해발 5~10m 정도로 추정해 볼 수 있다는 견해를 갖고 GIS에 의해 초기경관(지금부터 2000년 전의 임자도

---

1) 해수면 상승은 후기갱신세 마지막으로 추었던 시기인 15,000여 년 전부터 이루어지기 시작한 것이 일반적인 학설이다.
2) 2차에 걸친 해저지형 상태, 지질 및 토양 조사·분석, 기반암 분포조사, 제방 축조 흔적 등의 조사자료의 분석결과임.
3) 김경수(2001 : 40)의 연구결과를 토대로 유추한 결과임.

모습)을 시뮬레이션 했다. 그 결과는 아래 지도와 같았다.

지도를 해석하면, 현재 농경지나 염전으로 활용되고 있는 지역은 당시에는 모두 바다였고, 현재 산으로 되어 있는 부분만이 당시 육지였던 것으로 보여진다. 따라서 현재 임자도의 산으로 되어 있는 부분만이 2000년 전에는 임자도 모습이었다고 볼 수 있겠다. 삼각산, 대둔산을 중심으로 한 남부와 서남부, 서부 산악지대 등의 3지역으로 구분이 보다 현저 했다. 때문에 당시에는 지금보다 훨씬 많은 섬들이 인근에 분포하고 있었으며, 광대한 영역이 간조 시에 갯벌로 들어 나는 끝없는 갯벌이 펼쳐진 모습이었을 것이란 추측을 해 볼 수 있을 것이다.

<표 1> 원래의 임자도 규모

구분＼내용	총 면적 (㎢)	총 해안선길이(km)
2,000년전 임자도	29.94	141.27

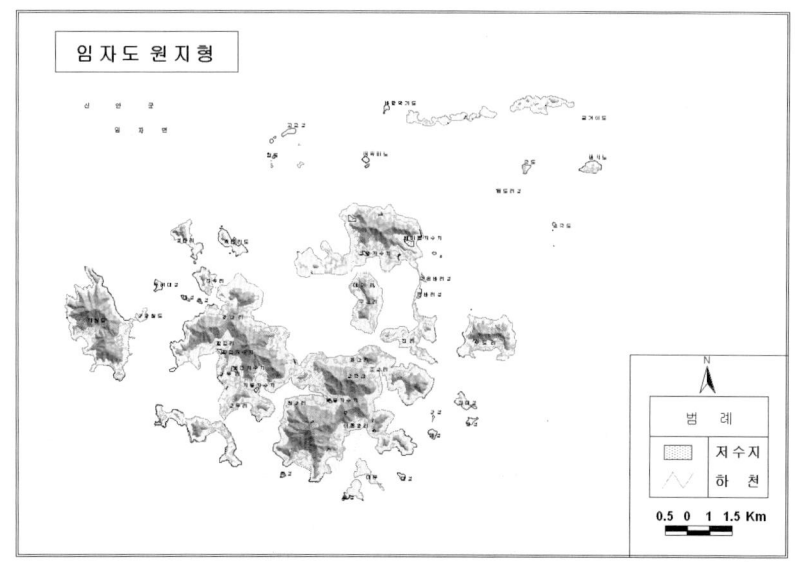

<그림 1> 원래의 임자도 모습

물론, 이때는 주민이 거주하기 이전이었을 것이다. GIS분석에 의하면, 당시 임자도 면적은 약 29.94㎢로 현재(46.60㎢)보다 17㎢가 작은 섬이었던 것으로 여겨진다(현재의 대략 2/3규모). 그러나 당시 해안선은 매우 구불구불해 현재보다 훨씬 길었던 것으로 분석되고 있다(당시의 해안선 길이 141.27㎞).

2) 자연퇴적과 지역변화

위에서 살펴본 바와 같이 원래의 임자도 모습은 북쪽의 자잘한 구릉성 섬, 그 아래 삼학산을 중앙으로 한 섬, 그 아래 구산리 섬, 그 오른쪽에 진도 등이 있었고, 그 아래로 체도인 본섬이 놓여 있는 상태였다.

그러나 오랜 세월이 흐르면서 북서쪽 해양에서 조류와 파도에 의해 쌓여 퇴적된 모래언덕이 형성되어 감에 따라 이들 크고 작은 섬들이 서로 연결되어 아래 지도와 같은 모습으로 변해갔다.

풍랑과 바람에 의한 북서해안의 모래퇴적은 주위의 크고 작은 많은 섬들이 거의 하나로 연결시켰지만 남동쪽으로는 거의 퇴적이 일어나지 않아 내륙 깊숙이 만灣이 형성되는 모습을 보였다. 특히 현재 넓은 들판인 회산리쪽은 당시에 큰 만을 형성하고 있었다고 보여진다.

이 시기의 임자도 면적은 대략 37.55㎢, 해안선 길이는 147.36㎞ 정도 되었던 규모였던 것으로 산출되고 있다. 따라서 원지형에 비해 약 7.61㎢ 정도가 자연퇴적으로 늘어난 것으로 분석되고 있다. 퇴적물이 주로 모래인 것으로 볼 때 최소한 이 면적만큼이 순수한 모래지형임을 알 수 있어, 과히 임자도를 모래의 섬이라고 부를만 하다고 여겨진다.

또한 이러한 자연퇴적은 섬들을 상호 연결시켰을 뿐만 아니라 거주가 능한 낮은 구릉지 형성, 경작지 조성 가능 등을 가져오게 되어 선사인들의 거주를 가능하게 하는 작용이 되었다고 보겠다. 따라서 자연퇴적은 선사시대 유적과 깊은 관련을 맺고 있을 것이라는 전제를 갖게 해 이러한 분야 연구에 실마리를 제공해 줄 수 있다고 본다. 예를 들어 이곳은 아마 천혜의 피난처와 경제적인 풍부함, 거주가능 공간 등의 기반을 갖춘 장동 일대에서 구석기 유물을 찾아보면 되지 않을까 하는 생각을 들게 하는 것들이다.

<표 2> 간척 이전의 임자도 규모(자연퇴적 이후)

구분 \ 내용	총 면적(㎢)	총 해안선 길이(km)	퇴적된 면적(㎢)
간척 이전	37.55	147.36	7.61

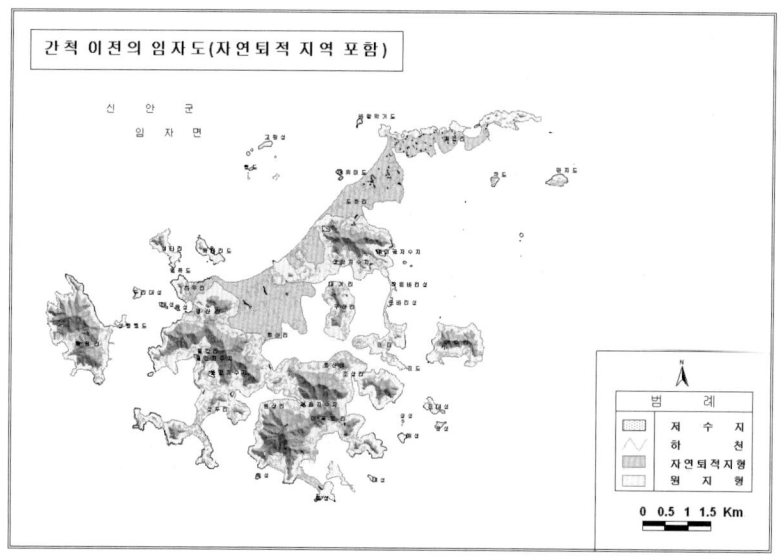

<그림 2> 간척이전의 임자도 모습(자연퇴적 지역 포함)

3) 초기간척(1910년 이전)과 지역변화

임자도 지역은 이미 선사시대부터 인간이 거주하였다는 유물이 발견되고 있지만, 경지의 개척과 촌락의 형성이 본격적으로 이루어지기 시작한 것은 통일신라 후기 대중항로 개척과 때를 같이 하지 않는가 한다.

섬지역에 입도한 주민들은 처음에는 대체로 산곡간에 입지한 촌락들이 조선초기가 지나면서부터 평야부의 저지대로 이동하는 경향을 보인다. 그리하여 18~19세기에 이르러 비로소 지금과 같은 위치에 촌락이 발달하게 되는 것이 일반적인 경향이다.[4] 임자도도 예외는 아니었다. 실례로 가장 깊숙한 산곡간 지역인 서촌의 입지가 가장 빠르고, 그 다음 해안가 순으로 입도조가 확인 된 것은 이러한 사실을 뒷받침 한 것으로 보인다. 주민이 살면서 연료림 채취와 농경지 조성 등으로 배후 산지나 구릉지에서 유출되는 토사 침식량이 많아져 간석지의 매립을 촉진했다는 것이 일반적인 견해로 받아들여지고 있다. 하곡부와 만입부에는 간석지 발달이 더욱 심화되었다. 여하튼 이들 초기 주민들은 곡간 충적지 일부를 주거지와 경작지로 이용하면서 어업을 병행했던 것으로 여겨진다. 그리고 정착이 본격화되고 경제력과 주민 수 증가와 함께 간척활동을 서서히 벌여나갔을 것이다. 물론 초기 간척활동은 만입부 횡단형태 보다는 자기 마을 앞 퇴적지를 소규모로 막은 것부터 이루어졌다.[5] 바닷물과 뱃터 그리고 제방과 들 이름에 묻어있는 지명도 조수 영향권을 파악할 수 있는 중요한 자료이다.[6]

조선시대에 들어서면서 주민의 급격한 증가와 재지토족在地土族의 촌락지배,[7] 중앙정부의 세수확보와 간척 유도 등은 직·간접적으로 간척

---

4) 16세기 이르면 거주면이 해발 20~25m에 이르고, 17세기가 되면 15m 정도, 18~19세기로 내려오면 10m 쯤에 형성된다(양진경, 1980 : 48).

5) 제방과 제방이 아닌 논뚝의 구분은 단면도 분석을 통해서 가능하며, 이러한 지형조사 결과 현재도 마을 앞 소규모 간척 흔적이 남아 있는 곳이 많이 발견됨.

6) 지명은 명명된 시대의 지역경관을 잃고 있어도 원래의 위치에 존속하고 있으면 잃어버린 유형의 경관을 어떤 의미로는 머물게 하고 있고, 그것이 복원의 실마리도 된다(鏡味明克, 1992).

활동을 활발하게 하는 작용을 하게 되었고, 그 결과 방대한 규모의 간척
이 이루어지게 된다.[8] 조신시대에 들어와서 태조에서 성종에 이르는 약
100년 간은 국력의 강화와 국가의 재정확보를 위하여 치수와 수리사업
이 국가적 차원에서 추진되었으며, 인조에서 정조에 이르는 160년 간은
조선시대 치수사업의 부흥기였다(김의원, 1985 : 47~56). 물론 이 때의
간척 대상이 되었던 간석지(갯벌)는 대부분이 거의 육지로 노출되다시피
한 습지 형태여서 상대적으로 둑쌓기가 쉬웠을 것임은 말할 여지가 없
다. 이 시기에 간척사업이 이루어진 곳은 방조제 대장臺帳 형태로 기록되
어 전해지고 있다. 물론 정확하게 기록되어 있지는 않지만, 기록된 내용
이 현재의 방조제 위치와 대략 일치하고 있다. 임자도 방조제관리대장[9]
에 의하면, 이 시기(1801~1909)에 조성된 것으로는 1885년 1개소(수도
2) 방조제가 조성되었다고 기록되어 있다. 물론 당시에는 현재와 같은
깊은 수심이 아닌 거의 습지를 이룬 지역이 광범위하게 펼쳐졌으리라는
것이 고려된다. 이들을 토대와 근거로 하여 당시 임자도 경관을 그려보
면 다음과 같다.

　GIS에 의한 분석결과를 보면, 이 시기에 약 0.10㎢가 늘어난 것으로

---

7) 16~17세기의 재지토족在地土族의 촌락지배는 대부분 제언과 보의 축조로 인
　한 농지의 확대를 경제적 기반으로 하고 있었다(이해준, 1996 : 288~290).
8) 조선후기, 왜구의 침입이 없어지고 임자·병자의 양대 전란을 겪고 난후부터
　는 매우 활발하게 간척활동이 이루어졌다. 농업경제에 의존하고 있던 당시의
　정부로서는 황폐화된 경지를 복구하여 농경지를 확대시키고 농민을 안주시키
　는 일이 무엇보다도 급선무였다. 그 결과 나타난 것이 양전사업量田事業과 개
　간사업開墾事業이었다. 정부의 개간정책은 크게 두가지 방향에서 추진되었다
　(신호철, 1981 : 62~63). 하나는 토지를 개간하는 사람에게 '소유권' 또는 '경
　작권'을 인정하는 것이었고, 다른 하나는 새로 개간된 토지에 대해서는 면세
　혹은 감세 등 세제상의 혜택을 주는 것이었다. 그리고 이러한 정부의 개척 장
　려는 임자도 지역의 간척에도 영향을 미쳤다.
9) 신안군, 「신안군방조제 대장 및 위치도」를 참조한 것임.

되어 있다. 이는 현재 임자면 면적인 46.60㎢의 약 0.2%정도에 상응하는 규모였다. 개척된 면적이 거의 논으로 이용되었다는 점을 고려하면 소규모의 경지증가였다고 보여진다. 이런 상황으로 비추어볼 때 이 시기 임자면은 주위의 다른 섬에 비해 경제력이 크게 증가되지는 않았을 것으로 여겨진다. 물론 조성된 간척지에 관한 기록은 남아 있지 않다. 다만 일부 고문서(세종실록지리지, 비변사 기록 등)에 간척사업을 행한 흔적 혹은 증거가 나와 있을 뿐이다.

<표 3> 1910년도의 임자도 규모

구분＼내용	총 면적(㎢)	총 해안선 길이(km)	1910년 이전의 간척면적(㎢)
1910년도	37.65	146.86	0.10

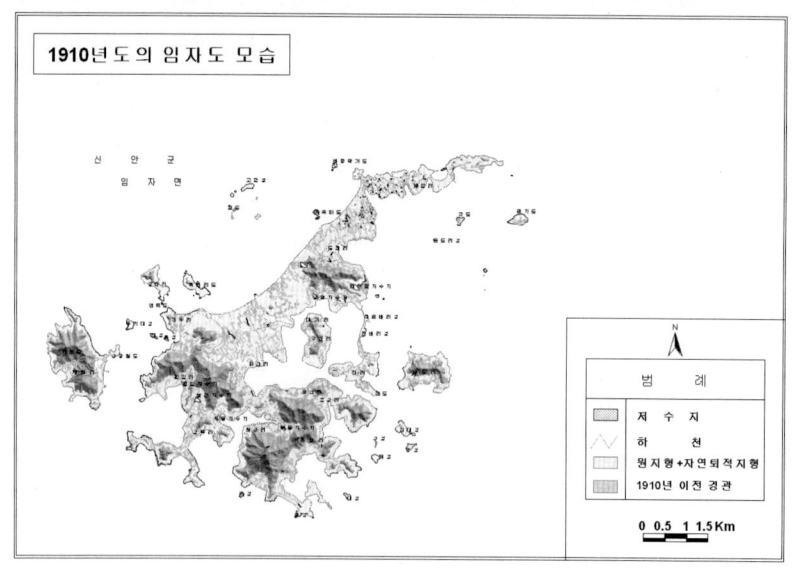

<그림 3> 1910년도의 임자도 모습

4) 일제시대 간척(1910~1950)과 지역변화

일제시대에는 현대적 토목공법이 발달하여 대규모 간척사업이 훨씬 가능해졌다. 또한 간척사업에 관한 법령·제도 등이 마련되는 등 체계적 그리고 정책적으로 추진되기 시작하였다. 1907년 공포된 「국유미개간지이용법國有未開墾地利用法」과 1920~1939년 「조선산미증산계획朝鮮產米增產計劃」의 일환으로 마련된 간척사업 관련 법령 및 제도10) 등이 대표적이다. 그리고 일본자본의 상륙, 수리사업의 개선, 산미증산계획 등의 영향도 매우 크게 작용했다고 본다. 따라서 이때부터 임자면은 본격적인 간척사업이 진행되었으며 상당히 깊은 수심 범위까지도 간척 대상이 되었다. 또한 방조제 연장(길이)이 이전보다 더 길어졌다. 도찬2(987m), 도찬5(1,106m), 삼두2(674m), 도찬3(601m) 등이 모두 이 때 축조된 대표적인 것들이다. 조선후기 미미했던 간척사업이 일제시대의 기술발달로 인해 임자면은 활발한 간척사업을 하였으며 경제적인 면에서도 크게 증가되었을 것으로 여겨진다.

GIS 분석에 의하면, 이 시기에 약13.80㎢가 간척된 것으로 나타나고 있다. 이는 현재 임자면 면적 46.60㎢의 약 29.6% 면적에 상응하는 규모였다. 이 시기에 간척이 이루어진 대표적인 지역을 들면, 특히 구산리와 대기리 일대이다. 당시 본섬과 분리된 독립된 하나의 섬과 같은 지형을 이루고 있으나 간척사업으로 본섬과 하나로 이어지게 되었다. 한편으로는 이 시기(일제강점기)의 간척사업들이 주로 일본정부에 의해 통제되는 국가자본에 의해 수행되었고, 그 결과 식민지 수탈이 목적이 되었다. 따라서 섬 주민들의 경제력 강화나 축적과는 거리가 멀어 주민문화 향

---

10) 공유수면매립법(1921)과 조선공유수면매립령(1923) 등이 마련되었다. 또한, 공사비의 30~50%를 국고에서 보조하는 한편 장기 저리의 융자금을 알선해 주었으며, 간척 농지에 경작자들이 이주 정착을 장려하기 위하여 이주자 1호당 50엔 이내의 보조금까지 교부하였다.

상에 큰 영향을 주지 못했다는 점도 간과해서는 안될 점이다.

　아래 표와 지도는 특히 간척사업이 절정에 이르렀던 1930년대의 임자
도에 관한 분석자료이다. 당시 임자도는 면적은 43.45㎢이고, 해안선 길
이는 116.69km였으며, 이때까지의 간척면적은 5.80㎢에 이르렀다.

<표 4> 1930년도의 임자도 면적

구분 ＼ 내용	총 면적(㎢)	총 해안선 길이(km)	간척면적(㎢) (1910~1930)
1930년도	43.45	116.69	5.80

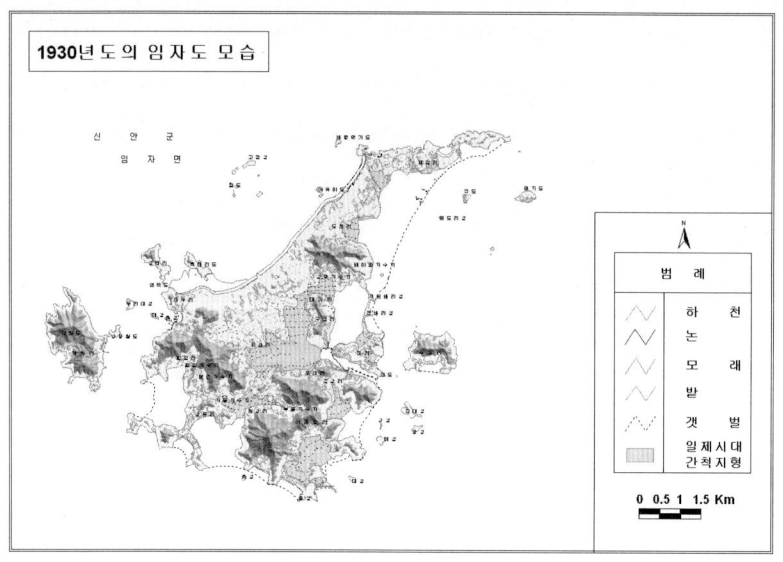

<그림 4> 1930년도의 임자도 모습

　그리고 아래 표와 지도는 1950년도 임자도에 관한 분석자료와 도면이
다. 당시 임자도의 면적은 45.60㎢이고, 해안선 길이는 113.12km이다. 또
한 1930~1950년까지의 간척면적은 8.00㎢이 이르렀다.

<표 5> 1950년도의 임자도 규모

구분 \ 내용	총 면적(㎢)	총 해안선 길이(km)	간척면적(㎢) (1931~1950)
1950년도	45.60	113.12	8.00

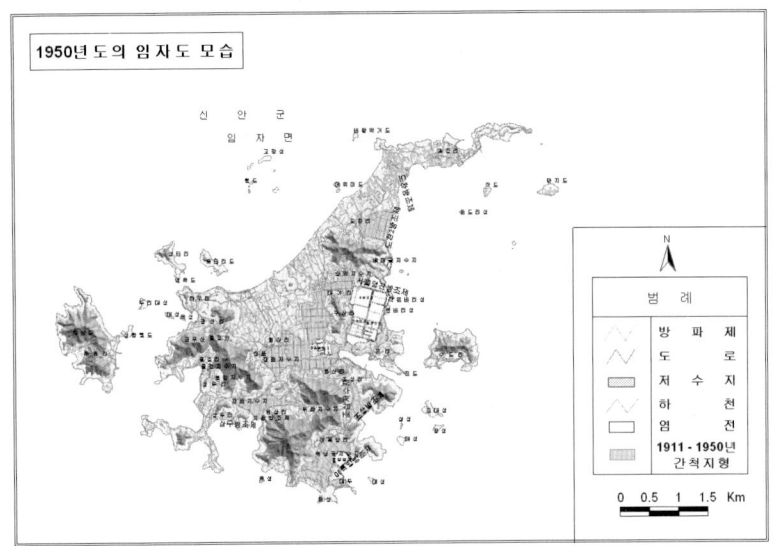

<그림 5> 1950년도의 임자도 모습

5) 최근 간척(1950년 이후)과 지역변화

이 시기에 우리나라 간척사업의 과정을 총체적으로 살펴보면 다음과 같다. 먼저, 1945년 해방 이후 1950년대 초까지는 경제적 불황과 국가의 재정난 등으로 신규사업보다는 일본인에 의해 착수되었던 미완공 지구의 준공에 역점을 두었다. 그러나 1953년부터는 UNKRA, FAO 등의 외원에 힘입어 간척사업이 다시 활기를 띠게 되었고 민간차원의 소규모적 간척사업도 활발히 이루어졌다. 그리고 1960년대에 들어와서는 공업화의 진전과 함께 대국토 건설을 지향한 경제개발계획의 추진으로 간척사업이 크게 활기를 띠었다. 특히, 미국으로부터 무상지원양곡(PL480)의

지원은 이를 더욱 촉진시켰다. 그러나 1971년부터는 무상지원양곡이 중단된 데다가 국가의 경제정책 또한 중화학공업 위주의 정책으로 전환함으로써, 민간차원으로 추진되던 간척사업도 국가주도사업으로 전환되었으며, 용도 또한 식량증산을 위한 간척사업보다는 공장건설을 위한 사업으로 전환되었다(최운식 2000 : 401). 그러던 것이 1980년대에 들어와서는 갯벌의 경제적 가치 증대와 환경보전의 중요성이 강조로 간척사업이 거의 사라졌다.

<표 6> 1980년도의 임자도 규모

구분 \ 내용	총 면적(㎢)	총 해안선 길이(km)	간척면적(㎢) (1951~1980)
1980년도	46.49	108.64	0.89

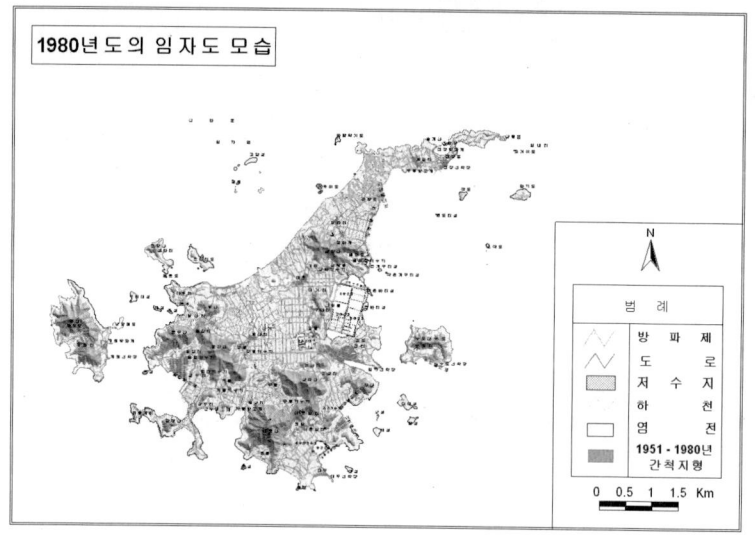

<그림 6> 1980년도의 임자도 모습

이러한 국가적인 측면과 더불어 이 시기의 임자도 간척활동을 더듬어 보면 다음과 같다. 우선 분석결과를 보면, 이 시기에 약 1㎢가 간척된

것으로 나타나고 있다. 이는 현재 임자면 면적 46.60㎢의 2.1% 면적에 상응하는 규모였다. 역시 이 시기에도 상당한 간척사업이 이루어졌던 것으로 보인다. 그 결과 이때의 임자도 모습은 면적은 46.49㎢이고, 해안선 길이는 108.64km의 크기였다.

또한, 1980년대 이후에도 임자도는 부분적으로 미미하나마 간척사업이 이루어졌었다. 이 시기에는 특히 염전을 일구는 사업이 주였던 것으로 보여진다. 그리고 간척이 미약한 원인에는 새로이 대두된 환경보전 문제가 크게 대두된 배경이 작용했던 것으로 보여진다. 아무튼 부분적 간척사업결과 2004년말 임자도의 면적은 46.60㎢, 해안선 길이 108.32 km로 현재의 모습으로 되었다. 아래 표와 지도는 이를 보여주는 것이다.

<표 7> 2004년 말의 임자도 규모

구분 \ 내용	총 면적(㎢)	총 해안선 길이(km)	간척면적(㎢) (1981~2004)
2004년도	46.60	108.32	0.12

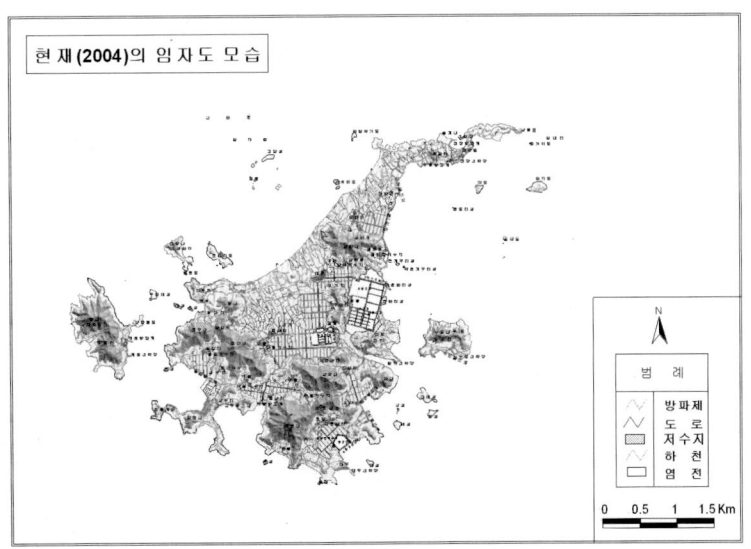

<그림 7> 현재(2004)의 임자도 모습

4. 결 론

지금까지 앞에서 논의 되었던 연구결과를 정리하면 다음과 같다. 지금으로부터 2,000년 전의 원래의 임자도 모습(원지형)은 삼각산, 대둔산을 중심으로 한 남부와 서남부, 서부 산악지대 등의 3지역으로 구분이 보다 현저 했다. W,R, 원래의 임자도 모습은 북쪽의 자잘한 구릉성 섬, 그 아래 삼학산을 중앙으로 한 섬, 그 아래 구산리 섬, 그 오른쪽에 진도 등이 있었고, 그 아래로 체도인 본섬이 놓여 있는 상태였다. 때문에 당시에는 지금보다 훨씬 많은 섬들이 인근에 분포하고 있었으며, 광대한 영역이 간조 시에 갯벌로 들어 나는 끝없는 갯벌이 펼쳐진 모습이었을 것이란 추측을 해 볼 수 있을 것이다. 이때 임지도 면적은 약 29.94㎢로 현재(46.60㎢)보다 17㎢가 작은 섬이었던 것으로 여겨진다(현재의 대략 2/3규모). 그러나 당시 해안선은 매우 구불구불해 현재보다 훨씬 길었던 것으로 분석되고 있다(당시의 해안선 길이 141.27km).

그러나 오랜 세월이 흐르면서 북서쪽 해양에서 조류와 파도에 의해 쌓여 퇴적된 모래언덕이 형성되어 감에 따라 이들 크고 작은 섬들이 서로 연결되어 육지가 확대도고 변해갔다. 풍랑과 바람에 의한 북서해안의 모래퇴적은 주위의 크고 작은 많은 섬들이 거의 하나로 연결시켰지만 남동쪽으로는 거의 퇴적이 일어나지 않아 내륙 깊숙이 만灣이 형성되는 모습을 보였다. 특히 현재 넓은 들판인 회산리쪽은 당시에 큰 만을 형성하고 있었다고 보여진다. 이 시기의 임자도 면적은 대략 37.55㎢, 해안선 길이는 147.36km 정도 되었던 규모였던 것으로 산출되고 있다. 따라서 원지형에 비해 약 7.61㎢ 정도가 자연퇴적으로 늘어난 것으로 분석되고 있다.

또한 조선 중기부터 활발히 전개되었던 간척사업은 이곳에도 영향을 미쳐 1910년까지 약 0.10㎢가 늘어난 것으로 되어 있다. 이는 현재 임자면 면적인 46.60㎢의 약 0.2%정도에 상응하는 규모였다.

그리고 일제시대에 들어 간척사업은 식량증산정책과 함께 크게 전개되었다. 1930년대까지 이루어진 간척결과를 보면 임자도는 면적은 43.45㎢이고, 해안선 길이는 116.69㎞였으며, 이때까지의 간척면적은 5.80㎢에 이르렀다. 또한, 1950년도에는 면적이 45.60㎢, 해안선 길이 113.12㎞, 간척면적은 8.00㎢에 이르렀다. 만灣이 간척되어 해안선은 더욱 짧아졌다. 그러나 1950년 이후에는 미약하게 이루어져 1980년까지 약 1㎢정도가 이루어졌을 뿐이었다. 이러한 간척과정을 밟아 임자도는 현재 면적은 46.60㎢, 해안선 길이 108.32㎞의 섬으로 되었다.

<표 8> 임자도의 시기별 간척사업

시 기	1800년 이전	1801~1909년	1910~1950년	1950~현재
면적(㎢)	29.94	37.65	45.60	46.60

결론적으로, 이와 같이 우리나라 서남해의 간척의 역사는 매우 길며 기술 수준 또한 많이 변해 왔다. 특히 우리나라 서남해안은 천혜의 간척조건 때문에 오래 전부터 간척사업이 지속적으로 행해져 왔다. 따라서 한편으로는 섬의 역사를 간척의 역사라고까지 부른다. 그 동안의 간척은 거주공간의 확대와 변화를 가져왔고, 주민 문화형성과 변화, 전파에 큰 영향을 주어왔다.

그러나 서론에서 밝혔듯이 이처럼 간척과정과 섬의 문화를 논하는 것이 중요함에도 불구하고 지금까지의 연구는 과학적이지 못했을 뿐만 아니라 편협적인 부분 영역으로 이루어져 왔었다. 이러한 견지에서 본 논문은 간척지의 역사적 변천과 공간형태를 계획측면에서 과학적이고 체계적으로 다뤄, 지금까지 인문사회학적인 측면에서 다루어져 왔던 도서지역에 대한 연구가 21세기 해양시대를 맞이하여 해양경관에 대한 부분을 공간형태의 변화측면에서 조명해보는 연구와 접목될 수 있다는 점에 의의가 있다고 생각한다. 아울러 환경파괴의 주범으로 크게 부각되고 있는 간척사업에 대한 부정적인 측면만을 강조하고 무조건적인 반대만을 할 것이 아니라, 간척이 이루어진 역사와 과거 선조들의 계획을 살펴보는 단계를 거친다면 앞으로 해양에 대한 자연친화적인 개발방향을 찾아내는데 조금이나마 도움이 될 수 있을 것으로 기대한다. 또한 도서지역에서 간척의 역사를 되짚어보는 일은 과거 해상교통 및 도서지역의 생활에 관련된 연구에도 기초자료로 활용될 수 있을 것이다.

제4장

도서지방의 설화에 담긴 지리적 의미 찾기 (제주도·흑산도·비금도 사례)

이 덕 안

1. 서 론

1) 연구의 배경

사람은 주어진 자연환경에 적응하고, 자연을 적절히 활용하며 삶을 영위해 간다. 이러한 삶의 과정에서 터득된 지식, 기술, 신앙, 제도 등은 집단에 의해 공유되고 양식화 하여 지속적으로 전승·발전되어 가는데 우리는 이를 생활양식(mode of life) 또는 문화(culture)라고 하며, 특히 기층 민중의 전통적인 생활양식을 '민속' 또는 '민속문화'라고 한다(조경만, 1988). 따라서 민속에는 전통적인 사상, 민간신앙, 예술, 구전물口傳

物, 풍속, 관혼상제 등의 정신문화와 의식주, 문화재, 생산양식과 생산도구 등의 물질문화가 두루 포함된다(최운식 외, 2004). 본 연구의 대상은 민속의 한 영역을 차지하고 있는 '설화'에 그 초점이 맞춰져 있다. 설화는 집단이 서로 공감하고 사실이라고 믿는 가운데 오랜 세월에 걸쳐 전승·발전시켜 온 이야기다. 따라서 설화에는 그 지역의 역사, 신앙, 생업, 자연환경 등 삶의 모든 내용과 집단의 특성이 고스란히 담겨져 있다.

설화는 그 내용과 구성요소에 따라 신화(myth), 전설(legend), 민담(folk story)으로 구분된다(최운식 외, 2004).[1] 신화는 문자 그대로 초능력을 가진 신에 관한 이야기이다. 신화는 그 규모가 방대하고, 우주와 자연 그리고 인간의 탄생유래에 대한 이야기가 대부분을 차지한다. 이에 비해 전설은 신보다는 신에 가까운 비범한 능력을 지닌 인간에 대한 이야기다. 오래 전에 있었던 큰 전쟁이나 사건 그리고 특별한 인물에 대한 이야기가 대종을 이룬다. 한편 민속신앙은 민속의 한 영역으로서 기층민들의 초자연적 존재에 대한 관념과 신앙 및 행위의 체계를 말한다. 따라서 민속신앙은 신 또는 신적인 능력을 지닌 존재에 대한 이야기인 설화(신화)의 실체적인 행위로 설화와 같은 맥락에서 이해될 수 있는 개념이다. 제도적 종교에서의 경전經典에 해당하는 것이 민속신앙에서는 설화(신화)라고 할 수 있다(조경만, 1988).

설화는 오랜 세월에 걸쳐 사람들의 입에서 입으로 전해져 내려온 이야기로 그 내용이 비과학적이고 허무맹랑한 것이라고 생각되어 질 수 있다. 그러나 설화가 특별한 계기에서 어떤 이유가 있어서 이야기로 꾸며졌고, 집단에 의해 그 내용이 사실이고 진실이라고 공감하는 가운데 입에서 입으로 전해져 내려온 것이기 때문에 설화에는 주민들의 삶의

---

1) 본 연구에서는 전설, 신화, 설화 그리고 당제의 구전 내용을 같은 개념으로 사용하고 있다.

경험과 사고방식 그리고 간절한 소망 등이 응축된 형태로 녹아있다고 할 수 있다. 다시 말하면 설화는 그것을 만들어 낸 누군가의 입을 빌어 창조된 민족 또는 지역주민 공통의 감정이요, 사고의 언어적 표현이며, 역사의 구술이라고 할 수 있다(진성기, 1992).

인간이 살아가는 모습과 방법은 지역적으로 약간의 차이는 있지만 근본적으로 크게 다르지 않다. 그래서 상호간에 교류가 전혀 없었던 지역 간에도 유사한 내용과 형식의 설화(신화)가 전해져 내려오고 있다. 본 연구의 사례지역인 제주도, 흑산도, 비금도의 설화도 그 대부분은 본토의 영향을 크게 받은 것들이다. 그래서 도서지역과 육지지역 설화의 다른 점은 '정도의 차이'이지 '종별種別의 차이'는 아니라고 할 수 있다(허춘, 1999). 그럼에도 불구하고 인간의 삶에 직접적으로 영향을 미치는 자연 및 인문환경은 지역에 따라 서로 다를 수밖에 없기 때문에 설화의 내용과 형식은 지역별로 어느 정도 차이가 나기 마련이다. 산촌과 어촌 그리고 농촌 주민의 생활방식과 사고방식은 얼마간 차이가 날 수밖에 없다. 육지에서 도서로 이주한 이주민들은 새로운 해양환경에 적응하는 과정에서 원래의 생활양식을 새로운 삶의 터전에 맞게 변화시켜나가게 된다.

어떤 현상의 지리적인 차이, 즉 지역적 특성은 지리학 연구의 변함없는 핵심 주제다. 따라서 설화의 지역적 특성에 대한 연구는 지리학 연구의 좋은 주제가 될 수 있다. 한편 지리학자는 특정 지역의 설화에 대한 연구를 통해 해낭지역의 지리적 시식과 시역성地域性에 대한 귀중한 징보를 무수히 구할 수 있다. 사실 지리학은 역사적으로 신화(설화)와 매우 밀접한 인연을 맺고 있다. 대지, 땅, 지구를 의미하는 단어 'Geo'가 그리스 신화에서 대지의 여신인 '가이아(Gaia)'에 그 어원을 두고 있기 때문이다.[2] 대지의 신은 전 세계 신화에서 거의 공통적으로 여신으로 묘사

---

2) 그리스 신화는 카오스(chaos) 상태에서 천공신天空神 '우라노스'가 나타나 대지의 여신인 가이아와 결혼하여 거인신족 티탄(titan)들을 낳는 것으로 시작된다.

되고 있는 반면, 하늘의 신은 대개 남신으로 묘사된다.

본 연구는 도서지역 설화의 내용 및 구성이 육지의 그것과 크게 다르다는 사실을 발견한 데서 출발하였다. 이러한 설화의 지역적 차이는 어떤 요인에 의해 발생한 것일까? 비슷한 자연환경과 사회구조, 그리고 역사적 배경을 지닌 지역의 설화는 그 내용이 매우 유사할 것이다(김열규, 1983). 반대로 상이한 환경을 가진 지역의 설화는 상호간에 서로 다른 모습을 보일 것이다. 또한 같은 도서지역이라 할지라도 육지로 부터의 격리된 정도, 지형 및 기상 조건, 생업(농업 또는 어업)의 유형, 용수의 확보 가능성 등에 따라 설화의 내용과 형식은 서로 다를 수밖에 없을 것이다. 필자는 이 글에서 연구지역, 즉 제주도, 흑산도, 비금도의 서로 다른 자연 및 인문환경이 해당 지역의 설화에 어떻게 투영되고 있는지를 밝혀보고자 한다.

2) 연구내용 및 방법

사람들은 삶의 공간을 공유하며 살아가는 동안 서로간의 잦은 접촉을 통하여 동질적인 지역문화를 형성하게 된다. 한편 물리적 환경에 대응하기 위한 인간의 노력은 역사적으로 구조화 되어 한 사회의 기본적 성격을 규정하게 된다. 따라서 지역문화의 한 구성요소인 설화(전설, 신화) 또는 민속신앙의 특성은 해당 지역의 물적 환경과 역사적 경험을 종합적으로 검토함으로써 규명될 수 있다. 본 연구에서는 도서지역 특히 제주도와 흑산도 그리고 비금도의 자연적·역사적 조건이 해당 지역의 설화에 어떻게 반영되고 있는지를 살펴보고자 한다. 이러한 연구목적을 달성하기 위해 본 연구에서는 다음과 같은 연구가설을 세우고 이러한 가설이 실제 연구에서 어떤 식으로 나타나고 있는지를 확인하고자 한다. 본 연구에서 설정한 가설은 다음과 같다. 첫째, 지역의 자연 및 인문환

경의 차이는 지역 설화의 내용과 형식을 규정한다. 둘째, 이주민 집단의
설화는 이주지역의 지역적 특성에 맞춰 변화한다. 셋째, 설화는 현실세
계에서 이룰 수 없는 사람들의 간절한 소망을 그 주제로 하고 있는 만
큼, 설화의 내용을 역으로 해석할 경우 해당 지역 주민들의 당시 생활상
을 파악할 수 있다.

본 연구에서 분석대상으로 삼은 설화는 다양한 관련 참고문헌에서 지
역의 대표적 설화로 중복 소개된 것 가운데 본 연구의 목적에 적합한 것
을 선정하였다. 그리고 본 연구와 관련한 현장답사는 제주도의 경우
1995~2001년 그리고 흑산도와 비금도의 경우는 2003~2005년 사이에
수차례에 걸쳐 이루어 졌다. 한편 본 연구에서는 도서간의 상호 비교를
보다 명확히 하기 위해 자연 및 인문적 특성이 비교적 뚜렷한 도서를 연
구대상 도서로 선정하였다(<표 1> 참조).

<표 1> 연구대상 도서의 제반 특성 비교

도서명	지리적 격리성	물적환경	인문환경	생업·농사
제주도	원해도서권	화산도 물 부족 다공질 현무암	여권사회 유배지	어업 및 해산물 채취 밭농사 중심
흑산도	근해도서권	농경지 부족	유배지 한중 항로의 기착지	어업 및 해산물 채취
비금도	연안도서권	대규모 간척지 물 부족 사질토양	강한 유교적 전통 연안항로의 요충지	반농반어 논농사 위주 천일염 생산

본 연구는 도서지역의 설화에 등장하는 신격神格 또는 주인공의 특
성과 해당 도서의 자연 및 인문적 특성간의 상호관련성을 밝히기 위한
선험적 시도이다. 이러한 연구목적과 관련하여 본 논문은 다음과 같이
크게 여섯 부분으로 나누어 논의를 진행시키고자 한다. 제1항 서론 부

분에서는 본 연구의 배경과 연구방법 및 내용에 대해 기술하였다. 제2
항의 이론적 배경에서는 문헌조사를 통해 도서민의 인지구조, 도서지
방 설화의 특성, 그리고 설화에 담긴 의미 등에 대해 정리하였다. 제3
항과 제4항 그리고 제5항에서는 각각 제주도와 흑산도 그리고 비금도
의 자연 및 인문환경에 대해 기술하고 이러한 지역적 특성과 설화 내
용간의 상호관련성을 밝히고자 하였다. 마지막으로 제6장 결론부분에
서는 이제까지의 논의를 요약하고 앞에서 제기한 가설에 대한 결과를
제시하였다.

2. 이론적 배경

1) 민간신앙과 설화

민간신앙은 민간 층에서 전승되는 '자연적인 종교'를 일컫는다.[3] 한
편 설화(신화)는 이 자연적 종교에서 신앙의 대상으로 모시는 주인공에
대한 이야기다. 따라서 특정 지역의 설화에는 그 지역의 자연환경과 주
민의 삶의 역사 그리고 사회제도 등이 고스란히 담겨있게 마련이다. 이
러한 이유에서 설화는 지역연구의 중요한 대상이라 할 수 있다. 민간신
앙이 갖는 특성을 요약하면 다음과 같다(최운식, 2004). 첫째, 민간신앙
은 신앙행위가 세대와 세대를 거쳐 구전口傳되고 전승·발전되며, 이러
한 과정에서 지속적인 변화를 겪는다.[4] 둘째, 민간신앙에서 신앙의 대상

---

3) '자연적인 종교'는 불교나 기독교처럼 인위적이고 제도화된 종교, 즉 '제도종
   교'에 대칭되는 용어로서 사용되고 있다.
4) 제도종교가 교조, 교리, 교단, 신도 등의 체계를 갖추고 있는 반면, 민간신앙은
   그러한 체계와 조직을 갖추지 않고 있다.

이 되는 신은 유일신이 아니라 천신, 지신, 용신, 수신(해신), 장군신 등으로 매우 다양하다. 셋째, 민간신앙은 구원의 동기가 현실의 어려움을 당장 풀고자하는 데 있으므로 당시의 지역적 상황을 잘 반영한다. 넷째, 민간신앙의 전승 주체는 지역공동체이기 때문에 설화는 나름대로 지역적 특성을 반영한다.

2) 도서민의 삶과 인지구조

사람들은 자신의 거주지의 지리적 특성(산지, 평야지, 바닷가, 섬 등)에 따라 생업, 생활패턴, 자연에 대한 인지구조, 신앙대상 등을 달리한다. 이는 주어진 환경에 대해 주민들이 적응한 결과로 지극히 당연한 현상이다. 따라서 도서 주민들은 육지 사람들과 다른 자연환경에 대한 인지구조를 가지고 있다고 할 수 있다. 예를 들면 내륙에서 농업에 종사하는 사람들은 태양의 이동을 기준으로 한 생태적 시간개념을 가지고 있는 반면 섬사람들은 바닷물의 이동을 기준으로 한 소위 '물때'라는 생태적 시간개념을 가지고 있다. 고기잡이와 어패류 채취를 생업으로 하는 섬사람들에게 있어서 가장 중요한 것이 바로 물때이기 때문이다. 도서·연안지역 주민들은 한 달을 바닷물의 이동주기에 따라 15개로 분할하고 그에 따른 명칭을 부여하고 있다. 참고로 흑산면 가거도 대리 주민들은 10일의 경우 한 달의 열 번째에 해당하는 날이지만 바닷물의 이동상태로 볼 때는 물때 주기의 첫 시작에 해당하므로 이를 '한물'이라고 한다. 따라서 섬사람들의 달력은 한물, 두물, … 열물, 한게끼, 마즈막게끼, 한조금, 마즈막조금, 무수로 이어져 15일 단위로 날짜의 명칭이 순환되고 있다(조경만, 1988).

섬사람에게 있어서 물때만큼이나 중요한 것이 바람이다. 바다에서 만나는 세찬 바람은 풍랑을 일으키고 풍랑은 도서민의 죽음으로 직결되기 때문이다. 한편 돛배를 타던 시절에는 바람이 배를 움직이는 기본 동력원이기도 했다. 따라서 섬사람들에게 있어서 바람의 방향이나 강도는 매우 민감하게 인지될 수밖에 없는 것이다. 국립박물관의 1955년도 조사결과에 따르면 흑산도 주민들은 바람의 방향을 육지지역에 비해 훨씬 세밀하게 구분하고 있다(<그림 1> 참조). 흥미로운 것은 흑산도의 마을이 주로 섬의 동쪽을 면한 내만內灣 주위에 위치해 있어 동남방향의 바람에 보다 직접적으로 영향 받는 관계로 이 방향의 바람을 보다 세밀하게 구분하고 있다는 점이다(조경만, 1988).

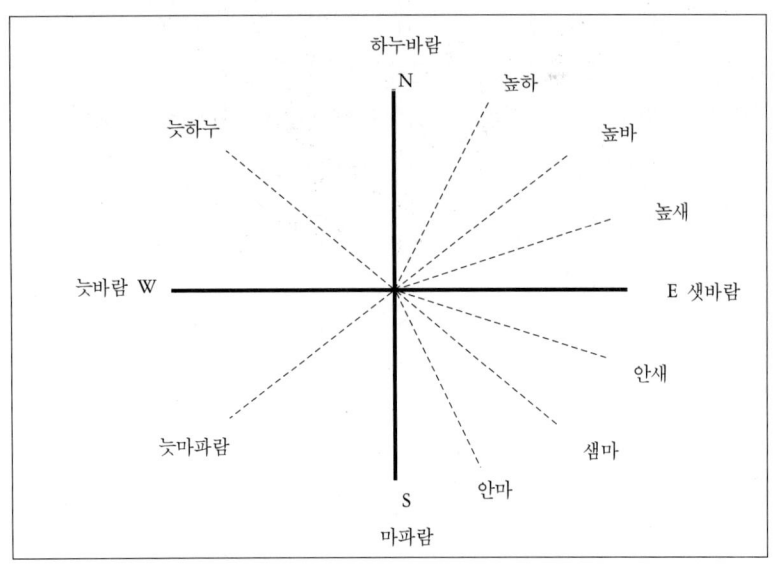

<그림 1> 흑산도 주민의 바람방향에 대한 인지와 바람의 명칭

　　주민들의 생업과 신앙의 대상도 상호간에 매우 밀접한 관계에 있다. 전남 고흥군 봉래면 나로도 신금마을의 당제는 당할머니와 마신馬神을 당신으로 모시고 있다. 이 마을에서는 원래 당할머니만 모셨는데, 말을

기르는 국영목장이 이곳에 들어서면서 마신을 추가로 모시게 된 것이다. 이는 주민들의 생업이 바뀌게 되면 그에 따라 민간신앙의 대상도 변한다는 사실을 보여주는 좋은 사례라 할 수 있다(표인주, 1993).

도서의 유형을 육지로부터의 거리에 따라 연안도서권, 근해도서권, 원해도서권으로 구분하여 각 도서의 상당과 하당에 모셔진 신격神格이 어떻게 변화하는지를 조사한 최덕원(1983)의 연구는 이러한 점에서 시사하는 바가 크다. 연안도서권의 신격은 육지(호남지역)의 농업지역과 같이 당할머니가 상당에, 당할아버지가 하당에 좌정하고 있다. 한편 근해도서권에서는 당할머니와 당할아버지가 분리되지 않고 함께 상당에 모셔지고, 하당은 새로운 기타 신격들로 대체되고 있다. 그리고 상당에 모셔진 신격이 제의에서 차지하는 비중도 하당에 비해 상대적으로 약하다. 원해도서권에서는 상당에 당할머니와 당할아버지 이외에 육지에서 유래된 기타 신들이 함께 모셔지고, 하당에는 도서지역의 주요 생업인 어업을 관장하는 용왕신이 모셔진다. 흑산도의 진리鎭里와 수리水里에서는 용왕신이 상당의 당할머니와 부부관계에 있기도 하다. 그리고 원해지역에서는 소저아기씨와 도령님, 총각 등 젊은 신이 많이 등장하고 있으며, 이들 젊은 대체신들은 신격이 보다 구체적이고 서로 짝을 이루는(남녀가 결합하는) 경우가 많다.

3) 도서지방 설화의 특성

도서지방 문화의 형성배경에 대한 학자들의 논의는 크게 환경적응론環境適應論, 주변부문화론周邊部文化論, 외래문화유입설外來文化流入說의 세 유형으로 요약되어 진다(이창기, 1995). 환경적응론은 그 중에서도 가장 대표적인 견해로서 문화를 인간이 자연적 조건에 적응하는 과정에서 생성된 결과물로 파악한다. 즉 도서문화는 도서지역 특유의 자연환경에 주민들이 대응한 결과로 형성되었다는 것이다. 주변부문화론은 도서지방의 문화가 거듭된 피지배와 수탈의 역사에서 상당 부분 비롯되었다는 주장이다. 한편 외래문화유입설은 도서 주변지역 또는 인접국가와의 교류 속에 도서문화가 크게 영향 받았다는 것이다. 이들 세 유형의 논의는 그들 나름으로 충분한 설득력과 타당성을 갖고 있으나, 본 연구에서는 그 중에서도 가장 대표적인 접근방법이라 할 수 있는 환경적응론적 입장을 취하고자 한다.

　인간이 환경에 대응하는 방식에 대한 학자들의 견해는 대체적으로 다음의 세 유형으로 구분되어 진다. 도전挑戰과 적응適應 그리고 초월超越의 메커니즘이 그것이다(이창기, 1995). 제주도 사람들의 강한 자립정신은 열악한 자연적 조건을 극복하고자 하는 도전의 메커니즘으로 설명할 수 있다. 또한 도전과 저항을 통해서 현실을 개혁하고자 하는 간절한 염원은 설화 속에 가공의 비범한 인물을 내세워 대리 성취시키고자 하는 형태로 나타나고 있다. 한편 도서지역의 환경조건에 대한 주민들의 대응양식은 절대자에 의탁하여 현실의 고통으로부터 벗어나고자 하는 형태로 나타나기도 한다. 각종 민간신앙이나 무속이 도서지방에서 특히 성행하는 것은 바로 이러한 자연환경에의 적응양식으로 설명될 수 있다. 또한 현실로부터 탈출(초월)하고자 하는 의지는 설화에서 새로운 삶의 터전을 찾아 고통의 현장을 떠나는 모습으로 형상화되고 있다.

　도서지방 설화의 특징은 육지의 그것에 비해 여신女神의 비중이 유난히 높고, 특히 제주도의 경우 신이 하늘에서 내려오기 보다는 땅이나 연못에서 솟아나는 경우가 유별나게 많다는 점이다. 제주도를 비롯한 대부분의 도서는 농경에 필요한 평야지가 적고 경사지가 많을 뿐만 아니라 논농사에 필요한 물을 구하기가 어려운 것이 일반적인 특징이다. 따라서 도서지방에서 농경의 대부분은 밭농사이며, 밭농사 작업의 대부분은 여성의 몫이다. 이는 도서지역 여성의 경제적 영향력이 육지에 비해 상대적으로 크다는 것을 의미한다. 이에 반해 육지의 논농사지역에서는 남성 노동력을 많이 필요하기 때문에 경제적 주도권을 남성이 갖게 마련이다. 경제적 주도권을 남성과 여성 중 누가 갖느냐에 따라 지역설화에 등장하는 신격의 성性이 달라지는 경향을 보인다.

수렵체취사회와 초기 농경사회에서는 '여성=생산성(출산)'의 등식이 성립하여 여신이 원초적인 신앙의 대상자로 등장한다.5) 그러나 수렵체취사회의 이러한 여신 중심의 설화(민속신앙)는 농경사회가 정착되고 부계사회가 확립되면서 남신이 여신을 대체하는 결과를 가져왔다. 만주족의 신화는 여자 천신인 '아부카허허'가 후에 남자 천신인 '아부카언두리'로 바뀌는 과정을 명확히 보여준다(최원오, 2003). 따라서 신화에 등장하는 신격의 성은 수렵체취사회에서 농경사회로, 모계사회에서 부계사회로, 잡혼에서 1부1처제로 바뀌면서 점차 여신에서 남신으로 변해왔음을 알 수 있다. 그러나 도서지역의 경우는 자연적 조건이나 생업의 특성상 여성 신의 원초적 전통이 그대로 유지되어오고 있는 것으로 이해된다.

4) 신의 탄생과 설화에 담긴 의미

한국의 신화는 신의 탄생방식에 따라 크게 난생卵生신화, 지중地中탄생 신화, 감염感染탄생 신화로 분류될 수 있다(김열규, 1983). 그 중 가장 대표적인 탄생 유형은 난생신화로 알에서 신이 탄생하는 경우이다. 동명왕, 석탈해, 박혁거세, 김수로 등은 모두 알에서 태어났다. 감염탄생신화는 여성이 햇빛이나 별빛 혹은 달빛과 같은 것에 감염되어 신화적 인물

---

5) 대부분의 신화에서 화신火神은 여성의 성을 갖는다. 이는 초기의 농경이 화전火田의 형태로 이루어진 것과 무관하지 않다. 산지山地를 경작지로 바꾸기 위해서는 숲을 태울 불이 있어야 하기 때문이다.

이 탄생하는 경우이다. 한편 지중탄생신화는 인간 생명의 기원을 땅속이나 물속에 두고 있다. 부여의 2대왕 금와金蛙의 탄생이나 제주도 삼성혈 신화가 그 예이다. 김열규(1983)는 이러한 지생관적 인간 기원론을 식물이 땅속에서부터 뻗어 나와 생명의 꽃을 피우는 데서 유추한 것으로 해석하였다. 이러한 지생관地生觀 또는 지모신앙地母信에 대한 이해를 돕기 위하여는 '달동물'에 관한 논의가 추가로 요구된다. 달月은 시간의 흐름에 따라 자신의 모습을 변모시켜 가며 반복해서 새로이 태어나기 때문에 인간은 달을 풍요의 원천으로 여겨왔다. 이러한 차원에서 집을 들고 난다든지(달팽이), 물 표면에 나고 들거나(개구리), 아니면 동면으로 사라졌다가 다시 나타나는 동물(뱀, 곰)을 달이 이울고 차는 것에 비유하여 '달동물'이라고 부른다. 단군신화에 등장하는 곰의 존재도 달동물로 간주될 성질의 것이다.

일본 신화는 여신의 신화라는 말이 있을 정도로 수많은 여신들이 등장한다. 일본 신화에 등장하는 천부신 '이자나키[伊邪那岐命]'와 지모신 '이자나미[伊邪那美命]'는 각각 하늘과 땅, 부와 모, 남과 여, 생과 사, 밝음과 어두움, 현세와 타계를 표상하는 신들이다. 이자나키와 이자나미는 일본신화의 신들 중에서 처음으로 혼인을 하는 신들로 두 신의 성교에 의해서 일본 국토가 창조되고 이어서 자연만물의 신들이 태어난다. 당시 지상은 원시의 해양 위를 국토가 해파리처럼 둥둥 떠다니는 형국이었다. 이자나미는 아와시마[淡島]를 시작으로 시코쿠[四國], 오키[隱岐], 큐슈[九州], 츠시마(대마도), 혼슈[本州] 등을 계속해서 낳는다. 국토의 출산이 끝나자 이어서 바람의 신, 나무의 신, 산의 신, 들판의 신과 같은 자연신들을 낳기 시작한다. 이어서 이자나미는 배[船]의 신과 곡물의 신을 낳고 불의 신을 낳다가 여음女陰이 타서 죽게 된다(김후련, 2004).

일본 신화에서 여음女陰을 가리키는 호토[蕃登]는 불이 존재하는 장소[火留, 火處]를 의미한다. 고대 일본인은 화산열도 일본의 생성과정을 지모신 이자나미가 불의 신인 '카구츠치'를 낳는 출산행위로 묘사하고 있다. 화산의 화구에서 불, 용암, 돌과 같은 것이 뿜어져 나오는 모습은 신화에서 여신이 대지를 출산하는 모습으로 표현된다. 또한 불의 신 카구츠치를 낳다가 죽어가는 이자나미가 토吐하는 과정에서 금속신 카나야마비코와 카나야마비메가 생긴다. 이어서 대변에서 점토 신 하니야스비코와 하니야스비메가 생기고, 소변에서 물의 신 미즈하노메가 태어난다. 불의 신에 이어 점토와 물의 신이 탄생하는 것은 점토를 물로 이겨 반죽해서 불로 토기를 굽는 토기문화의 시작을 신화화한 것이다. 마지막으로 이자나미는 곡령신穀靈神 토요우케비메를 낳는다. 이처럼 이자나미의 신체가 불에 타면서 마지막으로 곡물신이 태어나는 것은 불로 태운 밭에서 밭작물이 재배되는 화전농업을 묘사한 신화라고 할 수 있다(김후련, 2004).

설화의 탄생배경은 성취 불가능한 현상이 실현되기를 바라는 간절한 마음, 스스로 대적할 수 없는 존재에 대한 두려움, 자신의 조상에 대해 자긍심 고취, 그리고 인간의 자연에 대한 예술적 표현 본능 등 매우 다양하다. 그러나 설화는 인간의 간절한 소망이 탄생시킨 문학작품이라고 한마디로 요약할 수 있다. 기술이 발달하기 이전 시대 사람들의 간절한 바램이나 극복해야 할 두려움의 대상은 지역의 자연환경에 크게 영향 받을 수밖에 없었기 때문에 설화의 내용과 형식은 지역에 따라 차이가 나기 마련이다.[6] 특히 육지로부터 멀리 떨어진 고립된 섬지역의 경우는 자연환경의 영향을 보다 직접적으로 받게 되므로 육지지역에 비해 상대적으로 지역적 특성이 강한 설화를 탄생시키게 된다.

---

6) 설화의 내용은 자연환경에 의해 일차적으로 영향받은 사회, 역사, 정치적 조건에 의해 2차적으로 규정되어 지기도 한다.

3. 제주도의 생활환경과 설화

1) 자연 및 인문환경

제주도는 동서길이 73㎞, 남북길이 31㎞, 총 면적 1,820㎢의 화산도이다. 제주도 토양은 토층土層의 두께가 얇을 뿐만 아니라 화산분출물인 화산회토火山灰土의 보수성保水性이 아주 약해 농업 생산성이 매우 낮은 편이다. 또한 제주도의 지반은 공극孔隙이 많고 절리節理가 잘 발달된 다공질 현무암으로 되어 있어 제주도는 연평균 강우량이 1,870㎜에 달하는 다우지역임에도 불구하고 비가내리면 곧바로 지하로 스며들어 버리기 때문에 항상 지표수가 부족하다. 한편 지하로 스며든 물은 땅속을 흐르다 고도가 낮은 해안 저지대에서 솟아나 용천湧泉을 형성한다. 따라서 제주도의 촌락들은 물을 구하기 쉬운 해안의 용천지대에 집중적으로 분포하고 있다.

제주도는 현재 화산활동을 중단하고 있는 휴화산休火山 지역이다. 그러나 역사적 기록을 살펴보면 제주도의 화산활동은 아주 최근 까지도 활발하게 이루어졌던 것으로 밝혀지고 있다. 화산활동으로 인한 인적 및 물적 피해가 많았고, 사람들은 화산활동을 매우 두려워했던 것으로 나타나고 있다. 1002년(목종 5)에 "탐라의 산이 열리고 4개의 구멍에서 붉은 물[熔岩]이 솟아나 5일후에 멈추었으며, 그 물이 모두 (기와)돌이 되었다"는 기록이 있으며, 또 1007년에는 바다에서 화산이 폭발하여 섬이 새롭게 생겨났다는 기록도 있다(이덕안, 1995).

제주도에서 예전에 주민들이 음료수로 사용했던 샘泉들은 거의가 해안 가까이에 분포되어 있다. 이러한 이유로 제주도 마을의 약 4분의 3은 해안선을 끼고 발달되어 왔다. 따라서 제주의 마을은 식수원을 중심으로 비교적 큰 규모로 형성되었으며, 대체로 잡성촌雜姓村의 성격을 지니고 있다. 이렇게 하여 형성된 잡성마을에서는 마을 주민간의 혼인이 흔하게 이루어져 서로가 혈족과 인척이 되는 복잡한 관계를 이루게 되었다. 이러한 사정으로 인하여 제주도에서는 혈연보다는 지연을 중시하여 마을마다 마을제를 지내고 본향당(마을의 수호신을 모신 곳)을 두어 마을 공동의 조상을 설정하여 모셔왔다(신행철, 1995).

제주도가 섬이란 특성은 제주의 사회와 문화를 이해하는데 있어서 반드시 고려되어야 할 사항 중의 하나이다. 제주도에 있어서 극단적인 생활공간의 제약은 조선의 인조~순조(1600~1800) 연간 약 200년동안의 출륙금지 조치를 들 수 있다. 이처럼 섬이라는 한정된 생활공간에서 여러 세대에 걸쳐 자급자족적 생활을 영위해온 결과 제주도에서는 문중조직의 발전이 육지지역에 비해 상대적으로 미약하다. 또한 모계와 처가의 위상이 육지에 비해 상대적으로 강하고 여성의 사회적 지위가 높은 것도 제주도의 특징이라 할 수 있다. 이러한 도서지방의 특성은 제주도 설화에도 그대로 반영되어 여신의 비중이 육지에 비해 월등히 높고, 신화에 등장하는 신격들도 귀양신, 여행신, 방문신, 도망온 장군신, 그리고 표류신 등으로 외부에서 도입된 신이 많다(진성기, 1987).

제주도는 12세기 초 고려왕조에 편입된 후 조정에서 지방관을 파견한 이후부터 한반도의 통치권에 완전히 편입되어 자치권을 상실하게 되었나. 특히 제수도가 조선의 속현이 되면서 육지로부터 많은 사람들이 이주해 옴으로써 제주사회의 성격은 많은 변화를 겪게 되었다. 이러한 역사적 사실을 고려할 때 제주도의 사회 또는 문화가 독자적이고 순수성을 지속적으로 유지해 왔다고 주장할 수는 없을 것이다. 그러나 육지에서 이주해간 사람들 역시 제주의 자연환경적 영향으로부터 예외일 수는 없기 때문에 새로운 환경과 문화에 적응하며 스스로를 동화시켜나갔을 것이다.

제주도의 가족제도는 전통적인 한국의 가족제도와 많은 차이가 있다. 철저한 장남분가長男分家, 재산상속의 균분, 부락내혼部落內婚, 문중조직의 약화, 높은 이혼율과 재혼율, 조상제사의 분할 등이 바로 그 것이다. 제주도에서의 분가는 부모와 자식이 한 집에서 살더라도 '안거리(안채)'와 '밖거리(바깥채)'로 주거를 분리하고, 경작지를 나누어 따로 농사를 지으며 음식을 따로 장만하는 등 일상생활을 각기 독립적으로 영위해 나가는 것을 의미한다(이창기, 1995). 부모형제가 한 울타리 안에 살면서도 음식을 따로 장만하는 생활관습은 제주도의 자연환경이 농업생산에 부적합하여 주거공간의 분리 보다는 식량을 우선적으로 분리할 필요성이 컸기 때문으로 판단된다. 세계적으로 자원이 빈약하고 환경조건이 열악한 사회에서 핵가족이 많이 발견되는 것이 바로 그것이다.

제주도는 투수성이 높은 지질구조로 인하여 전체 경지면적의 1.9%만이 논이고 나머지는 밭이다. 제주도에서 여성의 사회적 지위가 높은 것은 밭농사를 주로 하는 제주도의 특수성에서 기인한 바가 크다. 밭농사는 논농사에 비해 여성 노동력에의 의존도가 매우 높기 때문이다. 육지부에 비해 상대적으로 높은 제주도 여성의 사회적 지위와 역할은 제주도 설화에도 그대로 반영되어 여성이 설화의 주인공으로 등장하는 경우가 많다. 자손이 없어 애를 태우던 '하늘공사'와 '지애공사' 부부가 하늘에 지성으로 치성을 드려 딸을 낳아 금지옥엽으로 길렀다는 설화가 바로 그 예이다. 하늘에 지극한 치성을 드린 결과 딸을 낳아 금지옥엽으로 키웠다는 이야기는 육지에서는 거의 찾아보기 힘들다.

2) 제주도 설화의 이해

제주도는 '절 오백 당堂 오백'으로 불릴 만큼 신앙에의 의존도가 특히 높았던 지역이다. 이는 제주도 사람들이 그만큼 절대자에게 의존해야만

할 정도로 어려움이 많았음을 반증하는 것이다. 필자가 발견한 제주도 설화의 가장 대표적인 특징은 다음의 두 가지로 요약된다. 첫째, 육지부의 신화에 등장하는 대부분의 신격은 하늘에서 내려왔으나 제주도의 경우는 땅이나 연못에서 솟아올랐다. 둘째, 제주도 설화에는 여신의 비중이 육지의 그것에 비하여 월등히 높고, 여자 주인공의 대부분이 힘센 여장수이다. 이러한 제주도 설화의 특징은 제주도가 물을 구하기 어려운 화산도이고 대부분의 생산 활동이 여성노동력에의 의존도가 큰 밭농사 및 해산물 체취 등이기 때문이다(이덕안, 1995). 다음에서는 대표적인 제주도 설화의 줄거리를 제시하고 그 내용이 앞에서 언급한 제주의 자연 및 인문환경과 어떤 관련성이 있는지를 살펴보기로 한다.

(1) 삼성혈 신화

제주도의 가장 대표적인 설화는 삼성시조신화三姓始祖神話로 그 줄거리는 다음과 같다. 아득한 옛날 제주도에는 사람이 살지 않았는데 삼성혈三姓穴에서 양을나良乙那, 고을나高乙那, 부을나夫乙那가 솟아나서 비로소 인간의 정주가 시작되었다. 그들은 세계를 탐험하기 위하여 영주산(한라산)에서 나무를 베어 배를 만들어 탐진耽津(지금의 전남 강진)을 거쳐 신라에 갔다. 신라의 왕이 탐진의 '탐'과 신라의 '라'를 따서 그들이 온 땅을 탐라도耽羅島라 이름 하였다. 그들이 삼성혈로 돌아가 살고 있을 때 커다란 궤짝 하나가 떠내려 와 해변에 닿았다. 궤짝을 열어보니 조그마한 상자가 세 개 들어 있었고 그 각각에서 오곡五穀의 종자, 여섯 짐승[六畜], 그리고 세 명의 아름다운 처녀가 나왔다. 세 남자는 각자 활을 쏘아 자신들이 살 곳을 정하고 세 처녀와 결혼하여 오늘날 까지도 제주의 주요 성씨가 된 고씨高氏, 부씨夫氏, 양씨良氏의 선조가 되었다.

삼성혈 신화는 제주도에서 인간생활의 역사를 이해하는데 중요한 실

마리를 제공해 주고 있다. 이 신화에 따르면 선사시대 제주인들은 혈거
생활穴居生活을 하였으며, 후에 본토와의 교류를 통하여 비로소 목축과
농업을 시작한 것으로 생각된다. 신화의 주인공이 땅이나 연못에서 용출
하는 형태로 출현하는 설화로는 삼성혈신화이외에도 서귀본향당, 세화
본향당, 토산여드렛당 본풀이, 중문면 색달리 본향당, 한경면 고산리 영
감당 등으로 육지지역에 비해 절대적으로 많은 비중을 차지한다(허춘,
1999). 이처럼 신격이 땅에서 솟아나는 현상은 인간의 두려움의 대상인
화산이 땅에서 폭발하고, 인간생활에 긴요한 물의 대부분이 하늘에서 내
리는 강우의 형태로 얻어지는 것이 아니라 땅에서 솟아나는 형태로 얻
어지기 때문인 것으로 판단된다.

(2) 제주도의 본향당(本鄕堂)

제주도 구좌면 송당리松堂里에는 마을의 수호신을 모신 '송당본향당'
이라는 신당이 있다. 웃송당(상당)에는 송당마을의 주신主神인 '백주할
망'이 알송당(하당)에는 그 부신夫神인 '서로서천국西路西天國'이 각각 좌
정해 있다. 한편 백주할망과 서로서천국의 아들들은 제주도 각 마을의
당신으로 좌정하고 있어서, 이 백주할망은 제주도 당신堂神의 조종祖宗으
로 여겨지고 있다. 당굿은 심방(무당, 단골)에 의해서 구송口誦되는데, '본
향'이란 마을의 수호신을 말하는 것이고, '본풀이'란 당신의 근본을 풀
이한다는 의미이다. 그래서 송당본향본풀이는 송당리의 수호신인 백주
할망의 근본 내력이나 신격을 설명해 주는 설화라는 말이 된다(장주근,
1990).

송당본향본풀이의 줄거리는 다음과 같다. 서울의 남산 송악산에서 솟
아난 백주아기가 제주도 송당 땅에서 솟아나서 사냥으로 육식생활을 하
는 남신 서로서천국을 찾아와 결혼하여 아들 7형제를 낳는다. 사냥만 해

서는 일곱 아들을 먹여 살릴 수 없자 백주아기는 서로서천국에게 농사 짓기를 권한다. 그러나 서로서천국은 원래가 대육식한大肉食漢이라 결국 자기의 소는 물론 남의 소까지 잡아먹는 바람에 싸움 끝에 부부가 갈라 선다. ⋯ 일곱살짜리 막내아들은 온갖 고난 끝에 용왕님의 세째 사위가 된다. ⋯ 후에 가족은 뿔뿔이 헤어져 제주도 여러 마을의 당신이 된다.

송당본향본풀이의 내용을 살펴보면 다음과 같은 특징을 발견할 수 있 다. 첫째, 제주도의 시조신이 하늘에서 강림한 것이 아니라 땅에서 솟아 났다. 둘째, 수렵생활에서 농경생활로 변천되었고, 수렵은 남성이 농경 은 여성이 하는 것으로 역할분담이 이루어졌다. 셋째, 토박이 문화와 외 래문화의 접합과정에서 갈등이 발생한다. 넷째, 남편을 떠나보내고 과부 가 되어 많은 자식을 양육하면서 생활고에 시달린다. 다섯째, 섬지방인 관계로 바다와 밀접하여 용궁에 관한 이야기가 등장한다. 여섯째, 가족 구성원이 성장함에 따라 농토가 추가적으로 요구되기 때문에 가족과 농 지의 분화 및 이주현상이 발생한다.

(3) 선문대할망 설화

선문대할망은 한라산에 엉덩이를 깔고 앉아 성산 일출봉을 빨래 바구 니로 삼고 우도牛島를 빨랫돌로 삼아 빨래를 할 정도의 거인巨人이다.[7] 제주도에서 아무리 깊은 못[池]이라도 그녀가 들어가면 겨우 무릎 정도 밖에 차지 않았다. 제주도의 많은 오름(측화산)들은 그녀가 삽으로 흙을 날라다가 한 줌 두 줌 집어 놓은 것이 그렇게 되었다. 그리고 할망이 오 줌을 누려고 할 때 포수에게 쫓기던 사슴들이 할망의 성기를 굴로 착각

---

7) '할미'는 오늘날 보통 늙은 여자를 의미하지만 설화에서는 여성 신격을 나타
  낼 때 사용하는 용어이다. 할머니는 '크다'는 뜻을 가진 우리말 '한'과 근원적인
  생명을 뜻하는 '어머니'의 합성어로서 '대모大母(the great mother)'를 뜻한다
  (송정화, 2003).

하고 들어오는 바람에 간지러워서 오줌을 눈 것이 내[川]가 되었다. 체구가 너무 크고 가난하여 추운 겨울에도 누더기로 만든 헌 옷 밖에 입을 수 없었던 할망은 어느 날 사람들을 모아 놓고 자기에게 명주로 속옷 한 벌만 지어 주면 육지까지 다리를 놓아 주겠다는 제안을 했다. 섬사람들은 그렇게 하기로 약속을 하고 옷을 만드는데 필요한 명주 100필을 구하기 위해 모든 노력을 다했다. 그러나 주민들이 최선을 다해 마련한 명주는 99필밖에 되지 않아 선문대할망과의 약속을 지킬 수 없었고, 제주도와 육지 사이에는 다리가 놓여 지지 못하게 되었다(현길언·고길홍, 1993).

이 설화에서 주목되는 내용은 선문대할망의 초인적 능력과 제주도 주민의 단결된 노력에도 불구하고 끝내 제주도와 육지 사이에 다리가 놓여 지지 못했다는 것이다. 즉 이 설화는 제주인의 어찌할 수 없는 한계적 상황에 대한 인식을 잘 표현하고 있다. 선문대할망이 평생에 명주로 속옷 한 벌을 만들어 입지 못할 정도로 가난에 허덕였다는 내용도 제주에서 홀로된 여인이 어렵게 살아가는 상황을 간접적으로 표현한 것으로 판단된다. 또한 제주사람들의 뭍(육지)을 향한 그리움과 현재의 상황을 벗어나려는 열망이 육지까지 다리를 놓는 것으로 표현되고 있다. 그리고 제주도 설화에 힘 센 여자가 많이 등장하는 것은 밭일, 바다일, 집안일 등에서 여성 노동력의 비중이 매우 컸음을 의미한다. 그래서인지 제주에서는 어리석은 아내에 대한 이야기를 찾아볼 수 없다.

제주도 설화 262편의 내용을 분석한 김항원(1990)의 연구에 의하면 지연地緣에 관련된 것이 33편, 힘 센 장사(할머니)에 관한 것이 29편, 풍수지리(명당)에 관한 것이 51편으로 가장 많았다. 제주도에 풍수 설화가 많다는 것은 제주도의 자연적 조건이 그만큼 열악하다는 것을 반증하는 것이라 할 수 있다. 제주도가 큰 인물이 태어날 땅이라는 의식은 척박한 환경 속에서도 제주도 주민이 희망을 갖고 생활하는데 많은 도움이 되었을 것이다(허춘, 1999). 한편 제주도는 역사적으로 중앙의 통제력이 제대로 미치지 못한 까닭에 파견된 관리官吏들의 폐해가 극심하였고, 왜구의 침입마저 잦았던 곳이다. 제주도 신화에서 외래신外來神이 토착신土着神을 압도하는 것으로 나타나는 것은 제주도가 오랜 세월에 걸쳐 외부세계의 지배를 받아온 역사적 배경을 반영한 것이라고 할 수 있다(진성기, 1987).

4. 흑산도의 생활환경과 설화

1) 자연 및 인문환경

한반도의 최 서남단에 위치한 흑산도는 면적 19.7㎢, 해안선 길이 41.8㎞의 섬이다. 흑산도란 이름은 산과 바다가 푸르다 못해 검게 보인다 하여 붙여진 이름이다. 흑산도는 먼 바다에 위치한 관계로 파도의 해식작용이 심하여 해색애가 발달되어 있으며, 갯벌은 발달되어 있지 않다. 대부분의 도서지역이 그러하듯 흑산도의 경우도 농경지의 면적이 매우 협소하다. 해안에서 조금 거슬러 올라간 곳에 조그만 밭뙈기들이 있을 뿐 논은 거의 찾아보기 힘들다. 그래서 대부분의 식량은 육지에서 조달하고 흑산도 사람들은 어업과 어패류 및 해초류의 채취로 생계를 유지해 왔다.

흑산도의 역사와 지리적 배경은 우선 이 섬이 육지에서 멀리 떨어진 절해의 고도孤島라는 사실, 대중국 및 대일본 교역로상의 중요한 기항지였다는 점, 그리고 왜구와 해적 때문에 문화의 단절을 경험한 점 등을들 수 있다. 특히 흑산도는 한반도에서 중국의 강남지방에 이르는 해로상의 중간지점에 위치하고 있다. 이러한 흑산도의 지리적 위치와 역할에 대해 이중환은 그의 『택리지擇里志』에서 다음과 같이 언급하고 있다(이해준, 1988). "신라가 당나라로 들어갈 때에는 모두 본군(나주) 바다에서 배가 떠났다. 하루를 타고 가면 흑산도에 이르고, 이 섬에서 또 하루를 가면 홍의도紅島에 이르며, 또 하루를 타고 가면 곧 태주台州의 영파부 정해현寧波府 定海縣에 이른다. … 또 남송南宋이 고려와 통하던 때에도 정해현 해상에서 출발하여 고려국경에 상륙하였는데 그곳이 곧 영암군이다."

실제 이 항로를 따라 고려시대에 송나라 사신으로 왔던 서긍徐兢도 그의 여행기 『고려도경高麗圖經』에서 다음과 같이 언급하고 있다. "흑도黑島(흑산도)는 백도白島의 동남쪽에 있어서 멀리서 보면 매우 고준해 보이지만 산세가 서로 중복되어 있고 가운데가 마치 마을처럼 아늑하다. 특히 양쪽 사이의 바다가 만灣을 이루어 가히 배를 숨길만하다. 그리하여 중국의 사신이 올 때면 배들이 이곳에 머물렀으며 지금(1124)도 관사館舍가 남아 있다. … 이 섬에는 백성들이 모여 사는데 나라에 큰 죄를 지은 사람들이 이곳에 유배되어 있다. 중국의 사신들이 이곳에 이르게 되면 밤에는 산위의 봉화대에서 불을 밝혀 이웃 섬과 섬을 차례로 연결 왕성에 이르게 하는데 흑산도가 그 봉화대의 시작이다(이해준, 1988)."

흔히 흑산도 하면 육지에서 멀리 떨어진 곳에 위치해 있어 고래의 문화가 원형대로 유지되고 있을 것으로 보지만, 이는 사실과 크게 다르다. 마한·삼국시대 때부터 서남해 도서지역은 해상 교역로로서 비중이 컸고, 여말선초에는 왜구의 창궐과 임란기의 혼란으로 인해 주민 모두를 내륙(영산포)으로 집단 이주시키는 공도정책空島政策을 실시하였기 때문이다. 이러한 역사적 배경으로 인해 서남해 도서지방의 문화는 대개 임진왜란이 끝난 17세기 이후에 이웃한 도서지방이나 내륙에서 흑산도로 이주해 온 이주민들에 의해 형성되었다고 할 수 있다.[8] 따라서 흑산도

---

8) 공도정책에도 불구하고 일부 섬 주민들은 여전히 도서지역에서 비공식적으

의 문화현상은 바로 육지의 이주민들이 이식시켜 온 것을 흑산도의 형편에 맞게 발전시킨 것이라고 할 수 있다.

대부분의 도서·연안지역에서는 해산물 체취를 몇몇 가구 또는 마을 전체가 집단을 이뤄 수행한다. 이처럼 해산물의 채취 구역을 배타적으로 점유하고 공동으로 채취하는 단위를 흑산도에서는 '뜸'이라고 한다. 뜸을 이루는 기본구성 단위는 가구이며 채취 작업에 가구원이 참여하여 뜸장의 지휘에 따른다. 이러한 뜸 조직은 흑산도 진리마을의 경우 상동, 중동, 양동, 청동 등 하위 구역으로 나뉘어 각각 하나의 뜸을 구성하고 있다. 각 뜸은 마을 공동해역의 일부씩을 점유하고 있고 여기서 나오는 자연미역을 공동으로 채취하여 분배하는 엄격한 규칙을 갖고 있다. 어촌 마을의 이러한 생산 조직은 자연히 조직원들간의 강한 결속력을 요구하고 공동체 정신을 강화하는 수단이 되었다(조경만, 1988). 이러한 생산조직은 자연스럽게 지역의 민속 및 신앙에도 그대로 반영되어 나타나고 있는데, 당제의 경우도 예외가 아니다.

2) 흑산도 설화의 이해

(1) 진리당 설화

흑산도 진리에는 상당上堂에 해당하는 진리당鎭里堂과 하당에 해낭하는 용신당龍神堂 그리고 바닷가(갯가)에서 행하는 갯제가 있다. 진리당은 흑산도의 본당本堂으로 이 당에서 흑산도 여러 마을과 주변 섬들로 당신이 분당해 간 것으로 알려지고 있다(최덕원, 1983). 그 근거로 흑산도에 전해 내려오는 다음과 같은 진리당 형성 설화가 있다. "옛날 귀양 온 번암

로 거주해 왔기 때문에 도서지방의 문화가 완전히 단절되었다고 단언할 수는 없다.

채제공 선생이 서울의 본당에서 모셔와 제사를 지낸 후 흑산도지역의 여러 당에 분신分身하였다고 한다." 진리당 설화는 두 분의 당신에 대한 내력이 함께 결합되어 이루어진 것이다. 진리당 설화의 내용을 요약하면 다음과 같다.

먼저 당각시가 진리당에 좌정하게 된 배경은 다음과 같다.

가. 당각시 설화

- 옛날 서로 사랑하던 처녀와 총각이 결혼하여 진리마을에서 행복하게 살았다.
- 날씨가 고르지 못한 날 남편이 각시의 만류에도 불구하고 고기를 잡으러 먼 바다에 나갔다.
- 남편이 탄 배가 풍랑으로 뒤집히고 남편이 돌아오지 않았다.
- 남편이 돌아오기만을 기다리던 각시가 먼 바다가 보이는 산정의 큰 소나무에 목을 매어 죽었다.
- 마을 사람들이 각시의 원혼을 위로하기 위해 죽은 자리에 당을 지어 당신으로 모셨다.
- 해마다 각시 죽은 날에 제를 지내 마을의 안녕과 풍어를 기원했다.

이렇게 하여 진리당에 좌정하게 된 당각시가 배를 타고 흑산도에 물건을 팔러온 총각 선원을 못 떠나게 붙잡아 두면서 다음과 같은 남신의 좌정내력이 이어진다.

나. 총각화장 설화

- 옛날에 옹기그릇을 파는 배가 진리에 들어왔다.
- 이 배에는 취사와 잔심부름을 하는 총각선원(총각화장)이 있었다.
- 선원들이 옹기그릇을 팔러 마을로 들어가자 혼자 남은 총각화장은 무료함을 달래기 위해 진리당 근처의 큰 소나무에 올라 피리를 불

었다.

· 총각이 피리를 불면 아름다운 여인(당각시)이 나타나 함께 시간을
보냈다.

· 옹기를 다 팔고 배가 출항하려고 하자 그 때마다 역풍이 몰아쳐 배
가 떠날 수 없었다.

· 점쟁이에게 그 이유를 물으니 총각화장을 내려놓고 가지 않으면 당
각시의 노여움으로 풍랑에 배가 뒤집혀 선원들이 모두 죽는다는 점
괘가 나왔다.

· 선장이 총각에게 거짓 심부름을 시켜 마을로 보내고, 그사이 서둘
러 떠나 버렸다.

· 상심한 총각은 몇 날을 노송에 올라 피리를 불다 떨어져 죽었다.

· 마을 사람들이 노송 밑에 시신을 묻어주고 총각의 화상畵像을 그려
당각시의 화상 옆에 걸어 놓고 당제를 지내왔다.

· 오늘날에도 풍랑을 가라앉히고 풍어를 기원하기 위해 당제를 지
낸다.

진리마을의 당제는 상당제(진리당)→용신제(용신당)→갯제(바닷가)의
순서로 진행된다. 진리당에서의 제의를 마친 제관들은 근처의 용신당으
로 가서 용왕에게 제사를 지내고 제물들을 바로 아래에 있는 바다에 헌
식獻食하면서 뱃길의 무사와 풍어를 기원한다. 한편 당제가 마을공동체
의 일반적인 원망願望을 두루 포괄하여 표출하는 의례라면, 수산의례水産
儀禮인 갯제(또는 둑제)와 용신제는 그야말로 바다에서의 생업과 직접적
으로 관련된 소원을 비는 의례이다. 해변에서 행해지는 갯제는 마을 부
녀자들이 제사상을 바닷가로 가지고 나와 풍어를 비는 형식으로 진행된
다(목포대도서문화연구소, 2003b).

전통적인 유교사회에서는 과부가 재혼을 하는 것, 그 것도 총각과 결
혼하는 것은 있을 수 없는 일이다. 그러나 제주도처럼 남자가 절대적으

로 부족한 도서지방에서는 사정이 다르다. 가상의 세계인 설화에서나마 홀로된 여성이 총각과 사랑에 빠지는 상황을 만들어냄으로써 도서지방 여성들의 욕구를 충족시켜 줘야하기 때문이다. 흑산도 진리의 당각시 설화는 원혼의 발생→해원→안녕과 풍어의 기원이라는 구조를 하고 있다. 진리당의 당각시도 원한을 안고 죽은 원혼이므로 그 원혼을 풀어주지 않으면 커다란 해를 입는다고 생각하여 당신으로 모셔 제를 지내주고 나아가 총각과의 연까지 맺어준 것이다.

진리당에는 당각시와 총각화장 외에도 상궁부인, 제석님, 산중처사님, 그리고 당할머니의 신격이 모셔졌던 것으로 알려지고 있다(최덕원, 1983). 또한 이 당에는 성주단지, 쌀뒤주, 들돌 등과 같은 신체가 놓여 있었다고 한다. 이처럼 흑산도를 포함한 도서지역의 당제에는 남도지방의 보편적 신격인 당산할아버지나 당산할머니 외에도 다른 명칭을 한 다양한 신격이 등장한다. 이는 도서지역이 바다에 의해 격리되어 있어 주민들이 의존해야 할 신의 종류가 육지지역에 비해 훨씬 많기 때문이다. 즉 급한 환자가 발생할 경우 도서지역에서는 의사를 구하기가 어려워 병을 치료해줄 신을 등장시키는 것과 같은 논리이다. 이처럼 민간신앙은 민중의 생활상과 밀접히 관련지어질 수밖에 없다.

5. 비금도의 생활환경과 설화

1) 자연 및 인문환경

비금도는 목포에서 서남쪽으로 45.1㎞ 떨어진 다도해 해상에 위치하며, 흑산도와 제주도로 가는 길목에 자리하고 있다. 비금도에 인간이 최초로 정착하기 시작한 곳은 용소리 일대로 천연 연못인 용소龍沼가 위치한 곳이다. 용소는 면적 9,118평, 깊이 3m 규모로 비금도 주민의 생명수 역할을 하였다. 이러한 점을 반영하여 이 연못에 용이 살았다는 전설이 전해 내려오고 있다. 한편 비금도는 모래성분이 많이 섞인 사질토양이 대부분을 차지하고 있다. 이는 기반암 자체가 응회암, 사암, 화강암 등 사질토양을 형성하기에 적합할 뿐만 아니라 섬의 북서부에 발달한 사빈 沙濱에서 모래가 북서풍을 타고 날아와 계속적으로 쌓이기 때문이다.

비금도는 대규모 간척사업에 의해 서로 다른 10여 개의 섬들이 하나로 연결되어서 만들어진 면적 51.5㎢의 인공 섬이다. 공식적인 기록에 의한 것만 하더라도 80여 회나 간척사업이 이루어졌다. 따라서 현재 논으로 이용되고 있는 지역의 60~70%는 100년 전만 해도 바다였다. 비금도에서 간척사업을 통한 경지확장의 77.5%는 이미 1800년 이전에 이루어졌고, 1801~1909년에 8.7%의 농경지가 추가로 확장되었다(문병채, 2001). 이는 건설·토목 기계장비가 발달하기 이전에 이루어진 것으로, 도서지역에서 농경지를 확대하고자 하는 욕구가 매우 강했음을 알 수 있다. 간척지 논이 일반 논에 비해 극심한 가뭄피해를 겪고, 비금도 토양의 대부분이 사질토양이라는 점을 감안하면 비금도 주민들의 농업용수에 대한 욕구가 매우 강했음을 알 수 있다.

비금도가 여러 섬으로 나뉘어져 있었을 때 초창기 주민들은 농업보다는 어업에 크게 의존할 수밖에 없었다. 그러나 대규모 간척사업이 이루어져 농시가 늘어나자 주민들의 생활무대는 점차 섬의 안쪽으로 옮겨갔으며, 주요 생업도 어업에서 농업으로 변화되었다. 즉 비금도에 입도한 주민들은 처음에는 대체로 산의 곡간에 모여 살았으나 조선시대에 이르러 간척이 진행되면서 평야부의 논농사지대로 이동해 왔다. 이처럼 논농사 위주의 생산구조가 정착되면서 비금도는 섬이면서도 육지의 전통적 농업사회와 같은 유교적 전통이 형성되게 되었다. 이처럼 비금도에 유교적 전통이 강화된 것은 대규모 토목공사와 농업용수 관리 그리고 논농사에 남성의 노동력이 주로 많이 필요했기 때문이다.

2) 비금도 설화의 이해

(1) 최치원 설화

최치원은 12살의 어린 나이에 당나라로 건너가 17살에 과거(빈공과)에 급제하여 벼슬에 오르고 중국 땅에 문명文名을 떨친 인물이다. 885년 29세의 나이로 신라에 돌아온 그는 한림학사와 태수를 지내기도 하였으나 정치사회적인 제약에 한계를 느낀 나머지 벼슬을 버리고 전국을 유랑하며 세월을 보냈다. 역사적으로 보면 그는 암울한 시대를 불운하게 살다간 실패한 인물이었다(서해숙, 2003). 최치원은 수많은 설화에서 주인공으로 등장하는 특별한 인물인데, 그와 관련한 전설은 그의 항해루트를 따라 서남해의 여러 도서・연안지역, 즉 해남군 화원반도, 비금도, 우이도, 흑산도, 군산시 선유도 등에서 확인된다. 비금도에는 최치원과 관련된 고운정孤雲井(최치원 샘) 이야기, 선왕산 기우제 이야기 그리고 관청동官廳洞 이야기 등의 설화가 전승되어오고 있다. 이들 최치원 관련 설화를 살펴보면 다음과 같다.

가. 수도리의 고운정 설화

고운정은 최치원의 호인 고운孤雲을 따서 이름 지은 샘으로 비금면 수도리水島里 송치마을의 수도산水島山에 위치하고 있다. 비금도에서 전해 내려오는 고운정 설화는 다음과 같다.
- 고운이 중국(당)으로 항해하던 중 배에 식수가 떨어졌다.
- 고운이 비금도 수도산 중턱의 한 곳을 파면 물이 나올 것이라 하였다.
- 그곳을 팠더니 실제로 물이 나왔으며, 이후 그 샘을 고운정이라 불렀다.

· 고운이 산 중턱의 바위에 글자를 새겼으나 현재는 거의 마멸되어 읽을 수 없다.

· 고운이 비금에서 기상상태를 살핀 후 흑산면 우이도牛耳島로 건너 갔다.

위의 고운정 설화 내용으로 미루어 볼 때 이곳은 대양을 항해하던 선 원들이 식수를 구하고 다음 항해를 준비하던 중간기착지였다는 것을 알 수 있다. '수도水島'라는 지명 자체가 '물섬'의 의미를 갖고 있는 것도 흥 미롭다. 과거 대양을 항해하는 선원들에게 있어서 식수의 확보는 절대적 으로 중요했는데(이준곤, 2001), 과연 비금도는 서해의 대양大洋으로 나 가는 첫 길목에 위치하고 있다.

나. 선왕산 기우제 설화

비금도에는 최치원이 가뭄에 시달리던 주민들의 부탁을 받고 선왕산 仙王山에서 기우제를 지내 비를 내리게 했다는 설화가 전승되고 있다. 물 이 귀한 도서지역에서 농사를 짓는데 있어서 가장 절실한 것이 바로 농 업용수다. 그러나 대부분의 섬에는 큰 산이나 깊은 계곡이 없기 때문에 물을 구하기가 어렵다. 그러니 어떤 영웅적인 존재가 나타나 비를 내려 주기를 간절히 기원하게 되는 것이다. 최치원이 중국으로 항해하던 중 가뭄에 비를 내리게 했다는 설화는 흑산면 우이도에도 전해 오고 있다. 최치원이 옥황상제의 허락도 받지 않고 용왕의 둘째 아들인 이목李牧으 로 하여금 비를 내리게 했다는 내용이다. 하늘의 신인 옥황상제의 뜻에 반하여 바다의 신인 용왕의 아들이 비를 내려 섬사람들을 가뭄으로부터 구하는 것은 도서지방에서 천신이 해신으로 대체되어 가는 과정을 보여 주는 것이다.

(2) 효자 전설

비금도에는 유교문화와 관련한 유적, 즉 송덕비, 효자비, 열녀비 등이 다른 도서에 비해 유난히 많다. 특히 죽림리에서 내월리에 이르는 도로 양 옆에 위치한 마을(임리, 죽치리, 외촌리, 내촌리, 월포리)에 집중적으로 분포하고 있다. 이들은 효자와 열녀에 관한 것이 대부분으로 확인된 유적만 해도 39개에 달한다. 이들 유적의 거의 대부분은 20세기에 들어서 건립된 것이며, 그 중에서도 1940년대에 건립된 것이 14건(36%)으로 가장 많았다(목포대도서문화연구소, 2003a). 이처럼 비금도에 유교적 전통이 유별나게 강조된 배경은 다음과 같이 정리할 수 있다. 첫째, 비금도는 대규모 간척으로 인해 농경지가 상대적으로 풍부하여 섬이면서도 논농사 위주의 생산구조가 정착되었다. 둘째, 남한 최초 최대 규모의 천일염 생산지로서 경제적 여유가 많았다. 셋째, 제주도나 흑산도에 비해 상대적으로 육지에서 가까워 육지의 영향을 보다 많이 받았다. 넷째, 쌀농사와 천일염생산은 수리水利 작업 등에 조직적인 남성 노동력을 많이 필요로 하였다.

이들 유교문화 유적과 함께 비금도에 전해져 내려오는 3효자에 대한 전설의 내용은 다음과 같다.

- 옛날 최참판이라는 사람이 흑산도로 귀양을 가면서 비금도 앞을 지나게 되었다.
- 참판이 비금도의 산세를 보며, 이 섬에 훌륭한 3명의 효자[三孝子]가 태어날 것을 예측했다.
- 마침내 이 섬에 하늘이 내린 3명의 효자가 태어났는데 그들이 김金효자, 정鄭효자, 강姜효자다.
- 김 효자가 제사음식을 마련하기 위해 도초도에 갔는데, 뱃길이 끊

겨 돌아올 수 없었다. 김 효자가 너무나 안타까운 마음에 나루터에서 목 놓아 울자, 갑자기 바다에서 바위덩어리가 솟아나 징검다리를 놓아주었다.

· 정 효자는 모친의 병을 낫게 해줄 전복을 잡게 해달라고 한겨울에 바닷가에 나가 밤새도록 바다를 향해 빌었다. 그랬더니 새벽에 바다에서 전복이 불쑥 나타났고, 그것을 먹은 정씨의 모친은 씻은 듯이 나았다(신행식, 1971).

비금도의 세 효자설화 내용을 살펴보면 다음과 같은 해석이 가능하다. 첫째, 육지의 유교적 사회제도 및 관습이 비금도에 전해진다. 둘째, 하늘이 내린 3명의 효자가 한 섬에서 태어나는 것을 상정함으로써 당시의 통치이념이 도서지역에서도 실현될 것을 기원한다. 셋째, 섬사람들의 간절한 소망을 천신이 아닌 해신이 들어준다. 넷째, 바다를 매개로 만남과 헤어짐이 반복된다.

(3) 용소(龍沼)와 용혈(龍穴) 이야기

비금도의 용소리龍沼里에는 용소에 살던 용이 승천하면서 성치산의 바위에 커다란 구멍을 뚫었다는 설화가 전승되어오고 있다. 용소리는 가장 이른 시기부터 이주민이 정착했던 곳으로 옛 부터 마을 주민늘의 식수와 농업용수로 긴요하게 사용되어 왔다. 용은 원래 '물의 신'으로 농경을 위해 비를 내려주고, 바다에서는 항해의 안전이나 풍어를 관장한다. 이준곤(2001)에 따르면 도서지방의 용신이 근처에 있는 산의 바위를 치거나 구멍을 뚫고 하늘로 오르는 것은 농경적인 용신이 해양신의 신력을 얻게 되는 과정을 의미한다고 한다. 즉, 서남해 도서지역의 용신관련 설화는 도서지역에 농경을 목적으로 입도入島한 주민들이 추후에 어업활동에 종사하는 등 주민들의 생업이 변화하는 과정을 설명해주고 있다는 것이다.

한편 비금도 용소리의 용은 자은도 백산리의 용소에 사는 암 용이 옮겨온 것이라는 이야기가 있다. 즉 자은도 백산리의 용소가 바람에 날려온 모래로 좁아지자 수컷은 승천할 때까지 참고 기다렸으나 암컷은 답답함을 참지 못하고 비금도의 용소로 옮겨와 버렸다는 것이다. 이처럼 자은도의 용신이 비금도로 옮겨 온 것은 농업용수의 부족으로 농업활동에 제약을 받게 되자 그곳 주민들이 비금도의 용소마을로 이주해 온 것으로 해석할 수 있다(이준곤, 2001). 이는 달리 해석하면 비금도에 간척으로 인한 대규모 농경지가 조성되자 기존의 용소가 더욱 더 큰 가치를 인정받게 되었다는 것으로도 이해할 수 있다. 서남해안의 도서지역에 수많은 용소 설화가 전해 내려오는 것은 그만큼 도서지역에서 물을 구하기가 어려웠다는 반증이기도 하다.

6. 요약 및 결론

본 연구는 도서지방 설화의 특성이 해당 지역의 자연 및 인문환경과 어떤 상호관련성을 갖는지를 밝히는데 그 일차적 목적을 두고 있다. 이를 위해 본 논문에서는 다음과 같은 연구가설을 설정하였다. 첫째, 지역의 자연 및 인문적 특성은 지역 설화의 특성을 규정한다. 둘째, 이주민 집단의 설화는 새로운 정착지역의 지역적 특성에 맞춰 변화한다. 셋째, 설화는 성취하기 어려운 인간의 간절한 소망을 그 주제로 하는 만큼, 설화의 내용을 역으로 풀이하면 당시의 지역적 상황을 상당 정도 파악할 수 있다. 한편 본 연구에서는 연구대상 도서의 지역적 특성이 해당 지역 설화에 어떻게 반영되는지를 보다 쉽게 파악하기 위해 자연 및 인문적 특성이 상대적으로 뚜렷한 제주도, 흑산도, 비금도를 연구사례지역으로 선정하였다.

연구결과 도서지역 주민들은 육지 주민과 차별화된 자연환경에 대한 인지구조를 가지고 있는 것으로 파악되었다. 즉 도서민은 밀물과 썰물의 주기를 기준으로 한 '물때'라는 별도의 생태적 시간개념을 갖고 있었고, 선박운항에 직접적인 영향을 미치는 바람의 방향에 대해 매우 세분된 명칭을 사용하고 있었다. 또한 도서 및 해양에서는 자연의 변화를 예측하기가 어렵고 어업의 특성상 생명의 위협이 항시 뒤따르는 관계로 신에 의지하려는 경향이 매우 강하고, 모시는 신격도 육지에 비해 훨씬 다양한 것으로 나타났다.

이러한 도서민의 주위 환경에 대한 인지구조는 지역의 설화에도 그대로 반영되어 육지지역과 뚜렷이 구분되는 다음과 같은 특성을 나타내고 있다. 첫째, 남신에 비해 여신의 비중이 유난히 높고, 대부분의 여신이 힘센 거인으로 묘사되고 있다. 둘째, 신이 하늘에서 내려오기 보다는 땅이나 연못에서 솟아오른다. 셋째, 외래신이 토착신을 압도하는 형식을 나타낸다. 넷째, 실질적인 제의가 천신보다는 해신(용왕)을 중심으로 이루어진다. 도서지방 설화의 이러한 특성은 다음과 같은 도서지역의 독특한 환경적 특성에 기인한 것으로 판단된다. 즉 여성노동력에 주로 의존하는 밭농사 중심의 농업구조, 물을 구하기가 어려운 지형조건, (제주도의 경우) 과거 화산활동에 대한 누려움, 중앙정부로부터의 통제와 수탈, 그리고 해양중심적 생활양식 등이 바로 그것이다. 또한 도서지방 설화에 명당을 주제로 한 것이 유난히 많은 것은 도서지역의 척박한 자연환경 속에서도 희망을 잃지 않고 살아가기를 원하는 심리적 보상행위로 판단된다.

이러한 도서지방 설화의 해양 지향적 특성은 본토로부터의 거리가 가까워 상호간에 교류가 활발할수록 그리고 생활환경이 육지와 유사할수록 약해지는 것으로 나타났다. 특히 비금도의 경우 간척사업을 통해 대규모 농지가 확보됨에 따라 설화의 특성이 육지의 전통적 농촌지역과 유사해지는 것을 파악할 수 있다. 즉 비금도는 섬이면서도 유교적 색체가 강한 효행과 관련한 설화가 대부분이고, 논농사와 관련한 기우제를 주제로 한 설화가 많이 발견된다. 그러나 효행관련 설화에서도 주인공인 효자의 소원을 들어주는 존재는 천신이 아니라 해신이라는 점에서 도서지역의 특성을 어느 정도 반영하고 있다고 생각된다. 특히 기우제 관련 설화에서 천신인 옥황상제와 해신인 용왕이 서로 대립하는 것은 육지에서 건너온 이주민이 도서 환경에 적응하는 과정에서 발생한 갈등으로 이해된다.

비록 한정된 자료와 사례조사에 근거한 것이기는 하지만 도서지방의 설화는 해당 지역의 자연 및 인문적 특성을 설화에 충실히 반영하고 있는 것으로 파악되었다. 사실 설화는 해당 지역의 역사, 신앙, 생업, 자연환경 등 기층민의 삶에 대한 다양한 정보를 두루 내포하고 있다. 이는 문자로 기록된 사료가 없거나 역사 이전 시대의 특정 지역에 대한 지역연구에 설화가 매우 귀중한 연구 자료로 활용될 수 있음을 의미한다. 지역의 설화에 담긴 지리적 의미 찾기는 지리학자들이 이제부터라도 관심을 기울여야할 지리학의 새로운 연구 분야이다.

제3부
도서 · 해양문화의
관광자원화

제1장

임자도 又峰 趙熙龍 적거지의 관광자원화 방안

강 봉 룡

1. 머리말

혹산도－우이도와 지도－임자도는 신안의 양대 유배문화권이다. 손암 정약전과 면암 최익현이 혹산도－우이도 유배문화권을 대표한다면, 우봉 조희룡과 중암 김평묵은 지도－임자도 유배문화권을 대표한다고 할 수 있다.

1801년 혹산도에 정배된 손암은 혹산도와 우이도(당시는 소혹산도라 칭함)를 왕래하면서 유배생활을 하였다. 도서민과 긴밀한 관계를 유지하면서 그들의 경험과 지식을 토대로 수산학 자료를 모아 『자산어보』를 집대성하였고, 우이도의 어상魚商 문순득의 표류 경험을 토대로 「표해시말」을 기록했다. 그의 유배 흔적은 혹산도와 우이도 일대에 남아 있다.

1851년에 63세의 나이에 임자도에 정배된 우봉은 임자도 사람들의 이

<사진 1> 지도 두류단 오선비

야기와 삶에 흥미를 느끼게 되면서 절도 유배의 울분에서 벗어나 새로운 삶의 활력을 되찾게 되었을 뿐 아니라 우봉 특유의 화풍을 만들어냈다. 그의 적거지였던 임자도 이흑암리에 유배 흔적이 남아 있다.

면암과 중암은 한말 대표적인 위정척사의 학자였다. 그들은 모두 화서 이항로 문하에서 동문수학했던 지조 높은 선비였다. 면암은 1876년 흑산도에, 중암은 1881년 지도에 각각 정배되어 현지에서 학인들을 기르는데 힘썼다. 그들이 남긴 흔적은 지금도 양 지역에 산재해 있어 이에 대한 조사와 의미 부여작업이 시급하다.

흑산도-우이도 유배문화권에 대한 조사와 활용방안에 대한 연구는 최근 이루어진 바 있으나[1] 지도-임자도의 유배문화권에 대한 조사·연구는 아직 진척되지 못한 상태이다. 먼저 중암의 유배처였던 지도의 두류산(지도읍 감정리 산 216-9)에는 중암 김평묵을 중심으로 하여 그의 정신적 지주가 되었던 화서 이항로와 노사 기정진, 그리고 중암의 동문 면암 최익현, 그리고 중암의 현지 제자 나유영 선생 등을 모신 5개의 단비短碑가 세워진 두류단이 조성되어 있으며(<사진 1>), 산 정상부의 바

---

1) 목포대 도서문화연구소, 『흑산도 유배문화공원 조성 학술조사보고』, 2003.

<사진 2>
중암의 9제자 이름 석각

위에는 나유영 등 중암에게서 학문을 익힌 9명의 현지 제자들 이름이 새겨져 있다(<사진 2>). 또한 중암의 수제자 나유영의 고향인 임자도 이흑암리 화산 마을에는 이항로, 기정진, 김평묵의 단비를 세우고 배향한 화산단이 조성되어 있는데, 여기에 1961년에 중암의 제자인 임행재, 박종현, 이학재의 단비를 추가하여 6위를 배향하고 있다(<사진 3>).

우봉의 유배처였던 이흑암리에는 그가 머물던 초가는 없어지고 집터만이 덩그러니 남아 있다. 우봉은 자신이 머물던 초가를 '만마리 갈매기가 우짖는 집'이란 의미의 '만구음관'이라 명명했던 것으로 보아 이흑암리는 바닷가 마을이었을 것이나, 현재는 간척되어 앞 바다가 농지로 변해 있

<사진 3> 임자도 화산마을 화산단 6비

다. 우봉은 말년의 3년간을 배산임해의 아름다운 해양경관이 펼쳐져 있
는 이곳에서 머물면서 그의 마지막 예술혼을 불태웠으며, 그 흔적들이
도처에 남아 있다. 더욱이 이흑암리의 뒷산인 대둔산에는 고대산성의 흔
적이 있을 뿐 아니라, 송원대의 '신안 무역선'이 발굴된 고대~고려시대
의 바닷길과도 인접해 있어, 중요한 해양 역사문화벨트를 이루고 있다.

필자는 임자도 남쪽 해안가에 위치한 이흑암리를 수차례 방문하여 그
일대의 해양 역사문화자원을 조사한 바 있다. 이에 본고에서는 조희룡의
적거지와 그 주변의 해양 역사문화자원을 결합하여 관광자원화할 방안
을 우선 제시하고자 한다. 먼저 2장에서 유배문화에 대한 새로운 관점을
제시하고, 3장에서 우봉과 임자도의 관련성을 짚어보려 한다. 그리고 4
장에서는 우봉이 유배살이를 한 이흑암리 일대의 해양 역사문화자원의
실태를 정리해 보고, 이들을 관광자원으로 활용할 방안을 제시하는 것으
로 하겠다.

2. 유배문화의 새로운 관점 :
'섬놈'과 유배문화의 관계

흔히 섬과 바다는 사람들이 살지 못하는 격절의 공간으로 치부한다.
섬에 사는 사람들은 '섬놈'이고 배를 타고 해양 활동하는 사람들은 '뱃
놈'이라 하시한다. 이른바 육지 사람들만 그리 보는 것이 아니라, 정작
섬사람들도 스스로 그렇게 인식하곤 한다. 이런 시각으로 유배문화를 보
게 되면, 유배문화 역시 왜곡되기 십상이다. 제대로 된 사람들(유배인)이
와서 제대로 되지 못한 사람들(섬 주민)에게 인간됨을 가르치고 교화한
것으로 이해해 버리고, 이를 자긍심으로 오해한다. 섬 주민들은 자신들
도 유배라는 이름으로 섬을 찾아온 많은 훌륭한 인재들이 교화시켜준

'제대로 된 사람들'의 후손임을 강조하고 싶어한다.

그러나 이런 인식은 출발부터 잘못되어 있다. 섬과 바다를 사람들이 살지 못하는 격절의 공간으로 치부하는 해양천시의 풍조 자체가 굴절된 역사 관행에서 형성된 잘못된 관념이다. 적어도 고려시대까지는 해양천시의 관념은 없었다. 오늘날에도 세계사의 주류를 형성해온 유럽사회에는 그런 관념을 찾아볼 수 없다. 해양천시의 관념은 우리나라에 특히 강하게 남아있다. 해양천시의 연원을 따라 올라가 보면, 고려 말~조선 초에 섬에 사람을 살지 못하게 한 '공도정책'과 해양활동을 금지한 '해금정책'을 편 것에서 찾아볼 수 있다.[2] 특히 공도정책과 해금정책은 왜구가 섬을 징검다리 삼아 침탈하는 결과를 초래했고 임진왜란이라는 국난을 가져왔다. 그리하여 임란 후에 공도정책은 수정되고 지양되었다. 육지를 지키기 위해서라도 섬을 지켜야 한다는 논리가 개발되어 주요 섬에 수군진이 설치되기 시작했고, 그간 비어두었던 섬에 사람들이 흘러들어가 살기 시작했다.[3] 그러나 해금정책은 더욱 견고하게 견지되어 해양활동은 끝내 금지되었다. 이것이 세계사상 유례를 찾아보기 어려운 500여 년 초장기간 지속한 조선의 해금과 쇄국정책이다. 섬과 바다에 대한 천시의 풍조는 장기간 바다를 포기한 굴절된 역사 과정을 기치면서 뿌리 깊게 형성된 관념이다.

공도정책이 유효했던 조선전기엔 섬을 아예 사람이 살 수 없는 공간으로 간주하여 중죄인을 유배 보내는 공간으로조차 쓰지 않았다. 이는 고려시대까지 섬을 거물급 정치인의 유배지로 활용했던 것과[4] 대조를 이룬다. 유배란 중죄인을 사회에서 격리하는 방편으로 마련된 것으로,

2) 강봉룡, 「한국 해양사의 전환 : '해양의 시대'에서 '해금의 시대'로」, 『도서문화』 2, 2002, 38~43쪽.

3) 김경옥, 『조선후기 도서연구』, 혜안, 2004, 179~205쪽.

4) 이병희, 「고려시기 국제해상교역의 발달과 흑산도」, 『흑산도 상라산성연구』, 목포대 도서문화연구소, 2000, 163~164쪽.

반드시 정치인만을 대상으로 한 것은 아니지만, 정권이 바뀌면서 반대세력을 중죄인으로 몰아 정치권에서 격리시키는 방편으로 널리 애용되었다. 따라서 거물급 정치인을 유배 보낼 때는 철저한 감시체제가 갖추어진 곳을 택하기 마련이다. 고려시대까지 섬을 거물급 정치인의 유배지로 애용한 것은 그만큼 섬의 감시체계가 잘 갖추어져 있었다는 것을 의미하고, 조선 전기에 섬을 유배지에서 제외한 것은 섬에 사람이 살지 않아 죄인을 감시할 수 있는 체제가 아예 갖추어져 있지 않았기 때문이다. 임진왜란 이후에 '공도정책'이 수정되어 섬에 수군진이 설치되면서 군대가 주둔하고 사람들이 살게 되면서 섬이 다시금 유배지로 활용되기 시작한 것 역시 같은 맥락에서 이해할 수 있다.

조선후기에 정치 거물들이 대거 섬에 정배되었다. 그들 중에는 섬을 사람이 살 수 없는 공간으로 인식하고 있었기 때문에 차라리 죽임을 당하는 것이 낫다고 생각한 부류도 있을 정도였다.[5] 그래서 처음에는 섬에서의 유배살이에 적응하지 못하는 경우도 허다했지만, 점차 안정을 되찾고 섬 주민들 속에서 삶을 영위해 갔다. 그리고 더 나아가 섬 주민들의 삶과 인정에서 새로운 지식과 가치를 발견하고 자신의 삶과 학문의 폭과 깊이를 더해간 경우도 허다하다.

일방적인 인간관계란 애초 있을 수 없는 법이다. 일상적인 삶 속에서의 인간관계는 더욱 그러하다. 따라서 유배인과 유배지 섬 주민과의 관계에서 일방적 인간관계를 설정한다는 것은 가당치 않다. 서로 영향을 주고받은 상호작용의 관계로 봄이 타당하다. 흑산도에 유배 온 손암 정약전과 임자도에 유배 온 우봉 조희룡을 통해서 유배인의 이러한 전형을 발견할 수 있다.

손암은 흑산도 사리마을에 '복성재'를 열어 주민 자제에게 학문을 가

---

5) 고석규, 「조선시기 흑산도의 역사 -空島에서 다시 찾는 섬으로-」, 앞의 책, 2000, 187쪽.

르쳐 주면서 어부들과 어울려 살게 되었고, 그들과의 대화를 통해서 수
산학에 대한 지식을 얻으면서 자산어보를 정리할 생각을 갖게 되었다.
손암은 우이도에서, 표류하여 3년 간 오키나와 필리핀, 중국 등지를
떠돌다가 기적적으로 생환한 문순득이라는 어상을 만나 그의 경험담을
듣고 흥미를 느껴 이를 기록으로 남기면서 세계의 동향을 파악할 수 있
었다. 최근에 발견된 문순득의 '표해록'이 그것이다.[6]

　우봉은 처음엔 자신이 절도 임자도에 유배 온 것을 용납하지 못하고
그 분기를 이기지 못하였다. 그러다가 점차 안정을 되찾으면서 임자도
주민들이 눈에 들어오기 시작했고, 그들의 고기 잡는 장면, 그들이 들려
주는 신비스런 이야기에 흥미를 느끼고 귀를 기울였으며, 그것을 기록으
로 남기기까지 하였다. 그리고 자신이 이제까지 느껴보지 못한 영감을
느껴 새로운 화풍을 발전시켜 갔다. 제자도 생기고 친구도 생겼다.

　신안군의 유배문화를 이해함에 우리는 유배인들이 가르쳐 주고 남긴
흔적에만 집착할 일이 아니다. 그 유배인이 가지지 못한 부분을 섬 주민
들로부터 얻어 채운 측면에 더욱 많은 관심을 기울일 필요가 있다. 바로
그 측면에서 섬 주민들이 만들어온 소중한 문화의 가치와 매력을 재발
견할 수 있기 때문이다.

　문화의 시대에서 더 가치 있는 문화나 덜 가치 있는 문화, 보잘 것 없
는 문화 등으로 문화의 등급 매기기를 한다는 것은 그 자체 넌센스이다.
우리가 스스로 보잘 것 없다고 치부해온 섬의 문화는 오늘날 문화의 보
물창고로 다시 태어나고 있다. 이 시점에서 섬 주민들 속에 섞여 살았던
유배인의 삶을 통해서 섬 문화의 가치와 매력을 찾아보려는 시도는 당
연한 일이지만, 아직은 매우 참신한 시도일 듯싶다.

　이제 임자도에서 3년간 유배생활을 했던 우봉 조희룡이 임자도 및 임
자도 사람들과의 관계를 통해서 체득한 삶의 변화를 짚어보기로 하자.

6) 안대회, 「이강회의 유암총서·운곡잡저 해제」, 『운곡잡저』, 신안문화원, 2004.

3. 우봉과 임자도

1) 우봉의 활동과 화풍

우봉 조희룡[정조 13년(1789)~고종 3년(1866)]이 살았던 시대는, 조선의 산수山水를 소재로 하여 조선적 회화세계를 추구한 '조선진경朝鮮眞景'의 문화가 정조대에 꽃피웠다가 순조 이후에 퇴락하는 시대였다. 세도가의 타락과 방종이 난무하는 암담한 사회적 분위기 속에서 추사 김정희를 위시로 한 일부 선각자들에 의해서 고답적 이상주의를 추구하는 중국의 남종 문인화南宗 文人畵가 도입될 무렵, 우봉은 30세 전후에 문인화의 세계에 발을 들여놓았다.[7]

우봉은 신분적으로 중인층이었지만, 당대 예술계를 주도했던 추사 김정희, 추사와 관계가 돈독했던 권돈인權敦仁, 철종의 장인이며 김문근의 외조였던 남병철南秉哲, 신위申緯의 외증손인 동랑冬郞 한치원韓致元, 강세황의 증손인 대산對山 강진姜溍 등과 같은 당대 최고의 양반들과 신분을 뛰어넘어 교유하였다. 그렇지만 우봉이 진정으로 교유한 중심 인물은 역시 여항의 중인층 예술인이었다. 「벽오시사碧梧詩社」라는 모임을 함께 결성하여 활동한 유최진柳最鎭, 전기田琦, 이기복李基福을 위시하여 김석준金奭準, 변종운卜鐘運, 장지완張之琬, 유숙劉淑, 현기玄錡, 정지윤鄭芝潤, 조중묵趙重默, 김형수金逈洙, 백은배白殷培, 허유許維 등이 이들이다.

우봉은 '남의 뒤를 따르지 않는다'는 '불긍거후不肯車後'의 정신을 추구하며, 독창적인 예술 세계를 개척하였다. 그 결과 추사 등이 추구한 중국풍의 정통 '남종 문인화'에서 탈피하여, 이념을 탈색시키고 조선적 색깔을 재창조하는 '조선 문인화'의 세계를 개척하였다. 추사 등이 '남종

---

7) 김영회, 『조희룡평전』, 동문선, 2003 참조.

문인화'에서 '책의 기운과 문자의 향기로 넘쳐나야 한다'는 것을 강조한 '서권기書卷氣 문자향文字香'의 이념('심의') 보다 화가로서의 '기량'을 중시하여 '수예론手藝論'이라는 화론을 주창한 것이 그 예이다.

그의 독창적 그림세계는 매화도와 묵란도에 특히 잘 나타난다. 처음 배운 정통 중국의 매화법에 얽매이지 않고 새로운 매화 화법을 개척하니, 대작 매화도 '장륙매화丈六梅花'를 창안하고, 수만 송이가 만발한 매화도로 발전시켰는가 하면 매화를 부처님의 마음으로 표현하기도 하고 매화줄기의 구도를 비상하는 용으로 표현하기도 하였다. 시詩와 난蘭을 혼연일체로 이해하여 시의 내면적 보편의 아름다움이 난을 통해서 외부로 표출되는 것으로 규정하였다. 시를 통해서 얻어진 '깊고 그윽한 즐거움'이 난의 그림에 기탁되어야 한다는 생각이 그것이다. 그리하여 그의 난 그림은 종종 기초 화란법畫蘭法조차 무시되는 거침없는 필치가 구사되곤 하였다. 여기에서 우봉은 '유희론遊戱論'이라는 독창적인 화론을 정립하였다.

이렇듯 우봉의 화풍은 처음엔 추사의 남종 문인화 화풍에서 시작했으나 독자적 예술세계를 추구하였으므로, '서권기 문자향'의 이념을 추구하는 추사류의 남종 문인화와 구별이 접차 뚜렷해졌다. 추사가 조희룡에 대해서 "조희룡의 무리들은 그 가슴속에 문자의 향기가 없다"고 비평한 것은 이런 맥락에서 이해되는 대목이다. 또한 후에 오세창이 우봉을 '묵장墨場의 영수'라 징송한 바 있고, 오늘날 미술계에서 '19세기 신감각파'의 첫머리에 우봉을 손꼽고 있는 이유도 이해할 만하다.

2) 우봉의 예술혼이 깃든 임자도

우봉은 1851년 7월, 63세의 연로한 나이에 임자도에 유배되었다(<사진 4>). 그 후 그의 임자도 유배살이는 3년 간 계속되었다. 유배 초에

<사진 4> 우봉의 적거지

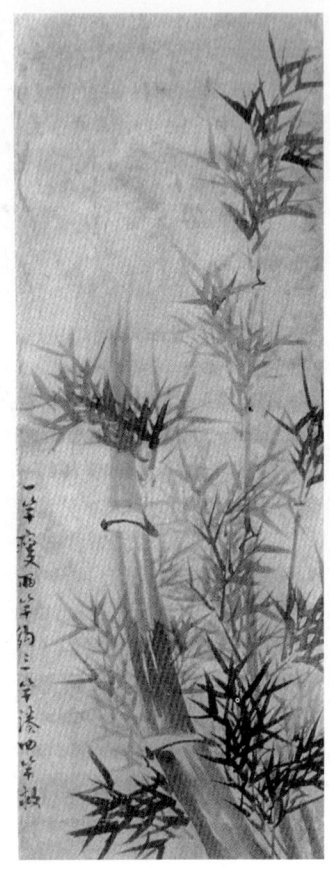

<그림 1> 노기사죽

그는 추사의 무리로 분류되어 절도로 유배된 것에 동의할 수 없어 강한 불만을 토로하였다. 임자도 남쪽 바닷가 마을인 이흑암리의 한 오두막집을 처소로 정하고 '만 마리의 갈매기가 우짖는 집'이라는 의미의 '만구음관萬鷗唫館'이라는 편액을 걸어 놓고서, 주체할 수 없는 내면의 분노를 다스리기 위해 그림을 그리기 시작하였다. 매화와 난을 주로 그리던 그가 임자도의 대나무를 그려 '노여운 기운으로 대나무를 그린다'는 의미의 '노기사죽怒氣寫竹'이라 칭한 것은 이러한 그의 심정을 드러낸 것이었다(<그림 1>).

'만구음관'의 주변을 그림으로 그려 '거친 산 찬 구름 그림'이란 의미의 '황산냉운도荒山冷雲圖'라 칭하고, 자신의 심정을 다음과 같이 기술하기도 하였다(<그림 2>). "외로운 섬에 떨어져 살았다. 눈에 보이는 것이라곤 거친 산, 고목, 기분 나쁜 안개, 차가운 공기뿐이다. 그래서 눈에 보이는 것을 필묵에 담아 종횡으로 휘둘러 울적한 마음을 쏟아놓았다."

임자도의 풍광을 화폭에 담으면서 점차 마음의 안정을 찾게 되었다.

<그림 3> 방운림산수도

'방운림산수도仿雲林山水圖' 역시 유배지의 주위를 그
린 그림으로 추정되는데(<그림 3>), 왼쪽 상단에
"운유관에서 겨울날에 운림의 소경을 본떠 그렸다[溜
雲館冬日 仿雲林小景]"는 화제畵題를 적어 놓았다. 임자
도의 바위를 그린 '괴석도怪石圖'도 있다(<그림 4>).
특히 우봉은 "이 지역의 바위는 온 준법皴法을 다 망
라하여 이루어져 있으니 대개 처음 보는 기묘한 경
치이다. 2년 동안 문을 닫고 거의 하루도 빠지지 않
을 만큼 그림에 몰두하여 농묵과 담묵으로 마음 내
키는 대로 종이 위에 떨어뜨려 준법을 쓰지 않더라
도 스스로 기이한 격을 이루어내었다. 이 법은 나로
부터 비롯된 것이다"라 하여 임자도의 바위로부터
새로운 화법을 터득했음을 자부하고 있다.

<그림 2>
황산냉운도

마음의 여유를 찾게 되면서 우봉은 함께 귀양온 우석友石 선생과 교유
하고, 홍재욱洪在旭과 주준석朱俊錫 등에게 서화를 가르치기도 했으며, 저
술활동에도 매진하였다. 임자도에서 우봉은 『화구암난묵畵鷗盦讕墨』, 『우
해악암고又海岳庵稿』, 『수경재해외적독壽鏡齋海外赤牘』, 『한와헌제화잡존漢瓦

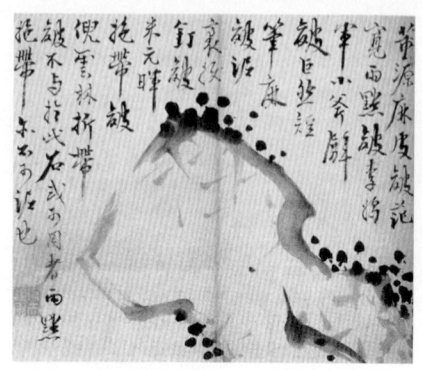

<그림 4> 괴석도

軒題畵雜存』등 4종의 책자를 남겼다.

『화구암난묵』은 화론에 대한 잡록이라 할 수 있다. '화구암'이란 '갈매기로부터 화의를 얻는 집'이란 뜻으로, 자신의 처소를 칭한 '만구음관'과 통하고, '난묵'이란 '참고자료 없이 논한 설명'이라는 뜻이니, 결국 '참고할 자료 하나 없는 초라한 처소에서 갈매기 소리 들으며 화론을 잡록한다'는 의미이다. 『화구암난묵』의 서문에 임자도에서 새로 터득한 자신의 예술혼을 다음과 같이 적고 있다.

"나는 서울 번화한 거리 속에서 황량한 산과 고목을 그리기를 좋아하면서, 엉성한 울타리와 초가 사이에 일찍이 사람을 그려 넣지 않아 마치 무언가를 기다리고 있는 것 같았다. 지난날 내가 그린 그림 속의 사람 없는 집이 지금 내가 사는 집이 되었으니, 어찌 동향광董香光이 말한 화참畵讖이 아니겠는가? 참讖이란 미래의 조짐을 드러내는 것이니 지금 나의 바다 밖 귀양살이는 진실로 면할 수 없는 것이었는가? 연기·구름·대나무·돌·갈매기가 지금 그림의 정취를 나에게 제공하고 있으니, 내 어찌 그림 속의 사람이 되지 않겠는가? 언어문자도 그림 중에서 유래한 것이요, 실제로 있는 것이 아니다. 실제로 있지 않지만 실재實在하는 듯한 것은 마치 그림이 참[眞]이 아니지만 참인 것과 같다. 그러나 실제의 산과 물은 사람마다 알고 있지만, 그림으로 그린 산과 물은 그림을 아는 자가 아니면 알 수 없다. 그림은 실물이 아니어서 사람의 필묵과 기백·운치에 따라 그 이치가 다양하다. 이 때문에 그림을 아는 자는 드물다.

이 책을 보는 자도 혹 한 폭의 매우 졸렬한 그림으로 보지 않을 것인가? 그러나 육법六法을 궁구하지 않고 함부로 칠하고 그어, 적이 다른 사람들에게 칭찬 받기를 바라는 것은 어리석음이 아니면 망령된 것이다. 이 책에 수록된 것이 어찌 이와 다르리요. 이것은 장기瘴氣 서린 바다 적막한 물가에서 얻은 것이지만, 기침이나 침같이 하찮은 것으로 돌려버리지 않은 것은 다만 차마 버릴 수 없어서이다. 그러나 다른 사람에게도 이 책을 버리지 말라고 말할 수 있을까? 애오라지 한번 웃음거리를 마련한다. 철적도인鐵篴道人이 만구음관萬鷗唫館 가을 등불 아래에서 쓴다."

『우해악암고』는 우봉이 유배길에 올르던 때부터 해배되어 서울로 올라가는 길에 금강을 건너던 시점까지의 다양한 경험을 시기순으로 시詩로 적어 정리한 책이다. 그 내용을 주제별로 정리하면, ①유배길의 고달픔과 유배지에서 고독한 심사, ②집 소식을 기다리는 초조함과 벗에 대한 그리움, ③고독을 극복하기 위한 노력의 일환으로 섬의 경승, 특히 괴석에 대한 관심, ④화론, ⑤소동파 숭모의 정, ⑥문자결습文字結習에 의한 문인적 취향 등이다.

『수경재해외적독』은 임자도 유배기간 동안에 쓴 편지를 자신이 직접 간선揀選하여 편집한 것으로 31인에게 보낸 총 60편의 글이 실려 있다. 편지를 쓴 대상은 주로 중인층으로, 벽오시사碧梧詩社의 좌장인 유최진과 그 아들 유학영, 이기복, 전기, 나기 등 벽오사 동인이 그 중심을 이루고 있고, 유배지에서 교유한 신지도 신상鎭將과 유배지에서 인연을 맺은 제자 홍재욱 등에게 보낸 편지도 수록되어 있다.

『한화헌제화잡존』은 평생 자신이 그린 그림의 화제畵題를 집대성해 놓은 책으로서 우리나라에서는 이와 같은 화제집의 유례를 찾기 어려운 진귀한 사례이다. 모두 262개의 화제가 대부분 6행 미만의 길지 않은 문장으로 되어 있는데, 유배기간에 집성한 것으로 추정된다.

이처럼 우봉은 만년의 3년간 임자도 유배생활을, 새로운 화법을 시험하고 자신의 그림세계를 집대성하는 소중한 기회로 활용하였다. 그가 머무른 만구음관은 비록 3년의 짧은 세월이었지만, '남종 문인화'를 넘어서는 창조적 예술혼을 펼친 산실이었다고 할 수 있다. 그리고 임자도의 경관은 그런 우봉의 눈에 비치고 그림으로 표현되었기에 단순한 자연경관이 아닌, 예술의 은택을 입은 '문화적 경관'으로 다시 태어날 수 있는 것이다.

4. 우봉 적거지 주위의 역사문화자원과 해양경관

1) 우봉 적거지의 앞 바다는 고대~고려시대의 중요한 바닷길

우봉 적거지 주변의 중요 유적지로 이흑암리 뒷산 대둔산에 남아 있는 대둔산성이 있다(<사진 5>). 대둔산성은 대둔산의 정상 봉우리를 에워싼 150m 정도의 테뫼식 산성이다. 산성에 대한 조사가 전혀 이루어지지 않아 처음 축조한 시점은 알려지지 않았다. 필자가 2004년 여름에 올라가 석축의 일부를 확인하긴 하였지만 숲이 우거져 자세히 조사할 수 있는 형편이 되지 못하였다. 다만 대둔산성은 압해도의 송공산성과(<사진 6>) 최근 무안군 해제에서 새로 발견된 봉대산성과(<사진 7>) 유사한 입지조건과 축조양식을 엿볼 수 있어, 그 초축 시점이 고려 이전으로까지 올라갈 가능성이 커 보인다.

송공산성 - 대둔산성 - 봉대산성은 고려 이전에 서남해 바닷길을 수호하거나 통제하기 위한 군사적 거점으로 축조되었을 가능성이 크다. ① 압해도 앞 바다와 ②임자도 - 지도 사이 바다, 그리고 ③지도 - 해제반도

<사진 5>
대둔산성 석축흔적

<사진 6>
압해도 송공산성 석축흔적

사이 바다는 고대~고려시대에 서해안 바닷길의 주요 길목이었다. 송공산성은 ①의 바다 요충지를, 대둔산성은 ②의 요충지를 봉대산성은 ③의 요충지를 수호하는 군사거점에 해당한다. 실제 이 서해안 바닷길은 송의 사신 서긍이 북상하여 개경에 이른 길이고,[8] 왕건이 남하하여 견훤과 해양쟁패를 벌인 길이기도 하다.

<사진 7>
무안 해제의 봉대산성 석축

견훤은 해제반도의 서단에 위치한 염해현(오늘날 해제면 임수리)에 해양거점을 마련하여 중국 양자강 하류역에서 일어난 오월 왕조에 사신선을 파견하기도 하였는데, 서해안 바닷길을 통해 남하하던 왕건이 견훤의 사신선을 나포한 사건은 유명하다.[9] 왕건은 이 길을 통해서 압해도 북

---

8) 祁慶富, 「10~11세기 한중 해상교통로」, 『한중문화교류와 남방해로』, 국학자료원, 1997, 187쪽.

9) 『高麗史』 卷1 太祖世家.

쪽에 인접한 고이도를 점령했을 뿐 아니라 더욱 남하하여 진도까지 점거하여 서남해지역 해양패권을 차지하는 결과를 가져오기도 하였다.

또한 서해안 바닷길에서 수많은 도자기 유물들이 발견되고 있고, 특히 대둔산성에서 남쪽으로 한눈에 바라다 보이는 증도면 도덕도 인근해역에서 유명한 송원시대 도자기 무역선이 인양된 것을 보면,[10] 이 해역이야말로 국내 뿐 아니라 국제 교류와 통상 및 패권쟁탈의 요충지이기도 했음을 짐작할 수 있다. 그만큼 고대~고려시대 대둔산성의 중요도가 높았음을 알 수 있다. 그런데 대둔산성이 우봉의 적거지가 위치한 이흑암리의 뒷산에 위치한다는 것은 우봉의 적거지와 짝하여 역사문화의 명소로 가꾸기에 더없이 적합한 조건을 제공해 준다고 할 수 있다. 이에 우봉의 적거지와 함께 지금까지 방치해온 대둔산성에 대한 정밀 조사를 통해 그 역사적 의미를 들추어내는 일이 선결과제임을 알겠다.

2) 우봉 적거지 인근의 빼어난 해양경관

우봉 적거지 인근에는 어머리해수욕장과 은동해수욕장이 있다. 임자도 북변에 위치한 대광해수욕장은 그 규모의 장대함에 명사십리로 저명하지만, 어머리해수욕장과 은동해수욕장은 대광해수욕장에 가려 그리 알려져 있지 않다. 두 해수욕장은 비록 규모는 비교적 아담하지만, 임자도의 남변에 위치하고 있어 겨울철에도 바람이 적고, 고대산성이 있는 대둔산이 병풍처럼 에워싸고 있어 안온한 느낌을 준다. 백사장 역시 대광해수욕장 못지않게 가늘고 고른 모래를 자랑한다.

어머리 해수욕장은 우봉이 즐겨 찾던 곳이기도 하다(<사진 8>). 우봉은 그의 제자와 함께 어머리해수욕장을 찾았다. 그리고 그 해변 끄트머

---

10) 문화재관리국, 『산안해저유물―종합편―』, 1988.

<사진 8>
어머리해수욕장

<사진 9>
어머리해수욕장의 용난굴 근경

리를 에워싸고 있는 암벽과 그
암벽 사이에 나 있는 동굴을
발견하였다(<사진 9>). 여기
에서 그는 주민들로부터 그 동
굴에서 오룡이 승천했다 하여
'용난굴'이라 부른다는 것과
눈에서 불과 같은 광채를 내
뿜는 큰 뱀이 대둔산에 살고
있다는 이야기를 들려주었다

<사진 10> 임자도 대둔산

(<사진 10>). 아름다운 해변과 바다의 경관에 더해진 용난굴과 대둔산
의 신비스런 이야기는 그에게 묘한 예술적 영감을 불러일으킨 모양이다.
매화도에 변화를 주어, 용트림을 하며 승천하는 형상을 묘사한 역동적인
<용매도龍梅圖>는 이런 영감에서 탄생한 것이었다(<그림 5>). 임자도
의 빼어난 해양경관과 주민들이 들려준 신비스런 이야기들은 우봉의 예
술혼을 일깨워준 스승이었던 셈이다.

우봉이 삼두리의 최태문이라는 선비를 찾은 적이 있었다. 이흑암리에
서 삼두리에 이르자면 대둔산 기슭을 돌아가는 길을 택했을 것으로 생

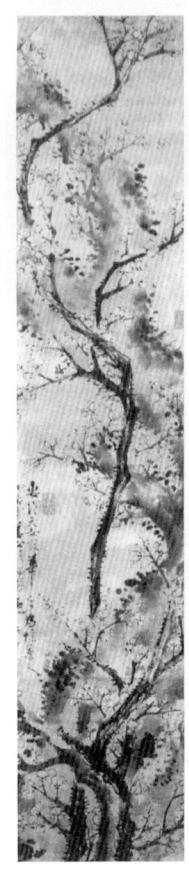

<그림 5>
용매도

<사진 11> 은동해수욕장과 옥섬

각되는데, 그 도중에 은동해수욕장이 있다(<사진 11>). '숨겨진 마을'이란 의미가 어울릴 정도로 은동은 대둔산 줄기로 에워싸여 인근 마을과 단절되어 있는 마을이다. 이곳에 역시 아담한 은동해수욕장이 진주처럼 숨어있다. 조그만 섬 하나가 은동해수욕장에 닿을 듯 말 듯 있는데, 마을사람들은 이것을 옥섬이라 부른다. 옥玉처럼 예쁜 섬이라는 뜻인가, 감옥으로 이용되던 섬이라는 뜻인가? 고대~고려시대 국제 해양도시를 이루고 있던 흑산도 읍동마을 앞에도 옥섬이 있는데, 그곳 마을 사람들은 감옥으로 이용되던 섬이라는 전승을 분명히 기억하고 있다. 그렇다면 은동의 옥섬 역시 대둔산성이 제기능을 발휘하던 시절 감옥으로 이용된 섬이었을까? 우봉도 삼두리로 가면서 은동을 그냥 지나치지는 못했으리라.

우봉은 최태문에게 '학해당學海堂'이란 편액을 써주고 '괴석설怪石說'로써 그 의미를 풀이해 주었다. "고래 같은 파도, 갈매기 나는 물결 속에서 기이한 돌 하나를 얻어 뜰 구석 대나무 밑에 세워두고 책을 베끼는 붓으로 모양을 그려 좌우에 걸어 놓았다. 그림 곁에 쓰기를 '사람들은 괴석이 뜰 안에 소용되는 것만 알고 천하에 쓰임이 됨은 알지 못한다. 경치로 이름난 중국의 광려·안탕·천태·나부산도 괴석이 하나하나 쌓여 된 것이다. 이로 미루어 보면 걸음을 내딛지 않고도 중국의 오악을 알 수 있는 것이다. 괴석 하나의 쓰임이 크지 아니한가' 그런즉 바다의 거대함도 한 국자의 물이 모여 된 것이요, 문장의 굉걸함 또한 글자 하나하나가 쌓여 이루어진 것이라고 할 수 있다. 배움을 쌓아 가는 것도 마땅히 강과 바다에서의 한 국자 물처럼 할 것이니 이것이 바닷가 언덕 독서하는 집을 학해당이라고 편액하게 된 까닭이다. 힘쓸지어다."

임자도의 무심한 돌맹이 하나 지나치지 않은 우봉의 세심함과 임자도의 바다로부터 터득한 삶의 지혜를 엿볼 수 있다. 임자도는 우봉으로 하여금 말년에 마지막 예술혼을 지피게 한 본향이자 삶의 도를 터득하게 해준 스승이었던 셈이다.

5. 맺음말: 관광자원화 방안
─운림산방과 쌍벽을 이루는 만구음관─

우봉의 적거지 만구음관은 진도 운림산방과 여러 가지로 견줄만한 소지가 충분하다.

운림산방은 추사의 충실한 제자 소치 허련(허유)이 추사가 추구한 정통 '남종 문인화'를 꽃피운 산실이었다. 소치는 스승 김정희가 죽자 스승이 없는 서울에 머무를 필요가 없다 하고, 49세 되던 1857년에 진도로 내려와 운림산방을 차려 그림에만 몰두하다가 1892년 84세의 일기로 세상을 떴다. 말하자면 소치는 일종의 '추사주의자'라 부를 수 있을 것이다. 추사가 소치에 대하여 "압록강 이남에서 소치가 최고"라 극찬했던 것은 당연한 일이었던 셈이다.

반면 우봉은 추사의 '남종 문인화'에서 그림을 시작하였지만 점차 그 이념의 틀에 갇히는 것을 거부하고 독창적이고도 새로운 화풍을 개척하였다. 추사가 "조희룡의 무리들은 그 가슴속에 문자의 향기가 없다"고 비판한 것은 이런 맥락에서 이해되는 대목이다. 따라서 진도에 추사의 '남종 문인화'를 계승하여 꽃피운 소치의 운림산방이 있다면, 임자도엔 추사와 함께 시작하여 추사에서 벗어나 새로운 예술혼을 불사른 우봉의 '만구음관'이 있음을 부각시킬 필요가 있다. 이를 위해 지금부터라도 이 흑암리 바닷가 마을(지금은 간척으로 더 이상 바닷가 마을이 아니지만) 우봉 적거지를 중심으로 우봉을 기념하는 사업을 본격 추진하기를 제안하고자 한다.

우선 우봉기념관 건립을 제안하고 싶다. 우봉 적거지 그 자리에 그가 우거한 초가집 '만구음관'을 복원하고 '황산냉운도荒山冷雲圖'나 '방운림산수도仿雲林山水圖'에 표현된 경관을 참고삼아 조경을 꾸미고, 그 인근에 적합한 자리를 마련하여 작더라도 멋스런 기념관을 건립했으면 한다. 기념관에는 우봉의 작품세계, 추사와의 관계 및 작품세계 비교, 우봉 그림의 진품 및 복제품 전시, 우봉의 저서 영인본, 번역본, 연구논저 등을 전시하고, 신안군 전체 유배문화를 소개하는 자리를 마련하는 것도 좋을 것이다.

그리고 기념관에서 우봉 적거지 주위의 역사문화유적을 곁들여 소개하는 것도 필요하다. 대둔산성－봉대산성－송공산성으로 이어지는 해양 관방시설의 실체와 그 의미, 고대~고려시대 국내외적 중요 항로로 활용되던 이흑암리 앞바다의 역사적 실례와 그 의미 등을 부각시킬 방도의 마련을 제안한다.

기념관의 건립 및 전시물의 구상과 함께 염두에 두어야 할 것은 조희룡의 생애와 임자도와의 관련, 주변 역사문화자원 등을 영상 다큐 및 시뮬레이션 등 다양한 콘텐츠로 제작할 것을 권하고 싶다. 기념관에서 영상 다큐와 시뮬레이션을 통한 간접 체험을 한 연후에 기념관 전시물을 관람하고, 직접 역사 현장을 답사하는 수순을 밟는 일련의 관광시스템을 마련하고 이를 안내하는 현지 가이드를 양성하여 배치한다면, 조희룡 적거지와 주변의 역사문화자원, 그리고 아름다운 해양경관을 즐길 수 있는 해양명소로 거듭날 것이다. 여기에 걸맞는 인프라의 구축이 뒤따라야 할 것은 물론이다.

우봉과 임자도와의 인연은 각별하다. 시서화詩書畵 삼절 우봉의 삶과 예술의 행적은 19세기의 더럽고 비정상적인 정치사회적 환경 속에서 피어난 연꽃과도 같은 것이었다. 임자도에 잠재된 에너지야말로 그의 삶과 예술의 꽃을 마지막 개화시킨 힘으로 작용하였다. 이 점에서 임자도의 만구음관은 상징성이 크다. 우봉을 알고 알리는 일은 임자도의 잠재력을 알고 알리는 일과 통한다. 우봉을 기념하여 기념비를 세우고, 조촐한 강연회 행사를 갖게 된 것은[11] 우봉을 알고 알리는 첫 걸음에 해당한다.

이제 좀 더 넓고 깊게 우봉을 알고 알리는 방향으로 발전시켜야 한다. 이에 전국학술대회 준비를 제안한다. 전국학술대회를 통해서, 우봉이 살았던 19세기라는 시대상황, 그 속에서 예술혼을 치열하게 세우려 했던 우봉과 그 벗들의 노력들, 추사의 무리들과 교류하고 경쟁하고 그로부터 초탈해간 우봉의 고독한 투쟁, 임자도에서 마지막 예술혼을 찾아 불사른 열정 등을 역사, 미술, 서지 등의 각 방면에서 본격 접근해 들어가는 돌파구를 마련해야 한다. 이를 위해 치밀한 사전 기획이 요망된다.

---

11) 신안군과 조희룡기념사업회에서는 조희룡 기념비 제막식과 함께 학술강연회를 개최하였다. 강연회 자료는 『'조희룡선생' 학술강연회 자료집』 참조.

제2장

생일도의 자연 및 인문자원의 관광자원화 연구

문 병 채

1. 서 론

최근 늘어 고유 정취와 농어촌지역 정주공간의 자연환경, 그리고 각지에 산재돼 있는 각종 유무형 문화관광자원을 기반으로 지역경쟁력을 강화하려는 정책이 점차 가시화되고 있다. 때문에 그 이느 때보다도 지역연구의 중요성이 강조되고 있다. 이러한 배경에서 본 논문은 완도 생일도를 연구지역으로 삼아 자연 및 인문공간의 특성을 연구한 것이다. 자연공간은 물론 인문공간을 면밀히 분석하고 관광자원화 할 수 있는 가치 있는 자원을 논의함과 동시에 그들을 지역문화와 접맥시켜 해석해 봄으로서 이들을 관광자원화하기 위한 토대를 마련하고자 하였다. 연구를 위해 GIS를 이용한 자연환경의 분석을 행하였고, 각 요소들의 특성 설명과 함께 그들 간의 분포패턴의 설명이 시도되었으며, 특이한 경관에 대한 주민들의 인지체계와 수용하고 적응하는 관계의 설명을 통해 자연과 문화가 접맥되는 관점에서 자원에 대한 의미를 부여해 보려고 하였다.

본 연구를 위해 분석에 필요한 도면정보는 기본적으로 수치지도를 바탕으로 했다. 수치지도는 기존의 도면정보를 디지타이징(digitizing)과 필요에 따라 스캐닝(scanning)을 겸하여 맵의 원시자료(raw data)를 얻어내도록 한다. 그리고 공간DB의 구축과정에는 AutoCAD 2000과 ArcGIS 8.1 등의 소프트웨어를 활용하였다. 도형자료는 1:50,000 및 1:25,000의 축척을 기본으로 하고, 상세한 공간정보가 필요한 지역에 대해서는 부분적으로 1:5,000 축척의 지도를 활용하도록 한다. 또 좌표계는 우리나라 표준좌표체계인 TM(Transverse Mercator) 좌표를 사용하여 투영을 했다. 또한, 자료취득에 있어서, 인구 · 주거, 산업, 교통, 행정, 교육, 관광 등 주요 사회경제요인은 행정지도, 문화관광지도보 및 각종 문헌자료에서 수집 · 조사된 자료를 입력하도록 하고, 생태자연도, 녹지자연도 및 인공위성영상 등은 환경부의 환경정보시스템에서 제공하는 자료를 입수하여 활용하며, 입력된 디지털자료를 가공하여 3차원 지형도, 경사도, 음영기복도 등을 격자(grid) 형태의 자료로 구축했다. 행정구역은 면 단위 및 리 단위를 입력자료로 선택하여 스캐닝(scanning) 후, 디지타이징(digitizing) 하고, 지형은 행정지도와 지형도를 중심으로 20m 단위의 등고선을 기본으로 하여 입력하여 구축하였으며, 분석의 정도와 내용에 따라서 필요한 지도를 선택하여 사용한다. 그리고 도로망도는 행정지도와 지형도 및 도로망도에서 도로를 추출하여 입력되도록 했다.

2. 지역의 특성

생일면은 완도군의 동측에 위치한 도서지역으로, 2002년 말 현재 면 전체인구가 약 1300인으로 완도군에서 가장 작은 섬이다. 행정구역상으로는 완도군 생일면에 해당하며, 2개의 유인도와 7개의 무인도로 구성되어 있으며, 총 면적 1,502ha(군의 3.9%)이고, 해안선 길이(33.82km)는 짧은 편이며, 바다면적은 19,530ha 정도이다. 육지항만과의 15.5km, 근접 섬(평일도)과는 2.5km 떨어진 곳에 위치해 있으며, 완도항에서는 생일도까지 1시간 30분이 소요되고, 강진마량에서는 약 1시간 10분 정도가 소요된다. 행정구역은 3개 법정리(6개 운영리, 38개반)로 이곳 인구는 총 447가구에 1180명이 거주하고 있으며, 1993년 1993명이 거주한 이래로 계속 감소추세를 보이고 있다. 어업인구가 78%를 차지하고 있다. 주요 성씨로는 김해김씨 114가구, 전주이씨 43가구, 초계최씨 28가구 등이 있고, 유서리에는 경주정씨가 동족마을을 이루고 있다.

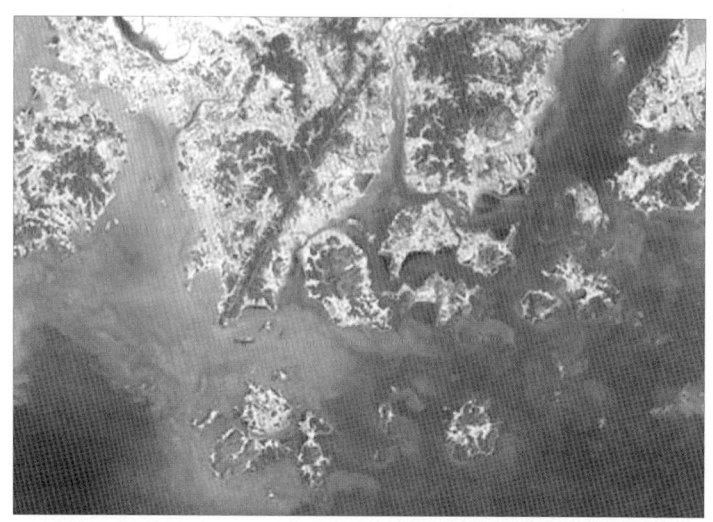

<그림 1> 위성영상으로 본 완도군 일대

생일면은 고려시대 장흥부 관산면에 속하였으며 장흥황씨 황사남의
2남 황재운씨가 장흥 장평에서 이곳으로 이주하면서 산일도山日島 또는
산윤도山尹島라 하였다. 그 후 조선시대 고종 27년(1890)에 거문진에 부
속되었다가 고종 33년(1896) 완도군의 설치로 생일도라는 이름이 붙여
졌고 완도군 금일면에 속하게 되었다. 1971년 5월 생일 유서에 생일출
장소가 설치되었고 1986년 4월 생일면으로 승격되어 현재에 이르고
있다.

3. 자연자원과 관광자원화

1) 자연자원의 특징과 분포

생일도는 섬 중앙의 백운산(482.6m)을 정상으로 하고 남측의 347m고
지를 중심으로 하여, 전체적으로 급경사의 산악지대로 형성되어 있고 사
방으로 소하천이 형성되어 사철 맑은 물을 흘러내리고 있다. 고서에는
생일도 지형이 평일도의 망덕산望德山의 남서로 뻗은 지맥이 신평리의
추관에 이르러서 바다를 건너 생일의 백운봉을 일으키고 삼지三支로 나
눠서 남지는 용굴리, 서지는 금곡리, 북지는 비하飛下하여 류서포에 이르
렀다고 적혀있다. 또한, 지역에서 전해져온 풍수적으로 생일도는 다음과
같이 주민들에게 인식되고 있다. 그들은 생일도를 전체적으로 게의 형국
이라 믿고 있다. 향도동 부근이 게의 머리, 생일해수욕장을 감싸고 있는
산이 꼬리, 그리고 서성항, 굴전리 앞 산, 배낭금, 도룡낭도, 금머리 등이
모두 다리에 해당한다고 한다. 게는 '대족이 이족이고 소족이 탈족이다'
란 말이 있듯이 말이다. 그러나 금일도는 문어형국이다. 문어하고 게하
고 상극이다. 문어가 게를 까먹는다. 게는 문어의 밥이다. 또한, 완도군

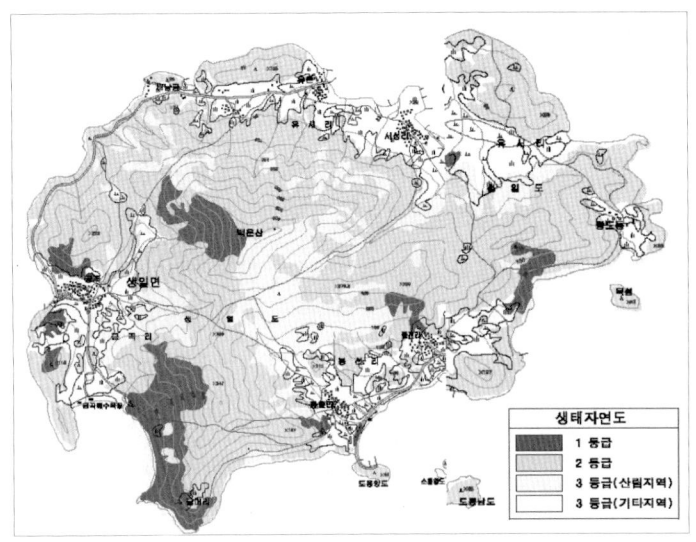

<그림 2> 식생 자연도등급

에서 두 번 째로 높은 생일도의 백운산은 숫산인 반면, 금일도는 암산이다. 금일도는 여자의 가랑이 같고, 생일도는 그 가랑이 속에 있는 형국이다. 남자는 여자한테는 힘이 빠지게 되어 있다고 믿고 있다.

또한, 생일도는 생태적으로도 매우 의미 있는 섬이다. 섬 전체에 각종 자생란과 상록활엽수림(동백, 후박, 너도잣밤나무) 군락이 형성되어 있다. 동물로는 꿩, 노루, 멧돼지 등 야생 동식물이 서식하고 있다. 자연생태 환경이 환경부의 녹지자연도와 인공위성영상에서 보는 바와 같이, 인공조림지인 6등급을 제외하면 전체지역의 약 15%가 생태자연도 1등급이고, 약 80% 정도가 생태자연도 2등급 및 3등급에 해당하는 양호한 자연환경을 보유하고 있다. 특히, 금머리에서 해수욕장에 이르는 부근은 생태자연도가 거의 1등급으로 이 섬에서 가장 양호한 지역이다. 또한, 금곡리~금머리구간 1.7㎞는 동백나무의 군락지로 분포하고 있으며 수려한 경관의 자연석과 임목이 존재하고 있어, 생일면의 매우 특색 있는 환경생태자원을 형성하고 있다.

생일도 근해는 수심이 깊고 물살이 매우 빠르게 흐른다. 섬의 해안선이 상대적으로 단조롭고 만이 적어 해안을 따라 조류가 상대적으로 빨리 흐르며, 백운산과 같은 높고 험한 산지로 인해 해안이 급경사를 이루어 해안선에서 조금만 벗어나도 수심 10m에 이를 정도로 바다가 깊다. 또한 해저에는 두꺼운 뻘이 쌓여 있는 곳이 많아 영양염류 공급이 상대적으로 많아 해초류가 무성하게 잘 자라고 있다. 요약하면, 생일도 근해는 뻘로 되어 있으면서도 수심이 깊어 청정해역을 이루며 다시마 등의 해초류가 잘 자랄 수 있고, 이들에 해수 흐름이 빨라 이끼 등이 잘 끼지 않아 질이 좋다. 따라서 이곳은 천혜의 해초류 양식장을 제공하고 있다. 실제로 이곳에서 재배되고 있는 다시마나 톳은 이끼 등이 가장 적게 끼어 식상이 다른 어느 섬 것보다도 좋으며 풍부한 영양분 섭취로 두껍고 씹히는 맛이 쫄깃하고 각종 무기질 등이 풍부하여 비싼 가격에 일본 등지로 대량 판매되고 있다. 이곳 다시마와 톳은 특히 어린이들의 두뇌성장발달에 좋다고 하여 학교급식에 자주 나온다고 한다. 점차 수요가 늘어가고 있는 해조류여서 이곳 섬사람들에게 주요 소득원이 되고 있다. 여름철에 가보면 길거리는 물론이고 경작을 포기한 논밭에 다시마와 톳을 말리고 있다. 그리고 이들 외에도 미역, 멸치, 전복 등의 해산물도 풍부하며, 특히 최근에는 어류와 전복을 양식하는 어가가 많이 늘고 있다.

2) 자연자원의 관광자원화 방안

이러한 자연적 특성의 결과 생일도에는 관광적 측면에서 활용 가치가 높은 자연자원이 매우 풍부하다. 타 섬에 비해 경쟁력이 있는 대표적인 주요 자원으로 다음과 같은 것들을 들 수 있다.

첫째 백운산이다. 높이가 483m에 이르는 완도군 내 제2봉이며 정상에 오르면 구름이 항상 발아래 있다. 항상 구름을 이고 있다하여 백운산이라 하였고 고래로부터 명산으로 일컬어지고 있다. 또한 각종 많은 약초가 서식하고 있는 산이기도 한다.

둘째 학서암이다. 이 사찰은 약 300년 전에 이 섬의 일원에 큰 사고가 자주 발생하여 재앙을 막기 위하여, 지나가는 스님의 말을 듣고 백운산 자락에 절을 지었는데, 산의 모형이 학의 형태로 생겨 학서암이라 칭하였다고 한다. 이 절의 위치가 조망권으로서 좋은 지점에 위치하고 있어 여기서 바라보는 다도해 경관은 매우 환상적이어서 아침 해돋이 등반코스로서 인기가 좋다.

셋째 성곽 터이다. 옛날에 도적(해적)들을 막아내기 위하여 성을 쌓았다고 전하나, 지금은 약 3㎞가량만이 남아 있다. 그러나 이곳이 옛날 말을 길러낸 요충지였음을 볼 때, 말 목장의 경계로 삼기 위해 산에 돌을 쌓아놓은 곳이라는 설도 있다.

넷째 금곡약수터이다. 약수에 철분과 금 등의 광물질이 함유되어 있을 뿐만 아니라 수질이 매우 좋다. 전설에 의하면 최씨 일가가 처음 정착할 때 판 샘터로 심한 가뭄에도 마르지 않는데 산신령이 나타나 이 샘이 세 번 마르면 지상이 멸망할 것이라고 일러줬는데 지금까지 꼭 두 번이 말랐다고 한다. 한번은 한일합방이고 또 한 번은 6.25동난 때였다고 한다.

다섯째 소용량도이다. 섬의 정상에는 70m의 굴이 해변으로 나있고, 직경 50m 둘레 80m의 구덩이 및 용형상의 바위가 있으며, 수목 군락지 및 수려한 경치를 이루고 있어 관광적 가치가 높은 지역이다. 전설에 의하면, 이 섬에는 용 암수가 살고 있었는데 지금으로부터 약 400년 전에 용왕제의 명을 받아 승천하였다는 전설과 함께 그 흔적이 지금도 남아 있다. 이런 연유로 최근까지도 정초에 풍어를 비는 용왕제를 지내고 있다. 그래서 마을 이름도 용맹이라 불러오다가 용출리라 부르게 되었다고 한다.

여섯째 돌다리이다. 서성마을 가운데 작은 하천이 있었는데 만조滿潮가 되면 마을사람들이 왕래하기가 곤란하여 약 75년 전에 지씨가 30여명을 동원하여 약 2.3㎞떨어져 있는 산에서 돌을 운반하여 돌다리를 놓았다. 지금은 생일면에 도로車路가 개설되어 다리가 없어졌는데 돌다리만은 지윤수씨의 대문 앞에 보관되어 있다. 상당히 클 뿐만 아니라 이곳 주민들의 애환이 서려있는 의미 있는 돌이다.

일곱째 유촌리 노거수이다. 유촌리 마을의 중앙부에 자리잡고 있는 팽나무와 느티나무로 여름이면 노인들의 휴식처가 되고 있는 아름드리 큰 당산나무이다. 400여년 이상 오래되었을 뿐만 아니라 수형이 매우 아름답다. 나무 아래에는 방아돌이나 들독이 놓여 있어 머슴들의 옛 추억을 떠오르게 한다.

여덟째 금곡해수욕장이다. 길이가500m이고 폭이 150m이며 수심은 1~1.5m로 아늑한 분위기의 해수욕장이다. 아직 일반인들에게는 널리 알려지지 않은 작고 아담한 해수욕장이다. 여수 만성리해수욕장이 검은 모래로 유명하다면, 이곳 금곡해수욕장은 이름대로 금빛모래로 유명한 곳이다. 백사장 길이는 비교적 작으나 폭이 넓고 경사가 완만하여 해수욕 등 피서를 즐기는데 더없이 적격이다. 또 해수욕장이 남해안에 위치하고 있어 수온이 낮지 않으며 청정해역으로서 서해안 해수

<사진 1> 금곡해수욕장

욕장과는 달리 간조 시에도 뻘이 드러나지 않고 바닷물도 매우 맑다. 주위풍경으로 해수욕장 좌·우측 및 후면에 소나무와 동백숲으로 이루어진 방풍림이 형성되어 있어 여름이면 은은한 송진냄새를 겨울에는 눈속에 핀 진홍빛 동백꽃을 볼 수 있어 더 없는 아름다운 곳이다. 이 해수욕장의 모래엔 철분이 많이 함유되어 모래찜을 하면 류마티스관절염 등에 효과가 있다고 한다.

아홉째 당산림과 당집이 유명하다. 생일도가 옛날 말을 길러낼 목장을 조성하기 위해 산에 돌을 쌓는 작업과 말 키우는 총감독을 한 할머니 한 분이 살았다. 마을 사람들은 할머니가 죽자 이곳에 당집을 짓고 그 안에 금물들인 말 2마리와 검은 돌로 된 말 새끼들을 안치하고 매년 당제를 지내왔다. 이런 연유로 이곳은 신앙의 중심지로 숭배되어 왔고 수백 년의 세월이 흐르는 동안 수목이 매우 울창하게 우거져 대낮에도 으스스한 기분을 들게 하는 곳이다. 분위기 탓인지 이곳 주민들은 굉장히 영험 있는 당으로 인지하고 있다. 그리고 이러한 영험함은 이 지역 주민들의 신앙에도 큰 영향을 주어 서성리 뿐만 아니라 다른 부락도 당제를 중요하게 생각하고 최근까지 지내왔던 거승로 이해된다. 각 리별 일자는 다르나 당제를 지내고 있는데 이날은 전 주민이 모여 사당에서 제를 지낸 후 풍악을 울리며 호별 방문으로 가택의 평안을 비는 풍습이 있다. 바닷가에서 베풀어 준 은혜에 감사하고 열과 성을 다해 바다에 기원을 올리며 매년 엿새 날에 당주 할머니를 모시고 있다. 금곡리에는 당이 없으며 대신 마을 끝에(배군산 자락) 큰 바위가 있어 이곳에 정한수만 떠 놓은 채 다른 지방과는 달리 제주(제사장)가 따로 정해져 있지 않고 마을주민 모두가 소원을 비는 것으로 끝낸다. 이곳의 독특한 민속놀이인 개불놀이는 정월대보름에 전 주민이 참여한다.

4. 인문자원과 관광자원화

1) 인문자원의 특성과 분포

서성마을은 1600년대 초에 황재운이 장흥 장평에서 입도하여 정착한 이래, 주민들이 1700년대 백운산 서쪽에 도적(해적)을 막기 위해 성을 쌓은 이래로 성의 서쪽에 위치하고 있다고 하여 서성리라 칭하였다고 한다. 풍수학적으로 서성리 형국은 학의 형국이라고 믿고 있다. 선창이 학 주둥아리고 선착장이 학 머리이고 버들개와 면사무소 옆 산이 학의 날개에 해당된다고 한다. 그러나 서성리가 새의 밥통 부근에 해당되어 주민이 다들 잘 살아 속칭 큰 동네를 이루게 되었다고들 생각하고 있다. 그러나 근대화의 물결에 밀려 모두들 도시로 나가고 피폐한 어촌 현실을 안타까워하며 학은 날아가 버렸다고들 말한다.

유촌마을의 시작은 1700년 중기 지두씨가 장흥대덕에서 멀리 내려다보니 섬들이 많이 있어 사람이 살 수 있을 거라는 생각에 지금의 굴 앞으로 입도하여, 밭을 개간하려고 하다 먼저 입도한 마씨와 다툼이 있어 마을 뒷산으로 올라가 보니 평야지대가 있어 이곳으로 내려와 정착하게 되면서 형성된 마을로 전해지고 있다. 풍수학적으로는 마을이 학의 날개 쪽에 자리잡고 있는 형태이고 버드나무가 날개 깃을 이루고 있는 형상이다. 그래서 마을 사람들은 오래 전부터 이곳을 버들개(유서리)라 부르고 있다. 또한, 마을 옆에 있는 버드나무숲 속에서 매년 정초 도깨비가 나타나 마을 처녀를 잡아가고 마을을 어지럽히는 '베들개도깨비'의 출몰로 정월 초이튿날 진수성찬을 장만하여 제를 지금도 지내고 있다.

금곡마을은 1600년대 초 박씨가 처음 입주하여 살았다고 하나 그 후손이 없어 유래를 알 수 없고, 1700년 중기 최명춘씨가 유서리 당산에서 살다가 이거하여 보니 박씨가 살고 있어 같이 동거 정착하게 되면서 마을이 형성된 것으로 전해지고 있다. 마을에서 500m 거리에 길이 1㎞, 폭 100m의 모래사장이 있는데, 성분분석 결과 사금이 함유되어 있는 것으로 밝혀졌다. 특히, 예부터 사질이 좋아 금모래라 칭해져 왔었다. 전설에 의하면, 박씨와 최씨 등이 입도하여 보니 돌이 금으로 보여서 실제로 파보니 금이 나왔다고 전해지고 있으며, 그래서 이 마을을 샛금, 한자로 금곡리로 불러오게 되었다고 한다. 또한, 마을 뒷산에 '약수터(금곡약수)'가 있는데, 철분과 금 등의 광물질이 함유되어 있을 뿐만 아니라 수질이 매우 좋다. 전설에 의하면 최씨 일가가 처음 정착할 때 판 샘터로 심한 가뭄에도 마르지 않는데 산신령이 나타나 이 샘이 세 번 마르면 지상이 멸망할 것이라고 일러줬는데 지금까지 꼭 두 번이 말랐다고 한다. 한번은 한일합방이고 또 한 번은 6.25동난 때였다고 한다.

용출마을은 조선 선조 때에 목장이 설치되어 그 관리가 거주하였다는 설이 있으나, 후손이 살지 않고 효종 때 윤씨가 전남 나주에서 난을 피해 이곳으로 와서 마을을 형성한 것으로 전해지고 있다. 마을 앞에는 도·소용량도란 2개의 무인도가 있다. 이곳은 마을 사람들에게 최대의 식량기지를 제공해 준다. 바닷가는 해산물을, 산에서는 풀과 나무를 풍부하게 공급해 주는 섬이다. 소용량도의 정상에는 70m의 굴이 해변으로 나있고, 직경 50m 둘레 80m의 구덩이 및 용형상의 바위가 있으며, 수목군라지 및 수려한 경치를 이루고 있어 관광적 가치가 높은 지역이다. 전설에 의하면, 이 섬에는 용 암수가 살고 있었는데 지금으로부터 약 400년 전에 용왕제의 명을 받아 승천하였다는 전설과 함께 그 흔적이 지금도 남아 있다. 이런 연유로 최근까지도 정초에 풍어를 비는 용왕제를 지내고 있다. 그래서 마을 이름도 용맹이라 불러오다가 용출리라 부르게 되었다고 한다.

굴전마을은 숙종 때 마씨가 입도 마을을 형성하게 되었다고 한다. 경사가 급한 산자락에 힘들게 자리잡고 있는 가난한 어촌이다. 표고가 100m에 이르며 가파른 경사 길을 따라 바다가로 이르게 되어 있다. 골목이 비좁아 겨우 두 사람이 비끼기가 어려울 정도이다. 대신에 조망 경관이 좋아 마을에서 내려다보이는 바다 풍경이 일품이다. 특히, 바로 아래 바닷가에 떠 있는 소용량도 섬의 아름다움은 그 중에서도 으뜸이다. 짙푸른 바다와 함께 우거진 상록수림으로 덮힌 바위섬은 그림처럼 아름답다. 또한 섬의 정상으로부터 해변으로 나있는 70m에 이르는 굴과 둘레가 80m에 이르는 용바위가 그대로 내려다보인다. 그래서 이 마을을 굴 앞에 있다 해서 굴전리라 했다고 한다. 뿐만 아니라 마을 앞 어귀에는 '으슴바위'라는 매우 괴기스런 바위가 있다. 전설에 의하면 바위 밑으로 1km 가량 굴이 뚫어져 있어 앞 바다의 용량도까지 이어졌다고 하며, 옛날 선조들은 솔가지 불을 들고 이 굴을 통과하여 섬을 왕래하였다고 전해지고 있다. 또한 이 바위 밑의 굴에서 천년 묵은 구렁이가 살고 있다가 옥황상제의 명을 받아 하늘로 올라갔다는 전설이 곁들여져 있는 바위이다.

또한, 생일도의 전체적인 교통체계는 군도 15호선이 일주도로를 이루고 있으면서 주간선 역할을 하고 있다. 군도 15호선에 의해 섬 교통의 집분산을 수행하는 중심적인 거점 지역은 면사무소 등의 관공서와 서성항 등이 입지한 북쪽 서성리지역이고, 이곳을 중심으로 금곡리와 봉선리로 가는 교통망이 연계되어 있다. 결국 섬의 전체적인 교통체계는 거점 지역인 서성리를 중심으로 서성리-금곡리 및 서성리-봉선리 구간의 교통축이 주요 교통기능을 담당하고 있는 것으로 보인다.

그러나 군도 15호선의 이러한 중요성에도 불구하고 아직 일주도로로 완공되어 있지 않다. 미개설 구간은 금곡해수욕장~금머리 절벽~봉선리 선착장에 이르는 노선이며, 지형상 남측 347m 고지의 남측 끝자락에 위치하고 표고가 높으며 거주지가 없고 해안절벽의 암반부와 해안선의 절벽부를 통과하는 급경사 (25°~30°정도)를 이루는 부분이다. 따라서 도로개설의 물리적 여건이 상당히 어려운 부분으로 분석되었다(<그림 4>의 굵은 점선 도로구간).

지역내부의 교통체계는 군도 15호선이 지역 내 및 외부유입 교통의 집분

<사진 2> 금머리 부근의 식생

산도로 역할을 수행하며 지역 내 교통량 배분을 담당하고 있다. 즉, 이 군도 15호선으로부터 각 마을 및 선착장, 경작지로 진입하는 지선이 연결되어 있다. 여기에 연결되어 차량의 진출입을 지원하는 마을진입도로는 섬 내의 주요 시설에 연결되는 서비스도로의 기능을 수행하고 있고, 농업 및 어업의 생산활동 지원을 위한 농로는 화물수송으로서의 경제적 기능을 수행하고 있다.

또한, 섬의 생활권은 지형 및 지세, 교통체계, 주택의 분포 및 생활편익시설 등에 따라 서성생활권, 봉선생활권, 금곡생활권, 크게 3개 생활권으로 구분되어 있다. 3개의 각 생활권은 백운산을 중심으로 뻗어 있는 지연환경축에 의하여 공간이 구분되어 있으며, 생활권과 자연환경축은 상당히 뚜렷한 공간적 영역으로 분리된다. 생일도의 생활권 중심지는 서성생활권으로 면사무소, 초등학교, 서성항 등 주요 시설이 밀집되어 있고, 이곳에는 인구의 집중도가 가장 높아서 면의 행정·교통·물류의 중심지 역할을 수행하고 있다. 따라서 생일도가 환경친화적으로 개발되기 위해서는 T자형의 자연환경축을 최대한 보전하고 섬 생활권을 중심으로 생활편익시설을 확충·보강하여 정주환경을 개선하는 등의 지속가

능한 지역개발 방안을 강구해야 할 것으로 분석된다.

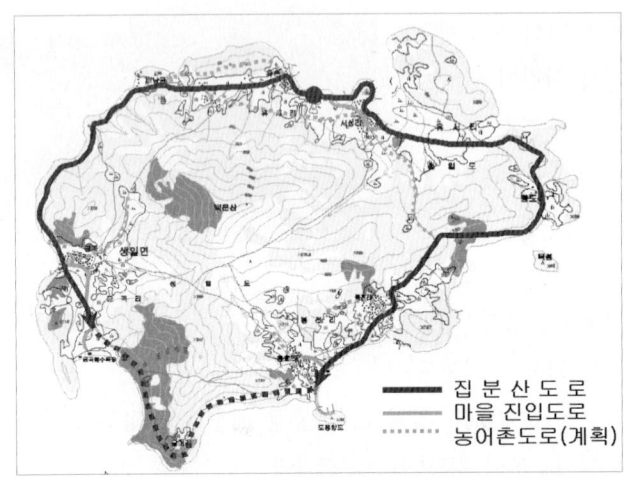

<그림 3> 생일도의 교통체계

<그림 4> 생일도의 지역공간구조

생일도는 또한 경제공간이 재미있게 분포되어 있다. 주민들의 생계활동 중에서 전통적으로 행해져 온 것이 마을 주민들이 공동체적으로 자연으로부터 자원을 전유하는 일이다. 생일도에서는 다른 도서지역과 마찬가지로 해양생태계의 특징적이 자연자원인 해안의 식물들을 채취하는 일 중 공동체적으로 행해져 왔으며, 이 자원들은 주로 외지에 판매되어 현금을 얻는 데 쓰였다.

주배는 해안 해조류 채취, 산림에서의 땔감 채취 등을 적정하게 행하기 위해 구성된 공동체이며, 이는 자원의 한정된 조건 하에서 그 접근을 통제하고 자원 전유를 공동적으로 도모하기 위해 존립하고 작동한 것이다. 우선 마을은 자원에 대한 임의적인 접근을 통제하는 기능을 하였다. 그 기능은 '금장'이라는 역원役員들을 통해 수행되었다. 마을 총회에서 사회적 신임이 있고 활동력이 있는 주민 7~8명을 금장으로 선정되었다. 주배의 가장 오랜 공동체 체계는 3개의 주배로 나뉜 것이다. 약 40년 전까지 지속된 것으로 기억되는 이 3개의 공동체 체계는 각기 '윗주배', '가운데 주배', '아랫주배'라 불린다. 그 후 주민들은 가구수에 따라 5개 단위, 10개 단위로 분화시켜 현재에 이른다. 5개 단위로 나뉠 때는 행정적 개념인 '반班'이 주배와 혼합되어 '반' 혹은 '주배'라 불렀으며, 10개 단위가 활동하는 현재는 '반'이라는 명칭이 더 널리 사용된다. 채취가 소규모 김양식이나 농업으로 꾸려가는 영세한 가계에 비추어 볼 때 무시 못 힐 비중을 차시하는 것이었으나, 1960년대부터 김의 대일수출이 활발해지면서 자연산 해조류의 채취는 상대적으로 그 비중이 대폭 감소해 오고 있다.

생일도는 해초류 채취를 주배를 마을별로 분할하고 있다. 서성마을 주배는 그들 중 가장 넓다. 금일중 분교로 이어진 도로 끝의 당산나무 있는 곳에서부터 항도동 앞 산자락에 이르는 광대한 해역이다. 이는 서성부락 인구가 많음에도 관계하지만 그 만큼 세력이 가했다고도 보여진다. 굴전리는 서성리와의 경계로부터 선착장 조금 넘어선 해안까지를 주배로 삼았다. 용출리는 여기서부터 금머리에 이르는 해역이었으며, 금곡리는 해수욕장을 끼고 배낭금과의 사이 현재 리조트를 건설하고 있는 곳의 해역까지였고, 나머지를 유촌리에서 주배로 삼았다.

주배가 자연산 해초류 채취권과 직접 관계되는 관계로 주배 해역을 둘러싼 갈등은 매우 심했다. 따라서 원칙과 상식보다는 힘의 논리가 지배되었으며 그 결과 이상하게 주배권이 설정된 곳이 부지기수다. 가장 대표적인 곳이 소용량도라 할 수 있다. 이 섬을 서로 차지하기 위해 서성리와 용출리 주민간에는 피비린내 나는 싸움을 겪었다. 그 여파로 지금도 서성리에서는 해산물을 장악해 뜯어다 먹고 있고, 산의 풀하고 나무하고는 용출리가 관리하고 있다.

2) 인문자원의 관광자원화 방안

첫째, 생일도해수욕장으로 이미 많이 알려져 있는 금곡해수욕장은 귀중한 관광자원이다. 물이 맑고 깨끗할 뿐만 아니라 경관이 아주 아름답다. 그러나 무엇보다도 모래에 다량의 금이 함유되어 있다는 사실이다. 예로부터 이곳에서는 금이 산출되어 샛금 한자로 금곡리金谷里로 불러왔다고 전해지기도 한다. 따라서 '금모래찜'을 즐길 수 있는 건강보양 해수욕장으로 활용이 가능하다. 여수 만성리해수욕장이 검은 모래 눈뜨는 날로의 이미지-엎과 함께 '검은 모래찜'에 의한 건강치유의 해수욕장으로 성공했다면, 이곳은 금모래찜에 의한 건강치유 가능으로 역시 큰 관광효과를 걷을 수 있을 것으로 보인다. 금 성분은 다른 어느 광물보다도 인체에 매우 좋은 작용을 하기 때문이다. 뿐만 아니라 이곳 해수욕장으로부터 멀지 않는 금곡마을 뒤쪽에 금 등의 광물질이 풍부하게 함유되어 있는 '약수터(금곡약수)'가 있어 이것과 연계된 관광자원화가 가능

할 것으로 보인다. 특히 이 약수는 수질 또한 매우 뛰어나고 있다.

둘째, 용출마을 앞 도·소용량도란 2개의 무인도가 있는데 이들은 관광적 가치가 매우 큰 섬이다. 주위의 아름다운 풍광과 더불어 이 섬을 왕래하는 유람선을 운행할 가치가 있다. 특히 소용량도의 정상에는 70m의 굴이 해변으로 나있고, 직경 50m 둘레 80m의 구덩이 및 용형상의 바위가 있으며, 수목 군락지 및 수려한 경치를 이루고 있다. 전설에 의하면, 용 암수가 살고 있었는데 지금으로부터 약 400년 전에 용왕제의 명을 받아 승천하였고 이는 그 흔적이이라고 전해져 오고 있다. 이곳에서 풍어제를 용왕제를 열어 관광객을 모을 수 있을 것으로 보인다. 매우 의미 있는 공간이기 때문에 효과가 클 곳으로 보인다. 또한, 옆에 있는 굴전마을은 경사가 급한 산자락에 힘들게 자리 잡고 있는 가난한 어촌마을로서 특히 민속신앙과 전통가옥이 많이 남아 있고 조망 경관이 좋아 마을에서 내려다보이는 바다 풍경이 일품이다. 바로 아래 바닷가에 떠 있는 소용량도 섬의 아름다움은 그 중에서도 으뜸이다. 짙푸른 바다와 함께 우거진 상록수림으로 덮힌 바위섬은 그림처럼 아름답다. 또한 섬의 정상으로부터 해변으로 나있는 70m에 이르는 굴과 둘레가 80m에 이르는 용바위가 그대로 내려다보인다. 그리고 마을 앞 어귀에는 '으슴바위'라는 매우 괴기스런 바위가 있고, 바위 밑으로 1㎞ 가량 굴이 뚫어져 있어 앞 바다의 용량도까지 이어졌고, 옛날 선조들은 솔가지 불을 들고 이 굴을 통과하여 섬을 왕래하였다고 전해지고 있으며, 이 바위 밑의 굴에서 천년묵은 구렁이가 살고 있다가 옥황상제의 명을 받아 하늘로 올라갔다는 전설이 곁들여져 있는 바위이다. 흥미있는 전설과 함께 관광적 가치가 큰 마을이다. 이 굴전마을과 연계시켜 자원화를 도입한다면 효과가 클 것으로 여긴다.

셋째, 다른 섬에 비해 민간신앙이 유달리 깊고 발달한 점에 비추어 이들의 관광자원화가 가능하다. 예를 들면 '신들의 섬'이란 이미지-엎

(image up) 부여와 함께 신들의 공간을 연계한 체험코스 개발이 가능하다. 예를 들면, 육지까지 매우 영험한 곳으로 알려진 '서성리 당집', 유서리 버들개의 '베들개도깨비 출몰지', 금곡리 당집 등이 개발될 수 있는 대표적인 것들이다.

그 외에도 백운산 서쪽에 도적(해적)을 막기 위해 쌓은 성곽城郭은 활용하기 좋은 관광자원이 될 수 있다. 300여 년이나 된 꾀 역사를 가진 성이다. 그리고 생일도의 풍수지리적 두 가지 해석 또한 훌륭한 관광자원이 될 수 있다고 여긴다. '학의 형국' '가제 형국'이 그것이다. 두 동물의 형상을 조각해서 서성리 앞 선착장에 세우고, 생일도의 모습을 형상화시킨 지도(이미지맵)을 그려 놓는다면 이는 생일도의 의미를 가진 조형물이자 랜드마크가 될 것이다.

5. 결 론

본 논문에서는 완도군 생일도를 대상으로 자연환경과 인문경관을 관광자원화하는 방안에 대해서 알아보았다. 즉, 생일도의 고유 정취와 정주공간, 자연환경, 그리고 문화자원을 기반으로 지역경쟁력을 강화하는 방안의 하나로 이를 관광자원화를 연구한 것이다.

어느 섬이든지 나름대로의 특성이 있고 활용가치가 있겠지만, 본 연구를 통해 생일도는 다른 어느 곳보다 강한 이미지와 독특한 현상을 담고 있는 것으로 파악되었다. 여느 섬에서는 볼 수 없는 높은 산과 금이나 철과 같은 광물의 산출, 당을 중심으로 주민의 피 속에 녹아 있는 강한 민속신앙, 자연해석에 대한 높은 식견을 보인 풍수지리적 사고 등이 특히 그것이다. 뿐만 아니라 인문현상 역시 매우 강한 이미지를 갖고 있다. 주민의 생계활동은 전통적으로 행해져 온 것이 마을 주민들이 공동체적으로 자연으로부터 자원을 전유하는 일이다. 생일도에서는 다른 도서지역과 마찬가지로 해양생태계의 특징적이 자연자원인 해안의 식물들을 채취하는 일 중 공동체적으로 행해져 왔으며, 그 결과 경제공간이 매우 재미있게 펼쳐져 있기도 하다.

500m에 이르는 높고 울창한 자연생태자원을 가진 백운산을 중심으로 한 자연환경축을 최대한 보전하고 섬 생활권을 중심으로 생활편익시설을 확충·보강하여 정주환경을 개선하는 등의 개발수법을 활용한다면 지속가능한 개발을 달성할 수 있을 것으로 내다보인다.

제3장

흑산도 문화유산의 관광자원화 방안

이 덕 안

1. 머리말

1) 연구의 배경

21세기에는 문화와 정보 그리고 환경에 대한 사람들의 관심이 그 어느 때보다 커질 것으로 예상되고 있다. 이러한 변화는 관광산업에 있어서도 예외가 아니어서 이 세 가지 요소는 앞으로 관광의 내용과 행태를 결정하는 핵심요소가 될 것이다. 세계관광기구(WTO)에 의하면 유럽지역 국가의 경우 지난 20여 년간 문화관광의 비중이 꾸준히 증대되어 왔으며, 전체 관광에서 차지하는 비중은 37%에 이르고 있다(Richards, 1996). 우리나라의 경우에 있어서도 1990년대 들어 문화관광에 대한 국민들의 관심이 크게 증가하고 있다(이장섭, 1994). 의식주에 대한 기본적인 욕구가 어느 정도 충족되자 '삶의 질'을 향상시키는 문제에 대해 보다 많은 관심을 갖게 되었고, 그 과정에서 문화적 욕구가 고개를 들기 시작한 것이다(이선실, 1997).[1] 특히 지방자치제가 본격적으로 실시되면서 각 자치단체는 지역의 정체성을 확립하여 주민들을 하나로 결속시키고, 동시에 관광수입의 증대를 통해 지역경제를 활성화시키기 위해 지역의 문화유산을 활용한 관광개발에 사활을 걸다시피 하고 있다.

그러나 우리나라의 관광현실은 국민들의 급증하는 문화적 욕구를 충족시키기에는 아직 미흡한 점이 너무 많다는 느낌이 든다. 비록 이전에 비해 많은 노력을 기울이고 있는 것이 사실이기는 하지만 관광선진국에 비해 박물관·전시관을 관광목적으로 활용하는 정도가 미미하고, 문화유적의 보존·관리 및 관광목적으로의 이용 정도가 후진국 수준을 크게 벗어나지 못하고 있기 때문이다. 문화유산의 보존·관리에 있어서 도서지역은 육지지역에 비해 훨씬 어려운 상황에 놓여있다. 흔히들 도서지방을 민속문화의 보고라고 하지만, 오늘날 우리나라의 도서지방은 농수산업의 몰락과 급속한 인구감소 및 노령화 그리고 자치단체의 재정능력 부족으로 인하여 귀중한 문화유산이 흔적도 없이 사라지거나 훼손·방치되고 있다. 따라서 도서지방의 문화유산에 대한 적절한 보존·관리 조처는 관광자원으로 활용하는 문제를 논의하기에 앞서 시급히 취해져야 할 것이다. 본 연구는 필자가 서남해 도서지방, 특히 흑산도를 여행하며 지역에 귀중한 문화유산이 많음에도 불구하고 이를 관광자원으로 거의 활용하지 못하고 있는 점을 발견하고 그 활용가능성을 살펴보기 위한 취지에서 비롯되었다.

흑산도의 문화유산을 군이 관광 매력물로 활용하려는 이유는 문화유

---

1) 한국인은 선진 복지국가의 조건으로 경제적·물질적 풍요보다는 정신적·문화적 풍요를 더욱 중요시하는 것으로 나타났다. 즉, 현 상태에서 경제적·물질적 풍요가 더욱 중요하다고 답한 사람은 전체 조사 대상자의 26%에 불과한 반면, 정신적·문화적 풍요가 더욱 중요하다고 답한 사람은 43%에 달하였다(이선실, 1997).

산은 '보존을 위한 보존' 보다는 이들을 관광자원으로 적극적으로 활용하는 것이 가장 효율적인 문화유산의 보존·관리대책이라는 판단에서이다. 이는 지역문화의 주체인 지역주민의 입장에서 볼 때, 문화유산의 보존과 이용이 자신들의 자긍심을 높여주는 동시에 소득향상에도 도움이 되어야 비로소 이러한 사업에 적극적으로 협조하고 참여할 수 있기 때문이다. 이러한 연구목표와 관련하여 본 연구는 다음과 같이 다섯 부분으로 나누어 기술하고자 한다. 우선 머리말에서는 본 연구를 하게 된 배경과 연구방법에 대해 기술하였다. 제2항에서는 문화관광 및 관광자원에 대한 이해를 보다 정확히 함으로써 문화유산을 활용한 관광자원화가 어떤 식으로 행해져야 하는지를 살펴보았다. 제3항에서는 흑산도의 일반 현황과 흑산도 여행상품의 운영 현황을 살펴봄으로서 현재 처해진 상황과 문제점을 보다 정확히 파악하고자 하였다. 본론에 해당하는 제4항에서는 흑산도의 주요 문화유산을 대상으로 각각의 개요와 관광자원으로서의 가치를 살핀 다음 구체적인 관광자원화 방안을 제시하였다. 마지막으로 제5항 결론부분에서는 이제까지의 조사·연구 결과를 토대로 흑산도 문화유산의 보존 및 관광자원으로서의 활용방안에 대한 문제점과 그 개선방안에 대한 필자 나름의 의견을 제시하였다.

2) 연구 방법

본 연구는 다음의 3단계에 걸쳐 이루어졌다. 첫째는 문화유산에 대한 기초자료로 기존의 역사 및 민속 관련 연구결과를 참조하였다. 다음 단계로는 현장답사를 실시하여 지역주민과의 인터뷰를 통하여 문헌조사에서 파악하지 못한 새로운 정보를 구하였다. 특히 지역주민과의 인터뷰를 심도 깊게 실시한 이유는 지역의 문화유산에 대한 지역주민의 태도 및 의식구조가 본 연구의 목적인 관광자원으로의 활용에 있어서 매우 중요하기 때문이다. 마지막으로 조사된 문화유산에 대한 관광자원화 방안에 대해서는 지역주민, 자치단체의 관광 담당 공무원, 여행사 관계자, 역사 및 민속분야 학자, 그리고 관광관련 전공 교수들과의 토론을 통하여 의견을 수렴하였다. 한편 홍도·흑산도 패키지여행상품의 운영 현황은 목포지역의 대표적 여행사의 관계자 2명과의 면담조사 결과를 평균하여 제시하였다. 본 연구의 주된 목적은 관광현상에 대한 통계적으로 의미 있는 분석결과를 내놓는 것이 아니라, 문화유산의 관광자원화 방안을 제시하는 데 있는 만큼 좋은 아이디어를 내놓는 데 그 초점을 맞추고 있다. 따라서 본 연구에서는 정성적으로 흑산도의 관광 현황을 심도 깊게 조사하고, 관광자원으로서의 가치가 큰 문화유산을 선정하여, 관광자원으로 활용하는 효율적인 방안을 제시하기 위해 지역주민 및 관광 전문가들의 의견을 수렴하는 방식으로 연구를 수행하였다.

2. 문화관광 및 관광자원의 개념

1) 문화관광의 개념

문화관광(cultural tourism)은 관광객들이 문화적 매력물(cultural attractions)을 소비하는 행위의 하나로 일반적으로 규정되고 있다. 이에 반해 임영숙(1995)은 관광의 대상보다는 관광객의 관광동기를 중시하여 문화관광을 '문화적 동기에 의한 인간들의 이동'으로 규정하고 있다. 한편 McIntosh and Goeldner(1986)는 문화관광을 여행을 통해 다른 나라나 지역의 역사, 문화, 민속, 그리고 사고방식 등을 배우는 것으로 정의하고, '문화적 동기' 중에서도 '학습(learning)'을 문화관광의 핵심적 요소로 들고 있다. 따라서 문화관광은 지나치게 상업성을 강조하기보다는 사람들이 왜 그리고 어떻게 관광에 참여하였으며, 그 의미는 어디에 있는가가 중요하다고 주장한다(Richards, 1996).[2]

문화활동의 주체가 일부 상류계층에 국한되었던 고대사회에서 문화관광은 전적으로 정신적 가치를 추구하는 데 그 초점이 맞춰졌다. 그러나 현대에 와서 문화가 관광소비의 한 대상인 상품으로 등장함에 따라 문화관광은 경제적인 문제를 소홀히 할 수 없게 되었다. 그래서 Narhsted (1993)는 문화관광은 근본적으로 극히 현대적(postmodern)인 현상이며, 독일의 경우 문화관광(cultural tourism)이란 용어가 1990년경에야 비롯되었다고 주장한다(Richards, 1996). Myerscough나 Poon(1993)같은 학자도 현대의 문화관광을 이전의 '대여행(Grand Tour)'으로 대표되는 순수한 학습목적의 관광과 구분하여 '새로운 형태의 관광(new form of tourism)' 또는 '신관광(new tourism)'으로 부르고 있다. 즉, 현대의 문화관광은 '학습'과 '경제적 의미'를 동시에 강조한다는 특성을 갖고 있다. 문화유산이 (상당 부분 상업적 목적을 지닌) 관광자원으로 적극 활용되어야 하는 이유도 바로 이러한 변화의 맥락에서 찾을 수 있다.

2) 관광자원의 개념

관광여행을 유인하는 매력을 지닌 자연 또는 인문적 대상물을 일반적으로 관광자원이라 한다.[3] 말을 바꾸어 설명하면 관광자원은 사람들로 하여금 관광행동을 일으키게 하는 원천으로서 개발의 대상이 될만한 가치가 있는 사물을 의미한다. 그러나 관광자원에 대한 의미를 보다 정확

---

2) 문화관광의 학습적 동기가 가장 잘 반영된 단어로 독일어의 학습여행을 의미하는 'studienreisen'을 들 수 있다.

3) 자원(resource)이란 말은 원래 라틴어의 종교적 용어인 're-surgere'에서 유래한 것으로, 하나님이 만물을 창조할 때 먼저 A1, A2, A3를 창조한 다음 이들을 재료로 하여 다시 B1, B2, B3 등을 단계적으로 창조하였다는 데서 비롯되었다.

히 파악하기 위해서는 그 상위개념인 '관광觀光'에 대한 이해, 즉 관광의 구조와 그 기능체계에 대한 이해가 우선되어야 한다. 관광산업은 대표적인 시스템산업(System Industry)으로 여러 관련 요소(산업)들이 서로 유기적으로 결합될 때 비로소 가능하기 때문이다. 관광자원(관광대상), 운송회사, 여행사, 숙박업소, 관광편의시설 등의 요소가 유기적으로 긴밀히 연계되지 않으면 관광현상은 발생하기 어렵다. 아무리 매력적인 문화유산이 존재한다 하더라도 교통과 숙박시설이 불편하다면 관광현상은 발생하지 않기 때문에 결국 관광자원으로 활용할 수 없는 것이다. 또한 관광상품을 소비할 주체는 결국 사람(관광객)이기 때문에 고객인 관광객의 욕구를 정확히 파악하는 것 역시 대단히 중요하다. 관광사업이 다른 사업과 비교되는 특징 중의 하나가 이동하는 것이 물건(상품)이 아니라 사람이라는 것을 상기하면, 관광사업에 있어서 사람의 마음을 움직이는 것이 얼마나 중요한지 알 수 있을 것이다.

한편 어떤 사물을 '관광자원화' 한다는 의미는 관광대상으로서 미래가치가 큰 사물을 '개발하는 과정을 거쳐' 관광사업의 목적을 달성할 수 있는 관광 매력물로 재창조하는 것을 의미한다. 따라서 흑산도의 문화유산을 관광자원화 한다는 것은 지역의 자연·문화유산을 잘 보존하고 주변 환경을 개선하는 것 이외에 방문객이 쉽게 관련 정보를 접하고, 편리하게 목적지로 이동하여, 안락하게 휴식을 취하며, 즐겁고 의미 있는 시간을 보낼 수 있도록 하는 것을 의미한다. 그러나 관광자원을 설명하기 위해 관광시스템 전체에 대해 모두 설명하고자 하는 것은 결코 현명하지 못하다. 따라서 본 연구에서는 '개발의 과정을 거치면' 관광객들의 관광욕구를 충족시켜줄 수 있는 가능성이 큰 문화유산을 관광자원으로 인식하기로 한다. 흔히 관광객은 자신의 일상적인 생활권에서 체험하지 못한 어떤 특별한 것을 경험하기 위해 여행을 떠난다고 한다. 본 연구에서는 이러한 인간의 본성(욕구)에 충실하여 특별한 의미를 지닌 문화유산을 찾아내어 독특한 방법으로 개발하는 과정을 거처 관광자원으로 활용함으로써 흑산도의 관광 활성화에 기여하고자 한다.

3. 흑산도의 개요 및 관광 현황

1) 지역 개요와 문화유산

흑산도는 한반도의 서남단에 위치한 도서로만 구성된 자치단체인 신안군에 부속된 흑산면의 중심 도서이다. 흑산도란 이름은 숲이 우거지고 바다가 푸르다 못해 검게 보여 붙여진 이름이다. 자연경관 또한 아름다워 다도해해상국립공원으로 지정된 지역이다. 이 섬은 면적 19.7㎢, 해안선 길이 41.8㎞, 주민 수는 1,900여 가구에 약 4,800여 명(흑산면 전체)이다. 흑산도 목포항에서 뱃길로 약 93㎞ 떨어진 곳에 위치하고 있으며, 초고속 쾌속선으로 1시간 40분 정도 소요된다. 섬 내에서의 교통편은 버스가 예리－진리, 예리－사리 노선을 하루 2회 왕복운행하며, 갤로퍼택시 8대가 운행하고 있다. 흑산도를 찾는 관광객 수는 연간 13만 명 정도이다.

흑산도는 먼 옛날에는 유배의 섬으로, 1960년대에는 어업전진기지가 들어선 풍어의 섬으로, 그리고 1970년대부터는 이웃한 홍도의 해안절경이 널리 알려지면서 홍도관광 차 들렸다 가는 경유형 관광지로 그 역할을 담당해 왔다. 한편 1990년대 중반부터는 본 섬의 인근에 위치한 영산도, 장도, 대둔도, 다물도 등의 비경이 알려지고, 흑산도 일주도로가 개통되어 볼거리가 많아지면서 다도해 관광의 거점으로 떠오르고 있다. 해상유람코스로는 다물도·대둔도 일주, 영산도 일주, 대흑산도 일주 등이 있으나 홍도처럼 인기를 끌지는 못하고 있다. 한편 일주도로를 따라 흑산도의 곳곳을 둘러보는 본섬 관광은 점차 그 인기를 더하고 있으며, 상당한 수준의 향토사적 지식을 갖춘 갤로퍼택시 운전사들에 의해 주도되고 있다.

흑산도의 예리, 진리, 읍동은 만입된 내해에 위치하고 있어 시대를 달리하여 흑산도의 중심 항구의 역할을 수행해 왔다. 읍동은 통일신라와 고려시대에 한·중·일 교역의 중간거점, 진리는 조선시대에 수군 진이 설치된 곳, 그리고 예리는 일제시대 이후 어업전진기지로 개발된 곳이다. 흑산도는 과거 한·중 횡단항로의 중간 기착지로서 도당 유학생, 외교사신, 무역선 등이 반드시 거쳐가는 국제해양도시였다. 또한 흑산도는 그 옛날 목포에서 배를 타면 보름씩 걸려 도착하던 대표적인 유배지였다.4) 이러한 연유로 흑산도에는 다른 도서지방에 비해 역사·문화 유적이 많은 곳이다. 현재 읍동과 진리 마을은 문화유적의 훼손 정도가 심각하여 빠른 시간 내에 발굴조사를 실시하고 사적지로 지정하여 보존하는 등의 조치가 시급히 행해져야 할 형편이다.

흑산도의 지정문화재 현황을 살펴보면 도지정문화재인 진리의 석탑과 석등 그리고 지석묘군이 전부이다. 이러한 지정문화재의 현황만을 놓고 보면 흑산도의 문화유산을 활용한 관광자원화 방안을 연구를 한다는 것 자체가 무리인 것처럼 보일 수 있다. 그러나 흑산도가 육지에서 멀리 떨어진 곳에 위치한 도서라는 점을 감안하면, 이 섬은 다른 도서에 비해 그야말로 역사와 민속 자원의 보고라고 하기에 손색이 없는 곳이다. 보다 정확히 지적한다면 흑산도는 역사·문화의 보고이기는 하지만 이들을 찾아서 발굴하고 보존하려는 노력이 그 동안 크게 미흡했다고 할 수 있다. 조선시대 수군 진이 설치되었던 진리와 통일신라 및 고려시대에

---

4)『조선왕조실록』에 의하면 조선시대의 유배지는 대략 400여 곳이었는데, 흑산도는 제주도와 거제도에 이어 세 번째로 많이 유배지로 이용되었던 절도絕島였다.

걸쳐 동아시아 횡단항로의 중간 기착지였던 읍동에 대한 발굴조사가 아직 이루어지지도 않은 채 빠른 속도로 훼손되어가고 있는 것이 바로 그것이다. 한편 관점을 달리하여 생각하면 관광객들은 이제까지 많이 보고 들어왔던 육지의 문화재보다는 도서지방의 전혀 색다른 문화유산에 더 많은 관심을 보일 것이다. 따라서 흑산도가 갖고 있는 작지만 귀중한 해양 문화유산을 차별화 시켜 관광자원으로 활용하고자 하는 본 연구는 그 자체로 의미 있는 것으로 판단된다.

2) 흑산도 관광의 현황

흑산도 관광이 실제 어떻게 이루어지고 있는지를 정확히 파악하는 것은 이 지역의 자연·문화유산을 관광자원으로 활용하는 방안을 마련하는데 있어서 건축물의 기초공사를 튼튼히 하는 것만큼이나 중요하다.[5] 목포지역 여행사 관계자를 대상으로 면담 조사한 결과에 의하면 홍도·흑산도를 찾는 단체관광객의 70~80%는 서울·경기지역 주민들이며, 이들의 대부분은 40~50대 부부동반 여행객이다. 방학기간에는 자녀를 동반한 가족여행의 비중이 크게 늘어나지만, 노년층의 효도관광은 도서지역 여행에 대한 신체적 부담감 때문에 소수에 그치고 있다. 개별여행객과 단체여행객의 비중은 각각 50% 정도로 비슷한 수준이다. 그러나 인터넷의 발달로 인하여 여행정보를 보다 쉽게 접근할 수 있게 됨에 따라 단체여행객보다는 개별여행객의 비중이 꾸준히 높아지는 추세를 보이고 있다. 앞으로 흑산도를 비롯한 도서지방을 찾는 여행객은 인터넷을 적극적으로 활용하는 청장년층의 개별여행객이 될 것이란 점을 쉽게 예상할 수 있다.

---

5) 흑산도 관광은 거의 대부분이 홍도관광과 연계되어 이루어지고 있기 때문에 여기에서는 홍도·흑산도 관광을 흑산도 관광과 동일시하였다.

현재 목포지역 여행사들은 연 2회(봄, 가을) 홍도·흑산도 여행상품을 개발하여 그 내용을 전국의 여행사에 우편으로 발송하고 있다. 이전에는 여행사 임직원이 서울과 부산의 여행사를 직접 방문하는 형식으로 여행상품을 홍보하였으나 요즘은 인쇄물을 보내는 것으로 대신하고 있다. 홍도·흑산도 패키지여행상품의 홍보는 중·장년층 관광객의 특성을 반영하여 주로 입 소문을 통해 이루어지고 있다고 한다. 서울에서 출발하는 홍도·흑산도 여행상품은 2박 3일 일정이 80%, 1박 2일 일정이 약 20% 정도이다. 과거에는 열차 안에서 숙박을 해결하는 1박 3일(금요일 저녁에 서울 출발) 상품도 있었으나 주5일 근무제가 일반화되면서 2박 3일 일정으로 거의 고착되었다고 한다.

흑산도 여행의 거의 모든 일정은 서울 출발(무궁화열차, 07:05) → 목포 도착(12:20) → 홍도로 출발(쾌속선, 01:20) → 홍도(1박) → 홍도에서 흑산도로 출발(16:00) → 흑산도(1박) → 목포로 출발(11:00) → 목포 도착(13:00) 후 서울로 출발하는 방식으로 진행되고 있다. 거의 모든 여행사의 여행일정은 대동소이하며, 그 행사내용도 홍도 유람선관광, 흑산도 유람선관광 및 일주도로 여행, 해산물(홍어, 활어회 등) 시식 등으로 거의 유사하며, 숙박과 식당 등 관광편의시설의 수준이 비슷하기 때문에 여행품질의 차별화가 거의 이루어지지 않고 있다. 따라서 관광객을 모집하여 송객하는 서울지역 여행사들은 자연스럽게 저렴한 가격을 제시하는 목포지역 랜드사를 선호하게 되어 지역 여행사간 출혈경쟁을 야기하는 직접적인 원인이 되고 있다.[6]

---

6) 서울지역 여행사는 단체관광객으로부터 받은 금액(1인당 22만원 정도) 가운데 열차비용과 수수료(전체 여행경비의 약 10%)를 공제한 금액을 목포지역 여행사(랜드사)로 송금하고, 목포지역 여행사는 이 금액으로 모든 행사를 진행하고 있다. 이러한 방식으로 목포지역 여행사가 2박 3일 일정의 홍도·흑산도 패키지여행을 실시할 경우 관광객 1인당 대략 5천 원에서 1만 5천 원 정도의 이윤(평균 1만원 미만)을 남기는 것으로 조사되고 있다.

한편 홍도·흑산도 여행상품의 일정을 살펴보면 흑산도에서의 여행 일정은 홍도여행에 부수된 것이란 느낌이 든다. 즉 여행일정 두 번째 날 홍도를 출발하여 흑산도에 도착하면 오후 5시가 다되어, 저녁식사를 하고 나면 잠잘 시간이 되어버리고, 여행 마지막인 그 다음 날에는 오전 11시 배를 타고 떠나야 하기 때문에 출발준비에 여념이 없게 된다. 여름 철에는 해가 길기 때문에 부지런하고 적극적인 여행객만이 갤로퍼 택시를 이용한 일주도로 여행을 하거나 버스를 이용하여 상라봉에 올라가 흑산도와 인근 도서를 조망하는 것으로 흑산도 여행을 끝내게 된다.[7] 따라서 일주여행에 참여하지 않은 대다수의 관광객들은 숙소나 인근 상가에서 무료한 시간을 보내게 된다. 이러한 현실을 감안할 때 흑산도 여행객의 만족도를 높여주기 위해서는 흑산항에서 비교적 가까운 거리에 있는 진리나 읍동의 문화유산을 관광자원으로 적극 활용해야 할 것으로 판단된다.

4. 문화유산의 관광자원화 방안

1) 상라봉 봉수대 및 제사터

(1) 자원의 개요 및 가치

흑산도 일주도로를 따라 구불구불 이어지는 길을 오르면 봉수대와 제사터가 위치한 상라산 정상이 나온다. 관광객들은 이곳에서 흑산도는 물

---

7) 흑산도의 자연·문화유산을 두루 둘러볼 수 있는 갤로퍼택시를 이용한 흑산도 일주도로관광(선택여행으로 관광객이 별도로 비용 부담)에는 대략 20% 정도의 여행객만 참여하고 있다고 한다.

론 홍도를 비롯한 다도해의 아름다운 전경을 한 눈에 바라볼 수 있다. 서긍이 쓴 『고려도경』의 기록에 의하면 흑산도는 옛날 사신의 배가 머물던 곳으로 아직도 관사館舍가 남아 있으며, 중국 사신의 배가 이곳에 도착하거나 지나갈 때는 언제나 산마루에서 봉화불을 밝혀 왕성王城에까지 그 사실을 알렸다. 이 섬은 또한 나라 안의 대 죄인으로 죽음을 면한 자들이 유배되어 온 곳이라고 소개하고 있다. 상라봉은 오랜 옛날부터 선원들이 안전한 항해를 기원하던 제사터로 알려지고 있다. 이곳에서는 제사를 지낼 때 사용했던 철마鐵馬, 주름무늬 병, 주름무늬 병편 등 제사 관련 유물이 다수 수습되었다. 이러한 역사적 기록과 발굴유물 등으로 미루어볼 때 흑산도는 과거 한·중·일을 연결하는 해상 교통로의 중간 거점으로 중요한 역할을 수행하였던 곳이라 할 수 있다.

(2) 관광자원화 방안

과거 중국에서 사신이 올 때 맨 처음 흑산도에서 봉수를 피워 왕성王城까지 그 소식을 전했던 역사적 사실에 근거하여, 지역축제나 나라에 큰 국제행사가 있을 때 이러한 봉수를 재현하도록 하면 국내외적으로 커다란 이목을 집중시킬 수 있을 것이다. 이러한 봉수 이벤트는 세계화 시대에서 국가간 협력과 교류를 하나의 축제로 승화시킴으로써 상호간에 친밀감과 신뢰를 높이는 데 크게 기여할 수 있을 것이다. 그리고 이러한 특별 이벤트를 통해 한반도 서남단의 도서벽지인 신안군의 지명도를 일거에 높일 수 있는 계기를 마련함은 물론, 옛날 통신수단, 국제교류, 해양문화 등에 대해 이해를 높일 수 있는 교육적 효과도 매우 클 것으로 판단된다. 그러나 봉수의 방법은 과거의 방식을 그대로 따르기보다는 현대적 문명의 이기인 첨단 조명장치를 활용하는 것이 보다 현실적일 것으로 생각된다.

철마鐵馬는 선원들이 항해의 안전을 빌기 위해 제사(당제 등)를 할 때 신체神體로 사용하던 것으로, 흑산도 상라봉 제사터에서 철마 3점이 수습된 바 있다. 이 철마는 제사터에서 다량의 제기유물과 함께 수습되었는데, 머리, 몸통, 다리만을 형식적으로 표현하고 있으며, 길이는 10㎝ 내외이다. 철마는 월출산 천황봉 제사터, 영광군 안마도, 완도군 금일도, 진도 철마산성, 고흥군 나로도 등 여러 곳에서 발견되고 있으나 그 중에서도 육지에서 멀리 떨어진 흑산도에서 출토된 철마는 과거 동아시아 국제항로의 중간 기착지였다는 점에서 그 의미가 상대적으로 크다고 할 수 있다. 특히 철마는 여행, 항해, 운전 등의 안전을 보장하는 '수호신으로서의 기능'을 갖고 있으므로 선원가족, 비행기 승무원, 자동차 운전자, 여행객들에게 격조 높고 의미 있는 관광기념품이 될 것이다. 철마는 목걸이, 귀고리, 열쇠고리, 휴대전화 고리, 자동차 악세사리 등으로 제작할 수 있을 것이다.

2) 진리 당堂

(1) 자원의 개요 및 가치

진리 당은 흑산도 본당本堂으로서의 격格을 가진 곳으로, 주신은 당각시이다. 당집에는 얼마 전까지 소저아기씨(당각시), 상궁부인, 제석님, 산중 처사님, 도령(총각화상)의 종이 위패가 모셔졌고, 이 당의 또 다른 신체神體로 성주단지, 쌀뒤주, 들돌 등이 놓여져 있었다. 그러나 이들은 화재로 인하여 자취도 없어졌고 현재는 한지로 만든 '당베'만 걸려 있다. 당집 뒤편에는 오색 천이 걸린 나무숲이 있고, 그 아래에 작은 감실(산신당) 제단이 마련되어 있다. 이 감실은 뱃사람이나 해산물 채취 등 바다 일을 하는 사람들의 의례가 지속적으로 이루어지고 있는 성소이다.

진리 당에는 주신인 당각시가 육지에서 물건을 팔러 온 피리 부는 총각을 사랑하게 되어 총각이 육지로 돌아가는 것을 방해하여 섬에 남도록 하였으며, 총각이 이를 슬퍼하며 소나무 위에서 피리를 불다 떨어져 죽게 되자 마을 사람들이 그 곳에 무덤을 쓰고 당신(총각신)으로 모셨다는 설화가 전해오고 있다. 한편 이 진리 당은 TV 드라마 '전설의 고향'의 주무대로 등장하기도 하였다.

(2) 관광자원화 방안

진리 당은 하나의 당에 처녀신과 총각신을 함께 모시고 있는 매우 특이한 곳이다. 또한 신(총각신)의 무덤이 당집 근처에 있는 경우도 그 유래를 찾아보기 힘들어 이 곳은 민속연구에 있어서 매우 흥미로운 사례지역으로 꼽히고 있다. 당각시와 총각신을 함께 모신 것은 절대자인 신이라 하여도 남녀간의 사랑만큼은 거부할 수 없다는 섬사람들의 사고를 읽을 수 있게 한다. 즉, 섬사람들에게 있어서 전리 당은 '신들의 사랑의 성소'인 것이다. 따라서 이 진리 당을 연인 또는 부부간의 사랑을 확인하는 '사랑의 성소聖所'로 의미를 부여하고, 이곳에서 사랑의 맹세를 하면 그 효험이 세상을 떠날 때까지 지속된다는 믿음을 갖도록 할 필요가 있다. 이러한 내용을 널리 홍보할 경우 진리 당은 내국인은 물론 외국인 관광객에게도 사랑을 맹세하는 명소가 될 수 있을 것이다. 가장 손쉬운 방법으로는 인터넷에 '사이버 진리당'을 짓고 이곳을 젊은 연인들이 사랑의 메시지를 주고받는 공간으로 활용토록 하는 것이다.

한편 마을 사람들의 전언에 의하면 피리를 불다가 소나무에서 떨어져 죽은 총각의 무덤을 후에 파보았더니 총각의 시신은 감쪽같이 없어져 버리고 총각이 불던 '피리'만 나왔다고 한다. 따라서 설화 속의 총각이 불었던 피리를 '신의 피리'라는 의미의 '신적神笛'이라 이름 붙이고, 이 피리를 불거나 소지하면 사랑의 소원이 이루어질 수 있다고 홍보한다. 신적은 옥이나 대나무 등으로 다양하게 제작하며, 흑산도에서만 제작하여 판매토록 함으로써 희소가치를 높이고 지역주민의 소득을 향상시키는 계기로 삼도록 한다.

당에 모셔졌던 '들돌'과 '뒤주'는 일종의 신체神體로서 종교적으로 특별한 의미를 갖고 있을 뿐만 아니라 관광객들의 호기심을 불러일으키기에 충분한 매력을 갖고 있다. 지역 주민의 전언에 의하면 몸이 쇠약한 사람이나 70세가 넘은 노인이 이 들돌을 만지면 정력이 좋아져 아들을 낳을 수 있고, 아이(아들)를 낳지 못하는 여성이 이 들돌을 만지고 합궁하면 소원을 성취할 수 있다고 한다. 따라서 원래의 들돌을 찾아다 당에 가져다 놓던지 아니면 유사한 돌을 구하여 신격을 부여하는 과정을 거쳐 원래의 것을 대신토록 한다. 한편 지금은 없어져버린 뒤주도 다시 복원시킬 필요가 있다. 이 뒤주는 가난한 주민이 쌀을 퍼가도 결코 떨어지지 않고 항상 넘쳐났다고 한다. 뒤주는 풍요의 상징물이기 때문에 이곳에 쌀이나 현금을 넣을 경우 경제적 풍요를 누릴 수 있다는 심리적 위안을 얻을 수도 있다. 그리고 여기에서 모금된 것은 진리당을 보존·관리하는데 요긴하게 사용토록 한다.

3) 신들의 숲(진리 당숲)

(1) 자원의 개요 및 가치

진리당과 용왕당이 위치한 당숲에는 수형이 아름다운 소나무(육송)가 군락을 이루고 있고, 혼을 불러들인다는 초령목이 있다.[8] 이 당숲은 민

---

8) 초령목은 목련과에 속하는 상록활엽수로 학명은 Michelia compressa(Maxim)이며, 일본과 대만 등에서 자생하고 있다. 이 나무는 봄철에 가지 끝에 흰 꽃이 피며 후에 주머니 형태의 열매를 맺는다. 최근에 초령목 군락지가 제주도에서

속신앙의 성소로 주민들에 의해 신성시되었기 때문에 그 동안 훼손되지 않고 오늘날까지 보존될 수 있었다. 바다로 돌출한 지형을 한 이 당숲의 양쪽에는 진리해수욕장과 수산물 양식장이 위치하고 있어 매우 아름다운 바다(해변) 경관을 조망할 수 있으며, 해수욕과 수산물 양식 체험을 하기에 적합한 곳이다. 천연기념물 제 369호로 지정되었던 초령목(일명 귀신나무)은 현재 고사한 상태이나, 고사목 주위에 어린 초령목 30여 그루가 자라고 있는 것으로 알려져 있다. 이 나무가 '초령목'이라 불리게 된 연유는 일본 사람들이 신단 앞에 초령목 가지를 늘어놓고 신령을 불러낸 데서 비롯되었다고 하며, 흑산도 주민들 역시 초령목의 가지를 꺾어 불전(재단)에 꽂아 영령을 부르는 데 사용하였다고 한다. 당숲은 마을의 역사, 문화, 신앙 등을 바탕으로 마을 사람들에 의하여 인위적으로 조성되어 보호 또는 유지되어 온 숲으로, 우리의 귀중한 문화유산인 동시에 생태학적으로도 매우 의미 있는 공간이다.

(2) 관광자원화 방안

우리 민족은 예로부터 숲과 깊은 관계를 맺어왔다. 신라의 국호가 계림鷄林인 점, 박혁거세의 성인 박朴이 한자의 의미로 볼 때 '점卜을 치는 나무木'로 해석되는 점, 정자나무로 흔히 쓰이는 느티나무의 별칭이 '괴목槐木', 즉 귀신나무인 점, 그리고 단군신화에 신단수神檀樹가 등장하고 있는 것들이 그 예다. 당숲은 인위적으로 조성한 숲에 마을의 수호신을 모시는 당집을 세우고 마을의 번영과 제액除厄, 초복招福 등을 위하여 동제洞祭를 행하는 성소이다.9) 특히 해안지방의 경우에는 토착신앙적 이유에서 조성된 숲이 대부분인데, 이는 바다에서 생업을 유지해야 하는 어

새롭게 발견되기도 하였다.

9) 토착신앙적 배경에서 조성된 마을숲을 지칭하는 일반적 지명들로는 수막살이, 당숲, 당산숲, 성황림城隍林, 신림神林 등이 있다.

민의 경우 항상 위험에 노출되어 있기 때문에 자연의 변화를 관장하는 절대자에 더 크게 의존할 수밖에 없었기 때문이다. 마을 숲은 야생의 숲이 아니라 인위적인 조림으로 출현한 숲이기 때문에 단일 수종으로 구성되거나 단층림單層林인 경우가 많으며, 반드시 후계림이 조성돼야 계속해서 유지될 수 있으므로, 자연상태로 방치하기보다는 적극적으로 가꾸어나가야 한다. 따라서 진리 당숲을 '신들의 숲'이라 명명하여 철저히 보존하고 가꾸어 문화 및 생태교육의 장으로 적극 활용토록 한다. 한편 흑산도의 여러 곳에 흩어져 있고, 실질적으로 당신제를 지내지 않는 곳의 당신들을 '신들의 고향'이라 할 수 있는 이 곳 당숲으로 옮겨 함께 모시도록 하여, 우리나라 민속신앙의 명소로 개발한다.

4) 읍동마을

(1) 자원의 개요 및 가치

상라산성 바로 아래에 위치한 읍동마을은 통일신라에서 고려에 이르는 시기에 동아시아 해상항로의 중간 기착지로서 국제 해양도시의 역할을 수행하였던 곳이다. 상라봉 제사터와 읍동마을의 무심사无心寺 절터는 선원들이 항해의 안전을 기원하던 해양신앙의 처소였고, 관사터는 사신이나 상선의 선원들을 위한 숙소 및 편의시설로 이용되었던 곳이다. 읍동마을에서는 흑산도가 과거 국제 해상무역에서 중요한 거점역할을 수행하였음을 입증하는 관련 유물들이 다수 수습되고 있다. 특히 이곳에서 수습된 유물은 완도의 청해진 유적지에서 수습된 것과 상통하는 것들이 다수 포함되어 있는데, 이는 장보고가 흑산도를 완도와 더불어 중요한 해양거점으로 활용하였음을 의미하는 것이다.

상라산성의 아래 기슭에 위치한 무심사선원 터에는 삼층석탑과 석등,

건물지 축대의 일부가 잔존하고 있는데, 지금은 '탑당'이라 하여 마을과 주민의 안녕을 기원하는 민간신앙의 성소로 이용되고 있다. 탑당과 관련한 전승 설화의 내용은 의리 있고 힘센 장사인 탑영감이 흑산도 주민들을 약탈하고 괴롭히는 해적들을 물리쳐 흑산도를 구한 영웅적 인물이 되었으며, 후에 탑당의 당신이 되었다는 것이다. 현재 이 탑당에는 고목나무(당목)와 석탑 1기, 석등 1기가 남아있으며, 탑 앞의 감실과 산신 감실은 없어졌고, 돌담 역시 헐려지고 대신 보호 철책이 빙 둘러져 있다.

(2) 관광자원화 방안

읍동마을은 과거 동아시아 해상교역의 중간 거점으로 그 역사·문화적 의미가 큰 곳임에도 불구하고 그 핵심 유적지가 무분별한 도로공사나 건물의 신축 등으로 급속히 파괴되어가고 있다. 따라서 읍동마을 일원을 사적지로 지정하여 보호하고, 장기적으로는 관사터를 비롯한 관련 시설들을 복원하여 특색 있는 볼거리로 개발하도록 한다. 읍동마을에 대한 정밀 발굴조사는 과거 동아시아권 해상교류의 면모를 밝힐 수 있는 매우 의미 있는 사업이다. 따라서 읍동마을은 한·중·일 3국이 공동으로 발굴작업을 실시하여 국제적인 이목을 집중시키고, 관광객들로 하여금 발굴현장과 복원현장에 직접 참여할 수 있는 기회를 제공함으로써 발굴작업 그 자체를 관광상품화 하도록 한다. 한편 읍동의 탑당은 불교와 전통민속신앙이 결합된 매우 흥미로운 곳이다. 따라서 현재 거의 방치하다시피 하고 있는 탑당 일원을 원래대로 복원하여 마을 주민에게는 소원을 비는 성소聖所로 관광객에게는 해양문화를 배우는 학습장소로 활용할 수 있도록 한다.

5) 읍동의 옥섬獄島

(1) 자원의 개요 및 가치

읍동마을 앞에는 과거 흑산진에서 죄인들을 가두는데 사용하였던 조그만 '옥섬'이 있다. 비록 소규모의 볼품없는 섬이지만 이곳은 여행객들의 호기심을 유발하기에 충분한 매우 가치 있는 유적지임이 분명하다. 옥섬은 울창한 해송과 동백나무로 뒤덮여 있고, 해안에는 단애斷崖(절벽)가 형성되어 있으며, 마을 앞 바닷가로부터 대략 150m 정도 떨어져 있다. 이 섬에는 죄수가 비바람을 피할 수 있는 동굴(약 2m 깊이)과 죄수가 식량을 얻기 위해 낚시를 했던 거북머리 바위 등이 있다. 전해오는 이야기에 의하면 이 옥섬에 죄인을 넣어 놓고 몇 달간이나 식량을 주지도 않아도 물고기를 잡거나 해조류 등을 채취하여 살아남았다고 한다.

옥섬은 그 크기나 역사적 의미에 있어서 미국 샌프란시스코에 있는 알카트라즈 섬(Alcatraz Island)과 매우 유사한 측면을 갖고 있다. 알카트라즈는 1933년 미국 연방 형무소로 지정된 이후 30년 동안 미국에서 가장 질 나쁜 범죄자를 수감한 곳으로 악명을 떨쳤으며, 살아서는 결코 탈옥할 수 없는 '악마의 섬'으로 불렸다. 이곳에서 옥살이를 한 유명한 인물로는 마피아의 제왕이었던 '알 카포네', 유괴범으로 악명 높았던 '머신건 케리' 등을 들 수 있으며, 이 섬은 니콜라스 케이지 주연의 영화 '더 록(The Rock)'으로 더욱 유명해져 관광지로 활성화되었다. 옥섬은 물이 들 때는 두 개의 섬으로 되지만, 물이 빠질 때는 하나의 섬으로 되어 걸어다닐 수 있다.

(2) 관광자원화 방안

옥섬은 읍동마을 선착장에서 방파제가 설치되어 끝에서 30m 정도만

본 섬과 연결되어 있지 않다. 아직 연결되지 않은 이 구간을 구름다리로 연결시키고, 사람들의 보행이 가능하게 한다면 '감옥 섬'이라는 특별한 주제를 가진 관광명소가 될 수 있을 것이다. 즉 옥섬에 전통 감옥을 설치하고, 옥섬에 가두어야 할 사람 또는 사회악(뇌물, 복지부동 등)을 인터넷에서 주기적으로 공모한다면, 흑산도를 널리 알리고 옥섬을 관광명소로 만드는데 크게 기여할 것이다. 한편 읍동마을 앞의 영산도(내영산도와 외영산도)에는 파도에 떠밀려온 시체[水死體]를 묻은 표류자들의 무덤이 있다. 옛날 사람들은 이런 수사체를 정성껏 묻어주고 돌보지 않으면 재앙을 맞이한다는 믿음을 갖고 있었다. 따라서 읍동 바로 앞의 영산도에 표류자들을 위한 무명신위無名神位와 제단을 설치하여 옥섬과 함께 역사 및 민속교육의 학습장소로 활용토록 한다.

6) '엄마야 아가야' 공원 조성

(1) 자원의 개요 및 가치

장도는 흑산도의 북서쪽에 위치한 기다란 모습을 한 두개의 섬으로 최근 학술적 가치가 큰 습지가 발견되어 유명해진 곳이다.[10] 이곳은 한때(1985) 한우韓牛 사육의 적지로 선정되어 한우 10두를 입식하는 등 한우를 대규모로 사육하던 곳이다. 가칭 '엄마야 아가야' 공원을 조성하는 방안을 제시하게 된 것은 다음의 기적 같은 그러나 실제로 일어났던 사

---

10) 장도습지는 흑산도의 북서쪽 비리마을에서 2km쯤 떨어진 곳에 위치한 섬의 정상부(해발 100~267m 사이)에 분지 형태로 존재한다. 이 습지의 면적은 약 5만여 평에 달하고, 고층, 중층, 저층의 습원이 한 곳에서 나타나고 있어 다양한 동식물 서식환경을 제공하고 있다. 이곳에는 약 400여 종의 식물과 30여 종의 나비 등 다양한 생물이 서식하고 있는 것으로 조사되고 있다. 장도 습지는 종합적인 '자연의 고문서' 또는 '타임캡슐'로 불릴 만큼 그 자연사적 가치가 큰 곳으로 알려지고 있다.

건을 관광자원으로 활용하자는 의도에서이다. 사건의 개요는 다음과 같다. 장도의 건너편에 위치한 흑산도 비리마을 주민이 장도에서 어미 소를 사다가 바다 건너 맞은편 흑산도에서 기르고 있었는데, 어미 소의 울음소리를 듣고 장도의 송아지가 도저히 건널 수 없는 험난하고 먼 거리의 바다를 헤엄쳐 건너 비리마을의 어미 소를 찾아왔다는 것이다.

(2) 관광자원화 방안

흑산도 일주도로를 따라가다 장도長島가 건너다보이는 곳(비리)에 어미 소와 아기 소의 동상을 설치하고 가칭 '엄마야 아가야' 공원을 조성하고 이를 관광자원으로 활용한다. 이러한 생각을 하게 된 것은 부모 자식 간 사랑의 소중함을 이곳에서 다시 한번 되새기도록 하기 위해서이다. '엄마야 아가야'란 공원 이름은 이곳 흑산도에서 일어난 기적 같은 사건을 직접적인 방법으로 전달할 뿐만 아니라 이름 자체가 관광객들의 호기심을 불러일으키기 좋다는 생각에서이다. 공원을 건립할 때는 전국의 어머니회, 부녀회 등을 대상으로 단돈 1만원씩이라도 모금을 하여 기금을 마련하도록 한다. 이렇게 할 경우 기금모금 과정 자체가 공원에 특별한 의미를 부여할 뿐만 아니라 훌륭한 홍보방법이 되기 때문이다. 또한 장도습지와 흑산도 비리마을의 공원을 연계하는 관광코스를 새로 개발할 경우 흑산도 관광의 내용을 보다 다양화 할 수 있을 것이다.

7) 정약전의 『표해록』과 흑산홍어

(1) 자원의 개요 및 가치

손암 정약전(1760~1816)은 조선후기의 문신이자 다산 정약용의 형으로 천주교도에 대한 탄압이 있었던 신유사옥(1801) 당시 흑산도로 유배되어 15년간의 유배생활을 하였다. 손암은 흑산도 사리에 복성재라는 사당을 열고 후학을 가르쳤으며, 유배생활을 하면서 『자산어보』, 『영남인물고』, 『동역東易』, 『논어난論語難』, 『송정사의松政私議』, 『표해록漂海錄』 등을 저술하였다. 자산어보는 우리나라 최초의 수산학 관련 저서로 서남해안의 바닷고기와 해산물 155종에 관한 다양한 정보를 기술하고 있는 귀중한 기록문화의 하나이다. 자산어보와 관련한 내용은 최근 TV다큐멘터리로 제작·방영되어 흑산도를 널리 알리는데 크게 기여하였다.[11] 한편 『표해록』은 우이도 사람 문순득이 홍어장사를 하기 위해 항해하던 도중 표류되어 오키나와, 필리핀, 베트남, 중국 등 여러 나라를 떠돌게 된 매우 흥미로운 내용을 정약전이 전해 듣고 대필한 한문 기행록이다.

홍어의 수컷은 2개의 생식기가 있어 한번에 두 마리의 암컷과 교미를 할 수 있기 때문에 해음어海淫漁라고도 불린다. 따라서 운 좋은 낚시꾼은 수컷 한 마리를 낚으면 암컷 두 마리를 덤으로 잡기도 한다. 홍어는 썩혀서 먹는 유일한 생선이다. 과거 흑산도에서 육지까지의 거리가 멀어 수송 도중에 대부분의 생선은 상해버려 먹을 수 없는데 반해 홍어만은 먹어도 탈이 나지 않아 그 때부터 며칠씩 보관하였다가 먹는 전통이 생겼다고 한다. 흑산 홍어는 등줄기에 검은 점들이 박혀 있고, 지느러미에 가시가 있으며 몸이 검붉어 다른 홍어와 그 모양에서 확연히 구분된다. 또한 껍질이 연하여 요리할 때 껍질을 벗기지 않고 그대로 요리하며, 암컷이 수컷에 비하여 2배정도 비싸다고 한다.

(2) 관광자원화 방안

먼저 표해록에 기록된 내용을 살펴보면 다음과 같다. 1801년 12월 우

---

11) 정약전과 면암 최익현 선생의 유배 유적지는 현재 '유배문화 공원' 조성사업과 관련하여 관광자원화 사업이 추진 중에 있기 때문에 여기에서는 정약전의 『표해록』과 관련한 내용에 대해서만 언급하기로 한다.

이도에서 주인공 문순득과 그의 작은아버지 문호겸 그리고 마을 사람인
이백근, 박무청, 이중원, 나뭇꾼 아이, 김옥문 등 6명이 흑산도 남쪽 수
백 리에 있는 태사도로 홍어를 사러 갔다가 이듬해 1월 18일 돌아오는
길에 우이도 서남쪽에서 폭풍을 만나 표류하였다. 문순득 일행은 2월 2
일에야 유구국(오키나와)의 큰 섬인 양관촌에 닿았으며, 10월 7일 유구
국을 떠나 되돌아오던 중 또다시 서풍을 만나 표류하여 11월 1일 여송
(필리핀)에 닿았다. 일행은 이곳에 머무르다가 1803년 3월 16일 다른 사
람들은 먼저 출발하고, 문순득과 김옥문은 남은 복건인 25명과 같이 광
동, 북경, 의주를 거쳐 서울에 도착하였고, 1805년 1월 8일 고향으로 귀
가하였다. 이 책에는 중국, 안남, 유구, 여송 등의 언어와 풍속들을 많이
소개하고 있으며, 이러한 사실은 후에 역으로 흑산도에 표류한 외국인에
의해 다시 확인되었다고 한다.

　이 책은 한사람의 경험을 듣고 자기체험처럼 사실화한 실기라는 점에
서 기록문학적 가치가 크고, 여기에 기록된 112개의 유구어와 여송어는
귀중한 언어학 연구자료로 평가되고 있다. 한편 문순득의 후손인 문채옥
씨 집에서 그 동안 문헌상으로만 알려져 온 『송정사의松政私議』란 정약전
의 저서가 발견된 것으로 보아 문순득과 정약전의 친분관계를 확인할
수 있다. 문순득의 표류와 관련한 스토리는 컴퓨터게임이나 TV드라마로
제작될 경우 문화상품으로서의 가치가 매우 클 것으로 판단된다. 한편
문순득의 후손으로 하여금 흑산도에서 홍어집을 운영하도록 하고 여기
에 홍어잡이 어구 등을 전시한다면, 지역특산품과 문화유산 그리고 관광
을 서로 접목하여 부가가치가 높은 관광상품을 개발하는 의미 있는 사
업이 될 것이다. 이는 살아있는 역사와 문화를 직접 체험한다는 차원에
서 그 가치가 크다.

　흑산홍어는 워낙 어획량이 적다 보니 현지에서도 없어 못 팔 정도이
고 외지에서 주문량이 쇄도하고 있다. 하지만 흑산도를 방문한 관광객에

대한 서비스 차원에서라도 진짜 흑산홍어를 맛볼 수 있도록 배려할 필요가 있다. 흑산도 하면 가장 먼저 떠올리는 것이 바로 홍어이기 때문이다. 흑산도 홍어는 매우 비싼 값에 팔리기 때문에 흑산도를 방문한 관광객들도 큰맘을 먹지 않으면 맛보기 힘들 정도이다. 따라서 흑산도를 방문한 관광객들에게 '진짜' 흑산홍어를 맛볼 수 있도록 하기 위해서는 한두 점씩 소량으로 판매하는 공인된 가게를 운영토록 할 필요가 있다. 또한 흑산홍어에 대한 강한 추억을 가지고 계신 부모나 친지에게 선물을 할 수 있도록 소량으로 진공포장을 하여 관광객이 구입하여 가져가기 편리하도록 하는 배려가 필요하다.

5. 결 론

21세기는 문화의 세기이자 문화관광의 세기이다. 문화가 문화산업이란 이름으로 경제발전의 견인차 역할을 하고 인간의 삶의 질을 높이는 핵심 요소가 되었기 때문이다. 관광에 있어서도 문화가 중시되는 이러한 경향은 예외가 아니다. 국내외적으로 관광활동에 있어서 문화적 요소가 차지하는 비중은 지속적으로 증가하고 있다. 관광선진국과 관광후진국을 여행하며 비교하면 그 차이를 피부로 느낄 수 있다. 관광선진국에 비할 바는 아니지만 우리나라의 경우도 문화적 동기에서 여행을 떠나는 사람들의 비중이 갈수록 증가하고 있다. 그러나 도서지방 관광의 경우 문화적 동기보다는 자연경관을 즐기고 휴식을 취하기 위해 여행하는 경우가 거의 대부분이라 할 수 있다.

필자는 전남 서남해 도서지방을 답사하면서 매력적인 관광자원으로 활용될 수 있는 문화유산들이 방치되고 훼손되어 가는 현장을 많이 확인할 수 있었다. 흔히 도서지방을 민속문화의 보고라고 하지만 오늘날 우리나라의 도서지방은 농수산업의 몰락과 급속한 인구감소 및 노령화 그리고 지방자치단체의 재정능력 부족 등으로 '문화유산의 무덤'이 되어가고 있다. 이러한 현상은 대표적 관광 섬인 흑산도의 경우도 예외가 아니며, 이는 지방자치단체의 노력만으로는 역부족인 것 같다. 따라서 본 연구에서는 흑산도의 문화유산 가운데 관광자원으로서의 활용가치가 크다고 판단되는 것들을 중심으로 그 활용가능성을 살펴보고자 하였다. 본 연구가 문화유산을 관광자원으로 활용하는 문제에 대해 관심의 초점을 맞추는 이유는 문화유산을 관광자원으로 적극 활용하는 것이 궁극적으로 문화유산도 보존하고 지역경제도 활성화시키는 가장 효율적인 방법이라는 믿음 때문이다. 흑산도의 문화유산을 관광자원으로 활용하는 방안에 대한 본 연구의 결과는 다음과 같이 요약되어 진다.

첫째, 흑산도의 문화유산 중에는 관광매력물로 개발 가능한 것이 상당수 존재함에도 불구하고 관광자원으로의 활용 정도는 아직 미미한 수준에 머물고 있다. 그 원인은 관광객의 대부분이 문화적인 동기보다는 해양경관의 감상 및 휴양 목적으로 도서지방을 찾고 있으며, 자치단체 역시 지역의 문화유산을 관광매력물로 개발하려는 노력이 그 동안 미진했기 때문이다. 한편 도서지방의 경우 도로여건이 불량하여 문화유산에의 접근 자체가 어려운 것도 문화유산의 활용도를 떨어뜨리는 주요 원인의 하나이다. 흑산도 일주도로의 포장공사가 완료되면, 문화유산의 활용 정도는 자연스럽게 향상될 수 있을 것이다.

둘째, 중요한 의미가 있는 역사·문화유적이 발굴조사과정을 거치지도 못한 채 도로공사, 주택건설, 농지개량공사 등으로 급속히 훼손되어 가고 있다. 흑산도의 읍동, 진리(진터), 상라산 제사터 등이 그 예이다. 민속문화자원의 경우는 농어촌지역의 경제적 몰락 및 급속한 노령화 등으로 거의 사라질 위기에 있다. 따라서 도서지방의 민속문화가 흔적도 없이 사라져버리기 전에 이에 대한 지표조사 및 보존과 활용에 관한 학술연구사업이 시급히 실시되어야 한다.

셋째, 문화유산을 관광자원으로 활용하기 위해서는 문화유산에 담긴 의미를 관광객들이 체험하고 느낄 수 있도록 하는 노력이 필요하다. 진리당 설화에 등장하는 피리나 상라산 제사터에서 발굴된 철마 등을 관광기념품으로 개발하고, 읍동의 옥섬[獄島]이나 유배문화공원에서 감옥 체험을 하게하며, 신비한 효험이 있다는 들돌이나 뒤주를 만져볼 수 있게 하는 것 등이 그 예이다. 또한 과거에 통신수단으로 활용하였던 봉수를 국제적 행사가 있을 때 재현하거나 과거의 동아시아 항로를 따라 요트대회를 개최하는 것은 매우 의미 있을 것이다. 역사적 사실을 흥미로운 이벤트로 개발하는 것 등이 그것이다.

넷째, 문화유산을 보다 효율적으로 홍보하고 관광자원으로 활용하기 위해서는 인터넷을 비롯한 각종 메스미디어를 적극적으로 활용할 필요가 있다. 이는 인터넷의 활용이 일반화되면서 개별관광객이 증가하고 있는 데서도 잘 알 수 있다. 예를 들면 신들간의 사랑을 주제로 하고 있는 진리당을 연인 및 부부간에 사랑을 맹세하는 '사랑의 성소聖所'로 자리 메김 하고자 할 때 인터넷에 '사이버 진리당'을 짓고 이곳을 사랑의 메시지를 주고받는 공간으로 활용토록 하는 것이다. 또한 홍어장사 문순득의 표류와 관련된 흥미로운 내용을 인터넷 게임으로 개발하거나 TV드라마로 제작하는 등의 새로운 시도도 필요하다.

다섯째, 흑산도의 문화유산을 활용한 관광자원화는 관광객에게 얼마나 많은 감동을 제공했는가의 여부와 함께 지역주민에게 얼마만큼 '돈을 버는 즐거움'을 주고, 문화적 자긍심을 심어줄 수 있는가에 따라 그 성공 여부가 결정될 것이다. 이를 위해서는 지역 주민이 관광개발 과정에 직접적으로 참여할 수 있도록 세심히 배려해야 한다. 관광기념품의 개발 및 판매, 민속행사에의 직접적인 참여 그리고 지역주민을 배려한 지역특산물 판매장 설치 등을 그 예로 들 수 있다. 또한 공원이나 전시관 등을 조성할 때도 주민들의 활용문제를 동시에 고려해야 한다.

참고문헌

『朝鮮王朝實錄』

『東國輿地勝覽』

『備邊司謄錄』

『輿地圖書』

『戶口總數』

『湖南島嶼帖』(19세기 제작, 전주박물관 소장)

『전남의 옛지도』, 김정호 편, 향토문화진흥원, 1994년 영인.

『湖南鎭誌』(1895년, 서울대 규장각, 奎12188).

『康津縣所在延齡宮屬靑山島民役仍存革祛條件節目』(1797년, 필사본).

『全羅道古今島薪智島荏子島智島四鎭釐弊節目』(1817년, 서울대 규장각, 奎17214).

『長興邑誌』(丁卯譜, 1747).

『礪山宋氏小尹公派家乘譜』

『利川徐氏元肅公神逸派譜』

『全州李氏德興大院君派家乘譜』

『晋州姜氏博士公派譜』

『호남일보』(제18호, 1928년 6월 5일).

광역서남해안권 행정협의회, 『광역서남해안권 발전전략』, 2000.

강봉룡 외, 『섬과 바다-역사와 자연, 그리고 관광』, 경인문화사, 2005.

김경숙, 『조선후기 산송과 사회갈등연구』, 서울대 박사학위논문, 2002.

김경옥, 「조선후기 서남해 도서지방의 경제기반 변화」, 『전남사학』14, 전남사
　　　　학회, 2000.

김경옥, 「조선후기 청산도진의 설치와 재정구조」, 『전남사학』22, 전남사학회,
　　　　2004.

김경옥, 「族譜를 통해서 본 島嶼 移住民 연구」, 『도서문화』20, 목포대 도서문
　　　　화연구소, 2002.

김경옥, 『朝鮮後期 島嶼硏究』, 혜안, 2004.

김선경, 「조선후기 山訟과 山林所有權의 실태」, 『동방학지』 54·55·56합, 연세대 국학연구원, 1987.

김연석, 「송계의 성격과 기능에 관한 연구-금산군을 중심으로」, 국민대 석사학위논문, 1998.

김열규, 『한국의 신화·민속·민요』, 정음사, 1983.

김재일, 『생태기행, 자연과 사람의 새로운 만남』 1(중부권), 당대, 2000.

김학범·장동수, 『마을숲 : 한국 전통부락의 堂숲과 水口막이』, 열화당, 1994.

김후련, 「일본의 여신신화와 여음숭배」, 『종교와 문화』 10, 2004.

나승만 외, 『다도해 사람들, 사회와 민속』, 경인문화사, 2003.

목포대학교 도서문화연구소, 『도서 문화유적 지표조사 및 자원화 연구』 2(비금면 편), 신안군, 2003a.

목포대학교 도서문화연구소, 『도서 문화유적 지표조사 및 자원화 연구』 3(흑산면 편), 신안군, 2003b.

문병채, 「비금도의 간척지 조성과 그 영향」, 『도서문화』 19, 2001.

박종채, 『조선후기 금송계 연구』, 중앙대 박사학위논문, 2000.

서해숙, 「최치원 설화의 신화적 성격」, 『한국언어문학회』 50, 2003.

송정화, 「한·중 신화에 나타난 여신 비교 : 여신의 형상에 주목하여」, 『도교문화연구』 19, 2003.

신안군, 「건축물 대장」, 2001.

신안군, 「토지대장」, 2001.

신안군, 『신안군 통계연보』, 1980·1985·1990·1995·2000.

신안군, 『진도군 종합개발계획』, 2000.

신안군·목포대학교 도서문화연구소, 『흑산도 유배문화공원 조성 학술조사보고』, 2003.

신원섭, 『숲의 사회학』, 도서출판 따님, 2003.

신행식, 「비금도 민속·언어 조사보고」, 『어문논집』 13, 1971.

신행철, 『제주사회론』, 한울아카데미, 1995.

심희기, 『한국법사연구-토지소유와 공동체-』, 영남대출판부, 1992.

오 성, 「목재상인과 송금정책」, 『조선후기상인연구』, 일조각, 1989.

이경엽,「금당 사람들의 삶과 민속신앙」,『도서문화』17, 목포대 도서문화연구소, 2001.

이덕안,「제주의 전설과 자연환경 그리고 관광」,『초당대논문집』1, 1995.

이상철,「제주사회 변동론 서설 : 개발정책과 산업구조의 변화를 중심으로」 신행철 외,『제주 사회론』, 한울아카데미, 1995.

이상희,『꽃으로 보는 한국문화』, 넥서스, 1998.

이선실,「국민문화 향수 실태와 과제」,『문화예술』통권 221호, 한국문화예술진흥원, 1997.

이선희,「문화관광의 이해」,『觀協』통권 277호, 1996.

이장섭,「관광문화와 문화관광」,『文化政策論叢』제6집, 한국문화정책개발원, 1994.

이준곤,「비금도설화의 의미와 해석」,『도서문화』19, 2001.

이창기,「제주도의 사회문화적 특성과 환경」, 신행철 외,『제주사회론』, 한울아카데미, 1995.

이해준,「흑산도문화의 배경과 성격」,『도서문화』6, 1988.

임영숙,「문화관광, 내용에 충실해야 될 시점」,『문화예술』2월호, 1995.

장주근,『한국의 향토신앙』, 을유문화사, 1990.

전경목,『조선후기 산송 연구-18·19세기 古文書를 중심으로-』, 전북대 박사학위논문, 1996.

전라남도,『남도해안 2000리 길』, 성하출판, 2001.

전영우,『숲과 녹색문화』, 수문출판사, 2002.

조경만,「흑산 사람들의 삶과 민간신앙 : 생계활동·낭제·수산의례의 현양상」,『도서문화』6, 1988.

조윤선,『조선후기 소송연구』, 국학자료원, 2002.

지역개발학과 학술지,『터·일·사람』, 4~9호.

진성기,『남국의 무속 : 제주도무속논고』, 형설출판사, 1987.

진성기,『제주도 전설』, 백록, 1992.

최덕원,『다도해의 당제』, 학문사, 1983.

최성락 외,『다도해 사람들-역사와 공간』, 경인문화사. 2003.

최성민,『섬, 내가 섬이 되는 섬』, 김영사, 2001.

최운식·김명자·이정재·장장식·홍태한,『한국 민속학 개론』, 민속원, 2004.

최원오,「한국 신화에 나타난 여신의 위계 전변과 윤리의 문제」,『비교민속학』 24, 2003.

최진규,『약이 되는 우리 풀·꽃·나무』 1, 한문화, 2001.

최진규,『약초 산행』, 김영사, 2002.

통계청,『인구 주택 총 조사』, 1980·1985·1990·1995·2000.

표인주,「전남의 촌제와 당신화」,『한국민속학』 25, 1993.

韓凡洙·金德基,『歷史文化 觀光코스의 開發方案』, 交通開發硏究院, 1994.

허춘,「제주 설화의 특성 연구」,『제주도연구』 16, 1999.

현길언·고길홍,『한라산』, 대원사, 1994.

홍재상,『한국의 갯벌』, 대원사, 2003.

황미숙,「조선후기의 木材의 증대와 국용재목의 조달」,『典農史論』 2, 서울시립대, 1997.

Richards, Greg, 'The Scope and Significance of Cultural Tourism', Richards, G.(ed.), Cultural Tourism in Europe, CAB International, Wallingford, UK, 1996, 19-45.

Richards, Greg, 'The Social Context of Cultural Tourism', Richards, G.(ed.), Cultural Tourism in Europe, CAB International, Wallingford, UK, 1996b, 47-70.

찾아보기

■ 필자 소개(집필순)

강봉룡

서울대학교 박사학위(문학박사), 현재 목포대학교 역사문화학부 교수, 『바다에 새겨진 한국사』, 『장보고』 등의 저서와 「장보고의 해상교역활동과 흑산도의 번영」, 「8~9세기 동북아 바닷길의 확대와 무역체제의 변동」, 「영산강유역 '옹관고분'의 대두와 그 역사적 의미」, 「해양사에서 본 흑산도의 과거와 미래」, 「영산강유역 고대사회의 흥망성쇠」 등 다수의 논저.

김경옥

전남대학교 박사학위(문학박사), 현재 목포대학교 연구교수, 『朝鮮後期 島嶼研究』(저서), 「『智島郡叢瑣錄』을 통해 본 19세기 도서지역의 위상변화」, 「18~19세기 서남해 도서 연안지역 송계의 조직과 기능」, 「조선후기 청산도진의 설치와 재정구조」, 「조선후기 서남해 도서에 대한 국가의 정책 변화」 등 다수의 논저.

박종철

한양대학교 도시공학 박사학위, 현재 목포대학교 도시 및 지역개발학 전공 교수, 『도시디자인 수법』(저서), 「3차원지리정보 시뮬레이션에 기반한 도시지역의 친환경적 도로개설방안연구」, 「원격근무와 총통행거리」, 「GIS기반의 도시진단시스템 개발에 관한 연구」, 「都心部活性化방안에 관한 연구」, 「일본의 중심시가지활성화 유형에 관한 연구－355개 市町村의 중심시가지활성화 기본계획을 중심으로－」 등 다수의 논저.

문병채

전남대학교 지역개발학과 박사학위, 현재 광주대학교 겸임교수, 『디지털 지도제작』(저서), 『지리정보분석기법』(저서), 「GIS를 이용한 도서지역에서의 간척지 조성에 따른 경관변화와 그 영향에 관한 연구－신안군 도서지역(비금도)을 중심으로－」, 「GIS를 이용한 임자도의 간척과정과 지역변화 연구」, 「GIS기반의 문화데이터베이스구축 방안 연구」, 「도서지역의 간척과정에서 살펴본 매립특성에 관한 연구」, 「GIS기반의 도시진단시스템 개발에 관한 연구」 등 다수의 논저.

이덕안

The Australian National University 인문지리학과 박사학위, 현 초당대학교 인문사회계열 호텔관광경영학과 부교수, 『지구촌 나들이, 호주 : 세계지역탐구 1』(저서), 「한국의 담장과 도시환경 그리고 관광」, 「문화관광자원으로서의 한국의 박물관과 그 활성화 방안」, 「무안 국제공항 건설에 따른 주변지역 관광개발 방안」, 「제주의 전설과 자연환경 그리고 관광」, 「재벌기업과 한국의 산업입지」 등 다수의 논저.

해양사와 해양문화

인쇄일 : 2007년 5월 20일
발행일 : 2007년 5월 30일
집필자 : 강봉룡·김경옥·박종철·문병채·이덕안
발행처 : 경인문화사
발행인 : 한 정 희
편 집 : 김 소 라
주 소 : 서울시 마포구 미포동 324-3
전 화 : 02-718-4831~2
팩 스 : 02-703-9711
홈페이지 : www.kyunginp.co.kr | 한국학서적.kr
이 메 일 : kyunginp@chol.com
등록번호 : 제10-18호(1973.11.8)

ISBN : 978-89-499-0483-2 94380
값 13,000원